W0261302

*Springers
Angewandte Informatik*
Herausgegeben von Helmut Schauer

Konzepte der Betriebssysteme

Wolfgang Laun

Springer-Verlag Wien New York

Dipl.-Ing. Dr. techn. Wolfgang Laun
Wien, Österreich

Mit 36 Abbildungen

CIP-Titelaufnahme der Deutschen Bibliothek

Laun, Wolfgang:
Konzepte der Betriebssysteme / Wolfgang Laun. – Wien ; New York : Springer, 1989
(Springers angewandte Informatik)
ISBN-13: 978-3-211-82153-4   e-ISBN-13: 978-3-7091-9058-6
DOI: 10.1007/ 978-3-7091-9058-6

ISSN 0178-0069

Vorwort

Betriebssysteme sind ein Thema, das nun seit mehr als zwei Jahrzehnten einen bedeutenden Platz im Rahmen der Informatik einnimmt. Die noch immer stark steigende Anzahl installierter Computersysteme, vor allem im unteren Bereich der Größenskala, hat die Anzahl der Benutzer, die direkt mit Betriebssystemen konfrontiert werden, in gleicher Weise zunehmen lassen. Die wachsende Anzahl der Systeme bringt auch eine Vielfalt an Hardware und Software mit sich, sodaß es nicht ungewöhnlich ist, wenn ein Benutzer an seinem Arbeitsplatz mit zwei oder gar mehr Betriebssystemen konfrontiert wird. Dabei werden Personal-Computer, Workstations und Minicomputer oft nicht von einem zentralen Rechenzentrum verwaltet, sodaß sich die Anwender selbst mit Aufgaben der Systempflege wie Installation und Datensicherung beschäftigen müssen. Dabei ist eine genauere Kenntnis der Wirkungsweise von Betriebssystemen in den Bereichen der Prozeß-, Geräte- und Datenverwaltung zumindest hilfreich, wenn nicht erforderlich.

Einige Bücher über Betriebssysteme räumen theoretischen Fragen breiten Raum ein, helfen dem Benutzer (der ja normalerweise kein Betriebssystem schreiben will) aber in der Praxis nicht viel. Andere Bücher beschreiben Kommandos und Programmierung eines bestimmten Betriebssystems, ohne dabei auf die zum Verständnis mancher Vorgänge notwendigen Grundlagen der Implementierung näher einzugehen. Dieses Buch soll in erster Linie Wissen vermitteln, das die praktische Arbeit mit Betriebssystemen erleichtert. Um manche für die Praxis wichtigen Aspekte verständlich zu machen, ist gelegentlich auch der „Blick hinter die Kulissen" oder in die Theorie erforderlich. Breiter Raum wird Beispielen aus der Praxis eingeräumt, vor allem aus den Betriebssystemen UNIX[1], MS-DOS und VAX/VMS. Daß viele ausgezeichnete Systeme nicht einmal erwähnt werden können, ist bedauerlich, aber unvermeidbar. An einigen Stellen werden zur Illustration Programme verwendet, die überwiegend in Modula geschrieben sind. Durch die beigefügten Kommentare sollten die Programme aber auch für Leser verständlich sein, die mit Modula nicht vertraut sind. Das gilt auch für die vereinzelten Programme in anderen Programmiersprachen, die eher „Stil" als technische Details vermitteln sollen.

---

[1]Diese und ähnliche im Text verwendete Bezeichnungen sind im allgemeinen als geschützt anzusehen, auch wenn sie in diesem Buch ohne ausdrücklichen Hinweis darauf verwendet werden.

Die fünf wesentlichen Funktionsbereiche eines Betriebssystems sind: Prozesse, Speicherverwaltung, Ein- und Ausgabe, Dateiverwaltung und Benutzerschnittstellen. Diese Themen bilden den Inhalt der Kapitel 3 bis 7. Kapitel 2 zeigt kurz die Zusammenhänge zwischen diesen Funktionsbereichen und diskutiert die Struktur von Betriebssystemen. Kapitel 1 enthält eine kurzgefaßte Beschreibung der historischen Entwicklung. Einige wichtige Begriffe sind in einem Glossar am Ende des Buches erklärt.

Mein Dank gilt allen, die am Zustandekommen dieses Buches mitgewirkt haben: dem Herausgeber der Reihe, Herrn Univ.-Prof. Dipl.-Ing. Dr. Helmut Schauer, sowie den Damen und Herren des Springer-Verlags in Wien für Inspiration und Motivation; den Herren Herald Gessinger, Dipl.-Ing. Dr. Heinz Lorenz, Ing. Andreas Neuberg und Dipl.-Ing. Dr. Paul Tavolato für ihr kritisches Korrekturlesen und ganz besonders Reverend Edward Lewis für die labyrinthische Zeichnung auf dem Umschlag.

Der Satz des Buches konnte vollständig mit Hilfe des Programms TEX von Donald E. Knuth und unter Verwendung (geringfügig modifizierter) Makros von Leslie Lamport durchgeführt werden. Der Firma Alcatel Austria danke ich für die Möglichkeit, die endgültige Druckvorlage mit den Einrichtungen des Technischen Rechenzentrums erstellen zu können.

An die Leserinnen dieses Buches richte ich eine spezielle Bitte: Sie mögen sich bei Wörtern wie „Benutzer" oder „Programmierer" nicht übergangen oder zurückgesetzt fühlen und die verwendete Form — ungeachtet des grammatischen Geschlechts — als neutrale Bezeichnung auffassen. Sowohl den Leserinnen als auch den Lesern gilt mein Wunsch, durch die Lektüre dieses Buches mehr Erfolg bei der Arbeit mit Betriebssystemen zu haben.

Wien, im Mai 1989   Wolfgang Laun

Inhalt

1. Einleitung

Was ist ein Betriebssystem?

Sehr poetisch, wenn auch ungenau, hat diese Frage ein amerikanischer Autor beantwortet: "An operating system is the software that breathes life into a computer." Aber wir wollen es doch genauer wissen. Ist es nicht die Aufgabe jeder Software, dem Computer Leben einzuhauchen?

In der DIN 66029 (1978) erfahren wir: „Betriebssystem: Die Programme eines digitalen Rechensystems, die zusammen mit den Eigenschaften der Rechenanlage die Grundlage der möglichen Betriebsarten des digitalen Rechensystems bilden und insbesondere die Abwicklung von Programmen steuern und überwachen." Die wichtigen Wörter sind hier „Grundlage" sowie „steuern und überwachen". Die Definition sagt offenbar aus, daß wir ein Betriebssystem brauchen, bevor wir überhaupt etwas mit einem Computer tun können.

Eine Erklärung, die zwischen Poesie und trockenem DIN-Deutsch liegt und die besonders den Standpunkt des Benutzers berücksichtigt, sollte folgendermaßen lauten: Ein Betriebssystem ist Software, die die bequeme Verwendung des Computers ermöglicht, sodaß der Benutzer sofort mit der Lösung seiner besonderen Aufgaben beginnen kann. Zu den Aufgaben eines Betriebssystems gehören daher die Verwaltung der Ressourcen der Rechenanlage, die Steuerung des Ablaufs von Programmen und die Abwicklung von Dialogen mit dem Benutzer.

Über die Entwicklung der Betriebssysteme

Computer der ersten Generation wurden ohne Betriebssysteme verwendet. Ein Programm — nicht in einer Programmiersprache geschrieben, sondern mit Stiften und Kabeln in eine Stecktafel gesteckt — mußte immer alle Befehle enthalten, die zu seiner Ausführung erforderlich waren. Erst mit den transistorisierten Rechenanlagen der zweiten Generation (etwa ab 1955) kamen die ersten Betriebssysteme in Gebrauch. Diese waren zunächst bloße Unterprogrammpakete für Ein- und Ausgabe und andere Standardaufgaben. Zur Eingabe von Programmen und Daten wurden Lochkarten und Lochstreifen verwendet, wobei das jeweils benötigte Programm vom Operator, der auch die Ausgabe am Drucker überwachte, manuell eingelesen wurde. Da diese Betriebsform viel Zeit vergeudete, wurde nach einem besseren Verfahren gesucht. Bald waren Betriebssysteme in der Lage, die sogenannte Stapelverarbeitung durchzuführen. Dabei stellt der Benutzer einen Auftrag in Form eines Lochkartenpakets zusammen, der aus den Aufrufen verschiedener Programme besteht. Zwischen die Aufrufe werden die Daten gepackt. Zu den Aufrufen der einzelnen Programme kommen weitere Anweisungen an das Betriebssystem: Anforderungen von Magnetbandeinheiten, Beschreibungen der verwendeten Plattendateien, Mitteilungen an den Operator usw. Damit entstand allmählich eine eigene Sprache zum Programmieren des Betriebssystems, die Auftragskontrollsprache.

Für die nach heutigen Begriffen immens teuren Großrechenanlagen dieser Zeit war auch der Stapelbetrieb nicht effizient genug, da die langsamen Ein- und Ausgabegeräte die Leistungsfähigkeit der Anlage einschränkten. Da Magnetbandeinheiten eine wesentlich raschere Ein- und Ausgabe ermöglichen, wurde ein kleinerer und billigerer Rechner verwendet, um Lochkarten auf ein Magnetband zu kopieren; am Großrechner wurden die Aufträge von diesem Band gelesen und die entstehenden Ausgabedaten auf ein weiteres Band geschrieben, von dem weg die Daten dann, wieder auf einem kleineren Rechner, gedruckt wurden.

Die technische Weiterentwicklung hat durch den Einsatz von autonomen Ein- und Ausgabe-Prozessoren etwa ab 1960 die Grundlage für die parallele Bearbeitung mehrerer Aufträge in einem Computer geschaffen. Zuerst wurde diese Möglichkeit im Rahmen der Stapelverarbeitung für den sogenannten Spool-Betrieb ausgenützt, bei dem Einlesen von Lochkarten und Drucken von Listen parallel zur eigentlichen Verarbeitung erfolgte. Im ATLAS-System (Manchester University, 1961) waren erstmals mehrere Prozesse parallel in einem Computer tätig: Ein Leseprogramm kopierte Aufträge vom Kartenleser auf einen Hintergrundspeicher, ein Benutzerprogramm war aktiv, und ein Druckprogramm kopierte Ausgabe-Dateien vom Hintergrundspeicher auf den Drucker. Wenn eines dieser Programme auf die Durchführung einer Ein-Ausgabe-Operation warten mußte, konnte in der Zwischenzeit ein anderes Programm durch den Zentralprozessor weiter bearbeitet werden.

Dieser Mehrprogramm-Betrieb stellt an das Betriebssystem schon wesentlich mehr Anforderungen: Eine Prozeßverwaltung muß das Umschalten zwischen den Programmen durchführen. Die gleichzeitig ablaufenden Programme konkurrieren um Betriebsmittel wie Speicher und Geräte, wobei dem Betriebssystem die Aufgabe der Auf- oder Zuteilung obliegt. Mit der Entwicklung der Magnetplatte als Massenspeicher wird schließlich auch die Datenverwaltung zu einer der Aufgaben des Betriebssystems.

Durch die Halbleitertechnik (etwa ab 1964) stieg die Leistungsfähigkeit der Computer weiter. In dieser Technologie-Generation wurde Stapelverarbeitung im Mehrprogramm-Betrieb zunächst zur gängigen Betriebsform. In der ersten Hälfte der sechziger Jahre begann die Entwicklung von Systemen für den Mehrbenutzer-Dialogbetrieb. Eines der ersten Systeme war SDC Q-32 (1962), das mehrere Benutzer gleichzeitig bedienen konnte — allerdings mußte das Programm nach Ablauf einer kurzen Zeit stets aus dem (damals sehr teuren) Arbeitsspeicher ausgelagert werden, um Platz für das Programm des nächsten Benutzers zu machen. Weitere Entwicklungen im Verlauf der sechziger Jahre brachten die praktische Erprobung neuer Funktionen wie virtueller Speicher, Schutzeinrichtungen, Optimierung in der Prozeßumschaltung und Dateiverwaltung. Systeme wie CTSS (Crisman 1965), Multics (Feiertag 1969) und The Cambridge Multiple Access System (Hartley 1968) umfaßten Konzepte, die in heutigen Betriebssystemen allgemein verwendet werden.

Auch die Computer-Hersteller bemühten sich, diese neuen Ideen in den Betriebssystemen ihrer Großrechner unterzubringen. Ein Höhepunkt dieser Entwicklung ist das bekannte IBM OS/360, das die Entwickler und Benutzer durch die Vielfalt seiner Funktionen vor harte Probleme stellte. Die Entwickler mußten erkennen, daß ein Betriebssystem ein Software-Produkt darstellt, welches mit den damaligen Mitteln der Software-Technologie nur mühsam zu bewältigen war (Brooks 1975). Da die Designer von Betriebssystemen Neuland betraten, fielen manche Entscheidungen nicht optimal aus.

Die nächste Generation (ab 1970) ist durch die Technologie hochintegrierter Schaltkreise gekennzeichnet. Neben den Großrechnern mit ihren Betriebssystemen, die Stapel- und Dialogbetrieb gleichzeitig ermöglichen, macht sich die neue Architektur der Minicomputer auf dem Markt breit. Für diese Computer ist der Dialogbetrieb von Beginn an die hauptsächliche Betriebsform. Bildschirmterminals, die ersten ohne mechanische Teile arbeitenden Ausgabegeräte, unterstützen diesen Trend.

Die heute bekannteste Entwicklung dieser Zeit ist UNIX, an dem ab 1969 in den Bell Labors gearbeitet wurde (Ritchie 1980). Die Geschichte der Entstehung dieses Systems ist Legende — und amüsant genug, um hier kurz erzählt zu werden (Bach 1986). Am Anfang der Entstehung stand ein Ende, das Ende der Mitarbeit der Firma Bell am Multics-Projekt, das die Entwicklung eines modernen Betriebssystems zum Ziel hatte. Ken Thompson, Dennis Ritchie und andere Mitarbeiter in den Bell Labors vermißten das gewohnte Multics-System und begannen — zunächst am Papier — ein neues System zu entwickeln. Ein selbstgeschriebenes Computerspiel namens „Space Travel" veranlaßte Thompson, sich einer wenig benützten PDP-7 (ein Minicomputer der Digital Equipment) zu bedienen, um deren besser geeignete Hardware einzusetzen. Die weitere Entwicklung von „Space Travel" war jedoch umständlich, da auf der PDP-7 kein System zur Programmentwicklung vorhanden war. Thompson und Ritchie beschlossen, ihren Systementwurf auf der PDP-7 zu implementieren. Diese erste UNIX-Version war noch kein Time-Sharing-System, was auch den von Brian Kernighan als Gegensatz zu „Mult-ics" geprägten Namen „Un-ix" erklärt.

Die Weiterentwicklung verlief langsam aber stetig: 1971 wurde UNIX mit einem Textverarbeitungssystem auf einer PDP-11 in einer Abteilung des Bell Labors eingesetzt. Aus dem Wunsch nach einer höheren Programmiersprache für das neue System entstand die Sprache C (Kernighan 1978). In dieser Sprache wurde das Betriebssystem 1973 neu geschrieben, ein sensationeller und wichtiger Schritt in der Entwicklung. Mittlerweile waren schon 25 Systeme in den Bell-Labors installiert, und AT&T vergab in weiterer Folge das System für Unterrichtszwecke frei an Universitäten, sodaß 1977 mehr als 500 Installationen gezählt wurden. In diesem Jahr wurde UNIX zum ersten Mal auf ein System portiert, das nicht zur PDP-Familie gehörte. Da das System fast völlig in C geschrieben war, erforderte dies nur geringen Aufwand. Andere Firmen und Institutionen brachten UNIX auf den populär werdenden Mikroprozessoren, aber auch auf Großrechnern, zum Einsatz. Allerdings begann damit auch eine Divergenz in der Entwicklung, da unterschiedliche Erweiterungen vorgenommen wurden: Die Bell-Labors entwickelten UNIX System III (1982) und UNIX System V (1983); an der University of California entstand die Version 4.3 BSD; Digital Equipment bietet ULTRIX an; Siemens offeriert SINIX; für den IBM PC AT hat SCO (ein amerikanisches Software-Haus) XENIX auf den Markt gebracht; IBM bietet AIX an; usw. Ob der Versuch der IEEE, mit dem POSIX-Standard hier wieder eine Einigung zu erzielen, erfolgreich sein wird, muß abgewartet werden.

Eine weitere bedeutende Entwicklung begann 1972 mit der Ankündigung des ersten kommerziell verfügbaren 8-Bit Mikroprozessors (Intel 8080). Mikroprozessoren gaben den Anstoß zur Entwicklung neuer Betriebssysteme für einfache, billige Computer, die nur einem einzelnen Benutzer dienen müssen, die Personal-Computer (PC). Die bekanntesten der nicht von einem Hardware-Hersteller entwickelten Betriebssysteme für PCs sind CP/M (Digital Research), MS-DOS (Microsoft) und UCSD (University of California).

Die Geschichte von MS-DOS ist nicht so bekannt wie die von UNIX, aber zumindest ebenso abenteuerlich (Microsoft 1987). Im Februar 1975 verkaufen Paul Allen und Bill Gates eine BASIC-Version an MITS, den Hersteller des Altair-Mikrocomputers, der weder Magnetplatte noch Betriebssystem besitzt. Im darauffolgenden Jahr liefert Bill Gates eine weitere Version, die Dateien auf Magnetplatte unterstützt. Dieses Microsoft Disk BASIC wird zwischen 1976 und 1978 auf allen bekannten Personal-Computern mit 8-Bit-Prozessoren zum Laufen gebracht. Im Juni 1979 wird dieses Basic von Microsoft auf einem 8086-Prozessor vorgestellt. Da sich im April 1980 die Auslieferung von CP/M verzögert, beschließt Tim Paterson von Microsoft, sein eigenes „Quick-and-Dirty“-Betriebssystem zu schreiben, in das er Grundzüge der Datenverwaltung des Disk BASIC aufnimmt und das als 86-DOS bekannt wird. Im August unternimmt IBM die ersten Schritte in Richtung PC und fragt bei Microsoft zunächst wegen eines BASIC-Interpreters und später wegen Übersetzern für die wichtigsten Programmiersprachen an. Patersons 86-DOS wird im selben Monat fertig und als Betriebssystem MS-DOS in Microsofts Angebot aufgenommen. Als im November desselben Jahres ein Prototyp des IBM-PC einlangt, beginnt eine „konzentrierte Periode der Arbeit" für das DOS-Team. Im Februar 1981 läuft 86-DOS auf dem PC und wird im Lauf des nächsten halben Jahres zu MS-DOS, Version 1.0, verfeinert. Wichtige Eigenschaften des Betriebssystems kommen allerdings erst in den Versionen 2.0 (1983) und 3.0 (1984) hinzu: In die Dateiverwaltung werden Konzepte aus UNIX übernommen; zumindest das Drucken kann in den Hintergrund verlegt werden; installierbare Treiber erlauben die Integration beliebiger Geräte; die Vernetzung von PCs wird möglich.

Das vorläufig letzte Kapitel in der Entwicklung betrifft ebenfalls die immer leistungsfähiger werdenden Mikroprozessoren, die mehr als eine Aufgabe gleichzeitig bearbeiten können. Das Ergebnis einer gemeinsamen Entwicklung von Microsoft und IBM ist OS/2, das als Betriebssystem für Personal-Computer MS-DOS ablösen soll. Volles Ausnützen der Möglichkeiten der Hardware durch Mehrprogramm-Betrieb und virtuellen Speicher, Erweiterbarkeit für die Weiterentwicklung der Hardware und eine Benutzerschnittstelle mit Grafik und Fenstertechnik waren die Ziele bei der Entwicklung des neuen Systems.

Betriebssysteme heute

Eine Klassifizierung der Computersysteme benötigt heute zwischen „Mikrocomputer" und „Supercomputer" mehr Abstufungen als je zuvor, was durch Ausdrücke wie „Super-Minicomputer" oder gar „Personal Mainframe" belegt wird. Mit den unterschiedlichen Einsatzbereichen dieser Systeme variieren naturgemäß auch die Anforderungen an das jeweilige Betriebssystem. In gewisser Weise wiederholt sich dabei die Entwicklung, die bei den Betriebssystemen für Großrechner abgelaufen ist, auch bei den Mikrocomputern, so wie sie sich bereits bei den Minicomputern wiederholt hat.

Für den Benutzer bedeutet das, daß er auf einem Personal-Computer ähnliche Konzepte wie auf einem Minicomputer oder Großrechner vorfindet, auch wenn die einzelnen Systeme erhebliche Unterschiede in bezug auf Komplexität, Leistungsfähigkeit und Aussehen an der Benutzeroberfläche aufweisen.

2. Aufgaben und Struktur

Der historische Überblick zeigt, wie sich die Aufgaben für das Betriebssystem mit steigender Leistungsfähigkeit der Hardware und mit zunehmenden Ansprüchen der Benutzer vermehrt haben. Ein Benutzer eines modernen Betriebssystems mit entsprechenden Einrichtungen wird bei seiner Arbeit — direkt oder indirekt, bewußt oder unbewußt — die meisten dieser Einrichtungen benützen. In diesem Kapitel werden die Funktionen eines Betriebssystems von zwei Gesichtspunkten aus beleuchtet: Abschnitt 2.1 führt vor, wie ein Benutzer bei der Arbeit Einrichtungen des Betriebssystems beansprucht, und Abschnitt 2.2 zeigt, wie die Funktionen im Betriebssystem angeordnet sind.

2.1 Arbeiten mit einem Betriebssystem

Ein Vorgang, der beim Menschen als „Arbeit" oder „Tätigkeit" bezeichnet wird, läuft in einem Computer als *Prozeß* ab. Im Computer führt dabei ein Prozessor die in Form eines Programms vorliegende Arbeitsanweisung aus. Die Verwaltung von Prozessen ist daher das zentrale Thema, um das sich in Betriebssystemen eigentlich alles dreht. Wenn sich ein Benutzer an ein Terminal setzt, ein paarmal auf die RETURN-Taste drückt und damit die Aufmerksamkeit des Betriebssystems erweckt und sich durch die Angabe seines Namens und eines Losungswortes identifiziert, wird zunächst einmal ein Prozeß gestartet. Das Terminal wird diesem Prozeß als Gerät für die Ein- und Ausgabe zugeordnet. Der Prozeß übernimmt nun die Ausführung eines Programms; normalerweise ist das der sogenannte *Kommando-Interpreter* des Systems. Er gestattet es dem Benutzer, sich durch die Eingabe von Kommandos über den Zustand des Systems zu informieren, seine Datenbestände zu verwalten und weitere Programme auszuführen, kurz: mit dem Betriebssystem zu arbeiten.

Für die Ausführung eines Programms benötigt der Prozeß Arbeitsspeicher, den die *Speicherverwaltung* des Betriebssystems zur Verfügung stellt. Ein Teil des Speichers wird für Daten benützt, in einen anderen Bereich wird das Programm geladen. Programm und Daten müssen allerdings nicht immer zur Gänze wirklich im Speicher vorhanden sein. Durch die von der Hardware unterstützte Einrichtung des *virtuellen Speichers* ist es möglich, Teile des Programms und der Daten auf Magnetplatte auszulagern und erst bei Bedarf in den Arbeitsspeicher zu holen, selbstverständlich ohne daß der Programmierer oder gar der Benutzer sich eigens darum kümmern müßte.

Mit etlichen anderen Prozessen gemeinsam wartet der neue Prozeß nun darauf, auch einmal den Prozessor zugeteilt zu erhalten, um Befehle seines Programms ausführen zu können. Dieses Umschalten zwischen den Prozessen ist eine der Aufgaben im Rahmen der Prozeßverwaltung. Das Betriebssystem muß dafür sorgen, daß der unterbrochene Prozeß später genau dort wieder fortsetzen kann, wo er unterbrochen wurde. Die dafür notwendige Information wird vom Betriebssystem verwaltet. Dabei wird auch registriert, welche Speicherbereiche der Prozeß belegt, wer sein Eigentümer ist, wieviel Rechenzeit er bereits verbraucht hat und was je nach Betriebssystem sonst noch zu einer vollständigen Beschreibung des Prozesses gehört.

Während unser Benutzer sein nächstes Kommando eingibt, sorgt das Betriebssystem dafür, daß die eingetippten Zeichen gesammelt und an das Programm weitergeleitet werden, auch wenn der Prozessor gerade mit einem anderen Prozeß beschäftigt ist. Nach dem Abschluß der Eingabe (mit einem besonderen Zeichen, das durch Drücken der RETURN-Taste erzeugt wird) kann die für die Ein- und Ausgabe mit dem Terminal zuständige *Treiber-Routine* dem Betriebssystem melden, daß der zuletzt gegebene Eingabe-Auftrag erledigt ist. Solche Treiber, die für die Abwicklung der technischen Details der Ein- und Ausgabe zuständig sind, existieren für jede Kategorie von Geräten.

Mit dem soeben eingegebenen Kommando möchte der Benutzer eine Datei von einem Magnetband auf Magnetplatte kopieren. Schon zuvor wurde das Magnetbandgerät mit einem eigenen Kommando angefordert, worauf das Betriebssystem diese Anforderungen überprüft und das Gerät als „belegt" registriert hatte. Bei der Ausführung des Kopier-Kommandos wird eine Datei auf einer Magnetplatte neu angelegt. Diese Aufgabe wird von der *Dateiverwaltung* des Betriebssystems wahrgenommen, die dafür sorgt, daß einzelne Benutzer ihre Dateien auf Magnetplatte anlegen, wiederfinden, lesen, ändern und auch wieder löschen können. Daß sie dabei vor gewollten oder ungewollten Eingriffen anderer Benutzer sicher sind, gehört ebenfalls zum Aufgabenbereich der Datenverwaltung.

Nach dem Abschluß des Kopierens zeigt der Benutzer dem Betriebssystem mit einem weiteren Kommando an, daß er das Magnetbandgerät nicht mehr benötigt. Das Betriebssystem kann das Gerät jetzt bei Bedarf einem anderen Benutzer zuteilen. Geräte sind *Betriebsmittel*, welche die Prozesse bei ihrer Ausführung benötigen, und deren Benützung durch das Betriebssystem geregelt werden muß, um Kollisionen zu vermeiden: Es ist offensichtlich nicht sehr sinnvoll, zwei Prozesse abwechselnd Daten vom selben Magnetband lesen oder — noch schlimmer — sie gleichzeitig auf denselben Drucker Daten ausgeben zu lassen.

Unser Benutzer ist mittlerweile dabei, die neu angelegte Datei (ein Quellprogramm) mit einem Text-Editor zu ändern und mit einem

Übersetzer zu bearbeiten, um dann mit Hilfe des Binders ein ausführbares Programm zu erzeugen. Programme wie Text-Editoren und Binder sind Dienstprogramme, die zwar normalerweise mit dem Betriebssystem geliefert werden, aber nicht zum Kern des Betriebssystems selbst gehören.

Bei einem kurzen Test des Programms scheint alles in Ordnung zu sein. Da die geplante Anwendung des Programms auf die vorliegenden Daten zu lange dauern würde, beschließt unser Benutzer, die Ausführung im Stapelbetrieb vorzunehmen. Dazu erzeugt er mit Hilfe eines Text-Editors eine Textdatei, die eine Folge von Befehlen der Kommandosprache enthält, und übergibt sie dem Betriebssystem mit dem Auftrag, sie im „Hintergrund", also ohne Ein- und Ausgabe mit einem Terminal, auszuführen. Da er außerdem die bei der Übersetzung des Programms entstandene Liste gedruckt haben möchte, richtet er einen weiteren Auftrag an das Betriebssystem: Die Datei soll auf dem Systemdrucker ausgegeben werden.

Zufrieden mit dem Erfolg seiner Bemühungen teilt der Benutzer dem System mit, daß er die Arbeit beenden möchte, was das System prompt mit dem Erstellen der Rechnung quittiert: Benutzername und verbrauchte Rechenzeit werden auf eine Datei geschrieben, die von einem Abrechnungsprogramm weiter verarbeitet wird.

2.2 Über die Struktur von Betriebssystemen

Die Funktionen eines Betriebssystems lassen sich nach dem Grad ihrer Abhängigkeit von der Hardware ordnen. Damit ergibt sich ein schematischer Bauplan für Betriebssysteme, wie er in Abb. 2.1 dargestellt ist.

Im Zentrum dieses Strukturplans liegt der Kern des Betriebssystems mit der Aufgabe der Verwaltung von Geräten, Speicher und Prozessen. Viele Besonderheiten der Hardware, wie zum Beispiel technische Details der Gerätesteuerung, sind für diesen Kern bereits transparent, da sie in der Schicht zur Steuerung der Hardware verborgen sind. Konsequenterweise ist diese Schicht mit den Treiberprogrammen modifizierbar: Beim Einsatz eines neuartigen Geräts muß nur ein neuer Treiber in diese Schicht aufgenommen werden, der Rest des Betriebssystems bleibt unverändert.

Andere Eigenschaften der Hardware, insbesondere die des Prozessors, sind für den Kern höchst bedeutsam. Die von der Hardware vorgegebene Adressierungstechnik bestimmt den Rahmen für die Möglichkeiten der Speicherverwaltung und beeinflußt damit auch die Prozeßverwaltung. Diese wird außerdem noch von Datenstrukturen und darauf abgestimmten Instruktionen geprägt, wie sie von modernen Prozessoren angeboten werden.

Auf den Funktionen des Kerns aufbauend liegt eine Schicht, in der Systeme wie die Dateiverwaltung angesiedelt sind. Diese Systeme sind von der Hardware bereits völlig unabhängig und zumindest theoretisch aus-

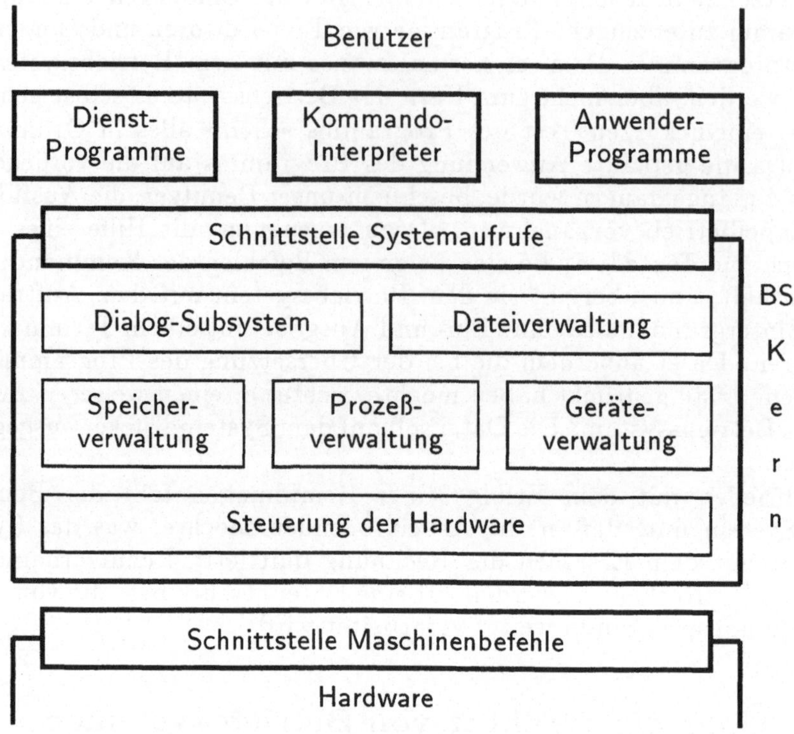

Abb. 2.1. Struktur eines Betriebssystems

tauschbar, ohne daß das Betriebssystem komplett neu strukturiert werden müßte. Ein Dialog-Subsystem mit Funktionen für Tastatur, Bildschirm und Maus kann sogar als Satz von Unterprogrammen in einer Systembibliothek vorhanden sein, wodurch das Subsystem das Betriebssystem nicht permanent belastet und absolut austauschbar ist. Die Schnittstelle, an der durch Systemaufrufe die Funktionen des Betriebssystems unmittelbar in Anspruch genommen werden können, wird durch dieses Konzept der Subsysteme flexibel. Die Grenzen zwischen Software, die fix im Betriebssystem eingebaut ist, und Modulen, die — innerhalb und außerhalb des Betriebssystemkerns — ausgetauscht werden können, sind fließend.

Programme, die die Schnittstelle der Systemaufrufe benützen, sind ohne weiteres austauschbar, auch wenn sie Standardaufgaben im Rahmen eines Betriebssystems erfüllen. Editoren, Programme zum Kopieren oder Sortieren von Dateien und ähnliche Dienstprogramme (Utilities) lassen sich mit den allgemein zur Verfügung stehenden Funktionen eines Betriebssystems programmieren. Auch der Kommando-Interpreter gehört heute in einer Reihe von Betriebssystemen zu dieser Gruppe von Programmen und kann daher durch ein anderes Programm mit vergleichbarer

Funktion ersetzt werden. UNIX wird z.B. standardmäßig mit mindestens zwei verschiedenen Kommando-Interpretern geliefert.

Ein idealer Zustand wäre erreicht, wenn die Steuerung der Hardware alle Unterschiede zwischen peripheren Geräten zum Verschwinden bringen kann und der Kern alle Eigenheiten eines bestimmten Prozessors verbirgt; außerdem sollte die Schnittstelle mit den Systemaufrufen auf verschiedenen Systemen gleich aussehen, sodaß in höheren Programmiersprachen geschriebene Applikationen nur neu übersetzt und gebunden werden müssen. Ein Wunschtraum für die Benutzer? UNIX kommt diesem Ziel schon ziemlich nahe...

Abb. 2.1 zeigt nicht, wie die dargestellten Teile innerhalb des Betriebssystems miteinander in Verbindung stehen. Für den Benutzer ist das zwar ohne Belang, aber Implementierer von Betriebssystemen diskutieren eifrig nach der besten Lösung des Problems, die einzelnen Komponenten möglichst modular zu gestalten.

Ein Weg, um zu irgendeiner Struktur zu kommen, besteht darin, alle erforderlichen Funktionen und Hilfsfunktionen als Unterprogramme zu realisieren, wobei bei Bedarf jedes Unterprogramm jedes andere aufrufen kann. Diese als „monolithisch" bezeichnete Struktur ist nicht sehr vertrauenerweckend. Etwas besser wird die Sache, wenn die Hilfsfunktionen geeignet in Module gruppiert werden und die Unterprogramme für die eigentlichen Funktionen einander nicht aufrufen, sondern nur die in den Modulen verpackten Unterprogramme verwenden. Die Aufrufstruktur des Systems sieht dann so aus, wie es Abb. 2.2 zeigt.

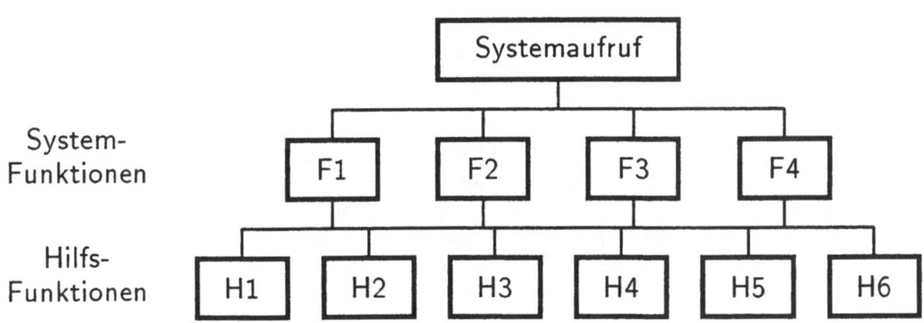

Abb. 2.2. Ein monolithisches System

Einen radikal anderen Weg ist E.W. Dijkstra an der Technischen Hochschule Eindhoven gegangen, als er mit seinen Studenten ein Betriebssystem entwickelte (Dijkstra 1967). Wie Abb. 2.3 illustriert, wurde das THE-Betriebssystem in Schichten geplant, wobei jede Software-Schicht auf die von ihrer Vorgängerschicht gebotenen Funktionen zurückgreifen kann.

Die Software der Schicht 0 regelt das Umschalten zwischen Prozessen,

Schicht

5	Operator
4	Benutzerprogramme
3	Ein- und Ausgabe
2	Operator-Konsole
1	Speicherverwaltung
0	Prozeßumschaltung

Abb. 2.3. Die Struktur des THE-Betriebssystems

etwa nach einem Interrupt. Oberhalb dieser Schicht können daher bereits
Prozesse parallel laufen. Schicht 1 verwaltet den Arbeitsspeicher, wobei
(mit Hilfe einer Magnettrommel) ein virtueller Speicher realisiert werden
konnte. In der Schicht 2 liegen Funktionen zur Kommunikation der Prozesse mit der Operator-Konsole. Die Schicht 3 enthält Funktionen zum
Betrieb der Ein- und Ausgabegeräte, auf die schließlich die Benutzerprogramme zugreifen können, die in der Schicht 4 liegen. In der obersten
Schicht schaltet und waltet der Operator (die Brainware).

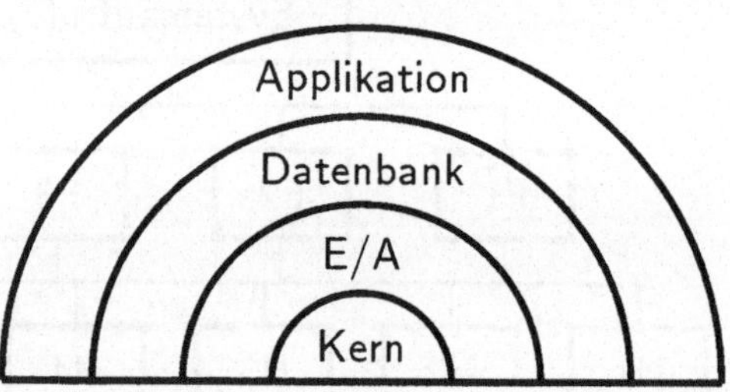

Abb. 2.4. Ein Schichtenmodell mit 4 Ebenen

Einige Prozessoren kommen einem solchen oder ähnlichen Modell entgegen, indem sie entsprechende Ebenen schon in der Funktionsweise des
Befehlssatzes verankern und dabei vor allem tiefere Ebenen mit Hilfe von
Hardware-Schutzeinrichtungen gegen Übergriffe aus den oberen Ebenen
absichern. Wenn etwa vier Ebenen vorgesehen sind (Abb. 2.4), werden
Benutzerprogramme auf der am wenigsten privilegierten Ebene 3 ablaufen. Die Ebene 0 ist dem Systemkern mit Treibern, Prozeßumschaltung
und Speicherverwaltung vorbehalten, Ebene 1 kann die Dateiverwaltung

enthalten. In der Ebene 2 können Programme untergebracht werden, die zwar nicht zum Betriebssystem selbst gehören, aber dennoch vor anderen Benutzerprogrammen geschützt werden sollen. Ein typischer Kandidat für Ebene 2 wäre ein Datenbanksystem.

Die Struktur des THE-Systems setzt noch eine wichtige Idee in die Praxis um: Betriebssystemfunktionen werden so weit wie möglich durch autonome Prozesse wahrgenommen, sodaß ein minimaler Kern übrig bleibt. Diese Vorgangsweise hat den Vorteil, daß die Schichten zusätzlich noch durch die Aufteilung in Prozesse feiner strukturiert werden, wobei ein selbständiger Prozeß mit einem bestimmten Aufgabenbereich es leichter hat, an ihn gerichtete Aufträge auszuführen. Der Kern sorgt für das Umschalten zwischen den Prozessen; die Verbindung zwischen den einzelnen Komponenten wird durch Kommunikation zwischen Prozessen hergestellt. Zwar erfordert das mehr Aufwand als ein Unterprogrammaufruf, aber die entstehende Systemstruktur ist sehr robust: Ein Fehler in einem Prozeß bringt nicht das ganze System zum Zusammenbruch. Ein auf Prozesse aufgeteiltes System läßt sich auch leichter auf eine verteilte Rechnerarchitektur übertragen, wo unterschiedliche Aufgaben von verschiedenen Prozessoren erfüllt werden. Auch das für Unterrichtszwecke geschriebene Betriebssystem MINIX (Tanenbaum 1987) verwirklicht konsequent dieses Strukturprinzip.

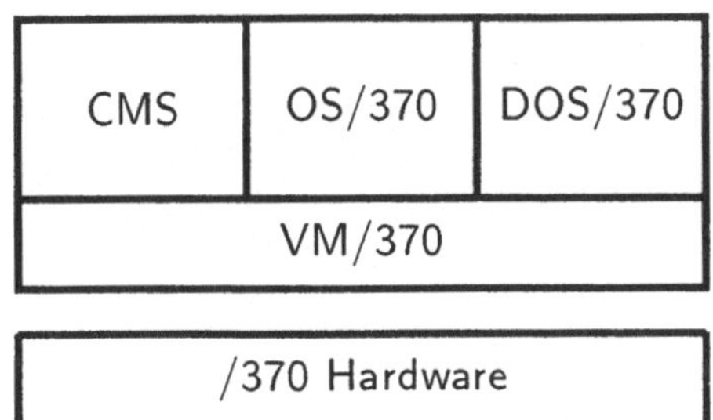

Abb. 2.5. Konzept des VM/370 (IBM)

Aus den Anforderungen der Praxis ist ein System entstanden, das unter der Bezeichnung „Virtuelle Maschine" bekannt geworden ist: das VM/370 von IBM. Die wesentliche Idee dieser Entwicklung war die völlige Trennung zweier Funktionsbereiche des Betriebssystems: die Verwaltung paralleler Prozesse und das Angebot eines erweiterten Befehlssatzes für Applikationsprogramme. Wie Abb. 2.5 zeigt, macht VM/370 aus der Hardware eines Systems /370 eine ganze Reihe von virtuellen Maschinen desselben Typs, auf welchen dann ein beliebiges, für das System /370 geeignetes Betriebssystem ablaufen kann. Somit ist es möglich, auf einem System gleichzeitig eine virtuelle Maschine mit OS/370, eine weitere Maschine mit DOS/370 und eine dritte mit CMS (Conversational Moni-

toring System, ein interaktives System) laufen zu lassen. Die einzelnen
virtuellen Maschinen lassen sich sogar miteinander verbinden: Ein virtueller Lochkartenstanzer einer Maschine z.B. kann Karten direkt in den
virtuellen Leser einer anderen Maschine stanzen.

Daß dieses Konzept auch heute noch sehr aktuell ist, wird dadurch be-
wiesen, daß Intel beim Mikroprozessor 80386 den virtuellen 8086-Modus
vorgesehen hat (Intel 1987). Dabei läuft ein Prozeß auf dem 80386 in
einem speziell von der Hardware gekennzeichneten Modus wie auf einem
8086-Prozessor, wobei bestimmte Instruktionen abgefangen und vom Betriebssystem des 80386 emuliert werden können. Damit ist es relativ einfach möglich, ein für den 8086 entwickeltes System als Prozeß (parallel
zu anderen Prozessen) auf einem 80386-System ablaufen zu lassen.

3. Prozesse

Ein Prozeß ist die Ausführung eines Programms auf einem Computer. Der Hauptgrund dafür, daß ein Betriebssystem in der Lage sein soll, Prozesse parallel abwickeln zu können, liegt in den großen Unterschieden zwischen der Verarbeitungsgeschwindigkeit eines Prozessors und den Komponenten in seiner Umgebung: den peripheren Geräten eines Systems und dem Menschen.

Ein Mensch braucht, um auf ein am Bildschirm angezeigtes Ergebnis sinnvoll reagieren zu können, zwischen einer Sekunde und Stunden. Wenn wir (optimistisch) annehmen, daß im Schnitt eine Reaktionszeit von 10 Sekunden erreicht wird, und wenn wir (pessimistisch) annehmen, daß die Verarbeitungszeit pro Eingabe 0,5 Sekunden dauert, kommen wir zu einem Verhältnis von 1 : 20. Das bedeutet, daß sich zwanzig Benutzer die Leistung eines Computers teilen könnten, ohne einander zu stören.

Weiters liegt es nahe, die Wartezeit des Prozessors bis zum Ende von Ein- und Ausgabevorgängen auf peripheren Geräten besser zu nützen. Ein Ein- oder Ausgabe-Vorgang dauert vor allem wegen der dabei erforderlichen mechanischen Vorgänge um ein Vielfaches länger als eine Operation im Prozessor. Zum Vergleich: Wenn wir das Verhältnis zwischen der Dauer einer Ein-Ausgabe-Operation und eines Maschinenbefehls mit 10000 : 1 annehmen und das Arbeitstempo der Maschine auf ein „menschliches" Maß transponieren, dann würde ein Rechenknecht, der eine Addition in einer Sekunde schafft, ganze 2 Stunden und 45 Minuten auf Nachschub warten!

Selbst wenn wirtschaftliche Überlegungen keine Rolle spielten, wäre die gleichzeitige gemeinsame Benützung eines Computers durch mehrere Menschen sinnvoll. Die Benutzer eines Systems können leicht auf dort gespeicherte Programme und Daten zugreifen, um gemeinsam damit zu arbeiten. Auch der computerunterstützte Austausch von Nachrichten zwischen den Benutzern eines Systems ist einfach möglich.

Die Verwaltung der gleichzeitig laufenden Prozesse wird dem Computer zusätzliche Arbeit verschaffen. Sofern das System im Verhältnis zur Anzahl der Benutzer leistungsfähig genug ist, wird sich daraus für den einzelnen Benutzer kein merklicher Nachteil ergeben. Die gesamte Bearbeitungszeit eines Programms wird sich dabei allerdings erhöhen, weil das Umschalten zwischen den Prozessen Zeit erfordert und ein Prozeß auch nicht immer sofort nach dem Ende einer erzwungenen Wartezeit fortgesetzt werden kann. Die Auslastung des Prozessors und damit dessen ef-

fektive Leistung wird sich — je nach Anteil der Ein-Ausgabe-Operationen
in den einzelnen Programmen — jedoch ganz erheblich steigern lassen.

Ein ganz anderer Anlaß für den Einsatz paralleler Prozesse entsteht
im Bereich der Echtzeit-Datenverarbeitung. Programme, die auf ver-
schiedenartige äußere Einflüsse reagieren sollen, lassen sich besser als *System kooperierender sequentieller Prozesse* (Dijkstra 1968) strukturieren.
Es ist nämlich leichter, mehrere Prozesse zu entwickeln, die jeweils auf
eine Aufgabe hin ausgerichtet sind, als einen einzelnen, unübersichtlichen
Prozeß zu schreiben, der sich um alles kümmern soll. Diese Überlegungen
gelten übrigens auch für Betriebssysteme selbst. Es überrascht daher
nicht, daß ein Betriebssystem vorteilhaft als ein System paralleler Prozesse strukturiert werden kann. Das klassische Beispiel dafür ist das schon
erwähnte THE-Betriebssystem.

3.1 Prozeßverwaltung

Gehen wir also davon aus, daß es sinnvoll und erstrebenswert ist,
Prozesse auf einem Computer parallel ablaufen zu lassen. Wie kann das
bewerkstelligt werden und welche Einrichtungen muß ein Betriebssystem
zur Verfügung stellen?

Auf einem Computer mit einem einzigen (Zentral-)Prozessor ist das
nur so möglich, daß dieser Prozessor den Prozessen der Reihe nach zur
Verfügung gestellt wird. Dabei hat das Betriebssystem das Umschalten zwischen den Prozessen im System durchzuführen. Ein Prozeß, der
gerade bearbeitet wird, wird in eine Warteschlange eingereiht, wenn er
auf ein Ereignis, wie etwa das Ende eines Eingabevorgangs, warten muß.
Tritt das Ereignis ein, wird der wartende Prozeß „bereit", könnte also
jederzeit weitergerechnet werden. Einem Prozeß, der den Prozessor innerhalb einer bestimmten Zeit nicht freiwillig auf irgendeine Art freigibt,
wird der Prozessor vom Betriebssystem entzogen, um andere Prozesse
nicht endlos lange zu blockieren; der Prozeß ist danach aber sofort wieder
bereit. In einem solchen System gibt es also wartende Prozesse, Prozesse,
die bereit sind, und höchstens einen aktiven Prozeß.

Ein System mit mehr als einem Zentralprozessor unterscheidet sich
nur dadurch von einem Ein-Prozessor-System, daß mehrere Prozesse
gleichzeitig aktiv sein können. In der Regel sind das so viele Prozesse,
wie es Prozessoren gibt; manchmal bleiben einzelne Prozessoren ständig
dem Betriebssystem zugeordnet.

In jedem Fall ist es die Aufgabe der Prozeßverwaltung, dieses Umschalten so vorzunehmen, daß die betroffenen Prozesse davon bis auf eine
Ausdehnung ihrer Ausführungszeit nichts merken. Wird einem Prozeß
der Prozessor entzogen, muß der Inhalt aller Register gerettet werden,
um beim Fortsetzen des Prozesses wiederhergestellt werden zu können.
Gerettete Registerinhalte sowie Informationen über den Zustand des Pro-

zesses und die vom Prozeß belegten Betriebsmittel werden in einer Datenstruktur abgelegt, die als *Prozeßkontrollblock* bezeichnet wird.

3.2   Beziehungen zwischen parallelen Prozessen

Zwischen parallel laufenden Prozessen in einem System sind zwei Stufen der wechselseitigen Beeinflussung zu unterscheiden. So stehen parallele Prozesse in enger Beziehung zueinander, wenn sie etwa in derselben Applikation laufen. Parallele Prozesse können aber auch weitgehend unabhängig voneinander sein. Das ist beispielsweise dann der Fall, wenn beim Mehrprogramm-Betrieb Prozesse zufällig im System zusammentreffen. Auch in diesem Fall ist es möglich, daß solche Prozesse einander durch die Konkurrenz um Betriebsmittel beeinflussen. Ganz allgemein stehen zwei Prozesse A und B in einer Beziehung zueinander, wenn einer der folgenden Fälle zutrifft:

- Prozeß A sendet eine Nachricht an Prozeß B,

- Prozeß A und Prozeß B benützen dasselbe Betriebsmittel,

- Prozeß A startet Prozeß B.

Wenn eine dieser Beziehungen zwischen zwei Prozessen besteht, so werden sie als *gekoppelt* bezeichnet. In allen diesen Beziehungen tauchen zwei Arten der wechselseitigen Beeinflussung auf: die eine ist *Kommunikation*, also das Übermitteln von Information, und die andere ist *Synchronisation*, das Beeinflussen des zeitlichen Ablaufs von Prozessen.

Beim Senden von Nachrichten wird auf jeden Fall Information übermittelt; denn selbst wenn die Nachricht keine Daten enthält, ist ihr Eintreffen Information für den Empfänger. Der zeitliche Ablauf der beteiligten Prozesse wird bei der Kommunikation unvermeidlich beeinflußt, sei es, daß ein Empfänger auf eine noch nicht gesendete Nachricht warten muß, oder dadurch, daß die Nachricht direkt vom Sender an den Empfänger weitergegeben werden soll.

Wie die Art der wechselseitigen Beeinflussung bei der Benützung desselben Betriebsmittels aussieht, hängt von der Art des Betriebsmittels ab. Bei den meisten Betriebsmitteln ist Synchronisation erforderlich, weil zu einem Zeitpunkt nur ein Prozeß die Freigabe erhalten darf. Der Austausch von Information kommt nur dann in Frage, wenn es sich beim Betriebsmittel um Speicher oder Dateien handelt.

Die Beziehung zwischen startendem Prozeß (dem „Vater") und gestartetem Prozeß (dem „Sohn") ist in vielen Betriebssystemen auch für den weiteren Verlauf der Prozesse relevant. Der gestartete Prozeß wird vom Betriebssystem als Unter-Prozeß registriert, der dem startenden Prozeß untergeordnet ist. Beide Prozesse können noch weitere Unter-Prozesse starten. Auf diese Weise entsteht ein ganzer Baum von Prozessen. Die

Lebensdauer aller Prozesse eines solchen Baumes wird durch die Lebensdauer des Prozesses an der gemeinsamen Wurzel begrenzt. Der beim Login eines Benutzers gestartete Prozeß ist beispielsweise der Stammvater des Teilbaums der Prozesse, die von diesem Login-Prozeß aus direkt und indirekt gestartet werden. Beendet der Benutzer einen dieser Prozesse (z.B. mit Logout), so werden auch alle Nachkommen des Prozesses beendet. Ist der beendete Prozeß nicht der Login-Prozeß, so wird der Prozeß aktiviert, von dem aus der beendete Prozeß gestartet wurde.

Manche Betriebssysteme verwalten Prozesse so, daß Sohn-Prozesse nach dem Start völlig unabhängig vom Vater-Prozeß werden. Das ist vor allem im Bereich der Prozeßdatenverarbeitung zweckmäßig, da hier die Lebensdauer eines Prozesses einem externen Vorgang und nicht dem Geschehen im Computer angepaßt werden soll.

Eine andere wichtige Beziehung zwischen Prozessen entsteht, wenn ein Programm gleichzeitig mehrmals ausgeführt wird. Das kann selbstverständlich auch so geschehen, daß die entstehenden Prozesse (außer dem Programm selbst) nichts gemeinsam haben, z.B. wenn verschiedene Benutzer verschiedene Dateien mit demselben Editor bearbeiten. Da die Prozesse jedoch alle demselben Programm gehorchen, ist die Idee naheliegend, die Instruktionen und konstanten Daten des Programms nur in einem einzigen Exemplar im Arbeitsspeicher zu haben und diese Speicherbereiche von allen Prozessen gemeinsam benützen zu lassen.

Eine Voraussetzung für ein solches Vorgehen ist, daß die Darstellung der Befehle im Arbeitsspeicher bei der Ausführung nicht verändert wird und daß die Adressierung der Daten von jedem Prozeß aus individuell möglich ist. Code, der diesen Bedingungen genügt, wird als reentrant („parallel mehrfach verwendbar") bezeichnet. Am einfachsten wird diese Eigenschaft erreicht, wenn der Prozessor einen Stapelspeicher (Stack) zur Verfügung stellt. Benützt nun jeder Prozeß einen eigenen Speicherbereich als Stapel und liegen sämtliche Variablen in diesem Stapel, so kann dieselbe Instruktionsfolge abwechselnd für verschiedene Prozesse verwendet werden, vorausgesetzt, daß beim Umschalten zwischen den Prozessen auch der Stapel gewechselt wird. Durch einen von der Hardware erzwungenen Schreibschutz wird außerdem verhindert, daß das Programm den Speicherbereich mit den Instruktionen verändert.

Eine zweite Voraussetzung ist durch das Betriebssystem zu erfüllen: Beim Laden eines Programms im Auftrag eines Prozesses ist zu prüfen, ob das Programm schon zuvor in den Speicher geladen wurde; ist das der Fall, so werden diese Speicherbereiche auch dem auftraggebenden Prozeß zugänglich gemacht. Durch Mitzählen kann der Zeitpunkt festgestellt werden, zu dem kein Prozeß mehr das Programm benötigt, wonach diese Speicherbereiche frei werden. Bei besonders häufig benützten Programmen wäre es sogar zweckmäßig, sie auch dann im Speicher zu behalten, wenn sie zeitweise nicht benötigt werden. (UNIX sieht zur Kennung solcher Programmdateien das sogenannte Sticky-Bit vor.)

3.3 Synchronisation

Synchronisation, also das Steuern des zeitlichen Ablaufs eines Prozesses, ist offensichtlich nur so möglich, daß der Prozeß angehalten und später wieder fortgesetzt wird. Folgende Fälle sind zu unterscheiden:

1. Ein Prozeß hält sich selbst an und wird von einem anderen Prozeß fortgesetzt.

2. Ein Prozeß hält sich selbst an und wird nach Ablauf einer bestimmten Zeit oder zu einem bestimmten Zeitpunkt vom Betriebssystem fortgesetzt.

3. Ein Prozeß wird vom Betriebssystem oder einem anderen Prozeß angehalten und später wieder fortgesetzt.

Der erste Fall setzt ein System kooperierender sequentieller Prozesse voraus, bei dem ein entsprechender Synchronisationsmechanismus zur Verfügung stehen muß. Der einfachste Mechanismus, der das Gewünschte leistet, erfordert je eine Operation zum Warten und Fortsetzen, die auf einen globalen, beiden Prozessen zugänglichen Operanden angewendet werden. Die Synchronisation mit der Zeit (mit der Uhr im Computer) ist auch für sequentielle Programme nützlich. Periodische Aktionen wie das Überwachen einer Datenleitung lassen sich damit einfach programmieren. Der dritte Fall hat nichts mit der programmierten Logik des angehaltenen Prozesses zu tun. Hier wird ein Prozeß etwa deshalb unterbrochen, weil ein bestimmtes Betriebsmittel nicht zur Verfügung steht.

Kritischer Abschnitt

Ein Anlaß, der Synchronisation erfordert, ist die Benützung eines Betriebsmittels, das nur *exklusiv belegbar* ist. Das heißt, daß zu einem bestimmten Zeitpunkt nur ein Prozeß das Betriebsmittel sinnvoll benützen kann. Beispiele für solche Betriebsmittel sind Geräte wie Drucker und Plotter sowie Daten im Arbeitsspeicher oder auf Magnetplatte. Bei Geräten und Dateien sehen Betriebssysteme in der Regel entsprechende Einrichtungen vor. Dort, wo das Betriebssystem keine Unterstützung bietet, müssen die Prozesse in ihrem zeitlichen Ablauf durch geeignete Programmierung so gesteuert werden, daß mögliche Konflikte vermieden werden.

Das einfachste Beispiel für eines der zuvor erwähnten Betriebsmittel ist eine globale Variable, die von zwei Prozessen benützt wird. Im folgenden Programm wird die Variable g von den Prozessen p1 und p2 als Zähler benützt.

```
MODULE zB;
  FROM OpSysFunc IMPORT StartProcess;
```

```
      VAR g: INTEGER;      (* globale Variable *)

      PROCESS p1;
      VAR h1: INTEGER;
      BEGIN
        ...
        h1 := g + 1;
        g := h1;
        ...
      END p1;


      PROCESS p2;
      VAR h2: INTEGER;
      BEGIN
        ...
        h2 := g + 1;
        g := h2;
        ...
      END p2;
      BEGIN
        g := 0;
        StartProcess(p1); StartProcess(p2)
      END zB.
```

Das Erhöhen des Zählers g um eins wurde bewußt umständlich programmiert, um zwei Anweisungen zu benötigen. Am Problem ändert sich
nichts, solange mindestens zwei Maschinenbefehle zur Berechnung und
zum Abspeichern des neuen Wertes erforderlich sind. Wenn die Prozesse
parallel ablaufen, ist folgender Verlauf denkbar:

```
      p1                      p2

      h1 := g + 1;
                              h2 := g + 1;
      g := h1;
                              g := h2;
```

Dabei ist g jedoch nur um eins erhöht worden (anstatt um zwei). Für die
beiden Prozesse gilt offensichtlich, daß sich zu einem Zeitpunkt höchstens
einer im Bereich der beiden Anweisungen aufhalten darf. Solche Abschnitte werden als *kritisch* bezeichnet. Die erforderliche Technik, zu
einem Zeitpunkt nur einen Prozeß in den kritischen Abschnitt eintreten
zu lassen, heißt *wechselseitiger Ausschluß*.

Der Programmierer solcher Prozesse muß die kritischen Abschnitte
geeignet absichern — aber wie? Die plausibel erscheinende Idee, eine

globale Variable zu verwenden, die entsprechend gesetzt und abgefragt
wird, führt zu folgendem Versuch:

```
    ...
VAR g: INTEGER;
    flag: BOOLEAN;

PROCESS p1;
VAR h1: INTEGER;
BEGIN
    ...
  WHILE flag DO (* warten *) END;
  flag := TRUE;
  h1 := g + 1;
  g := h1;
  flag := FALSE;
    ...
END p1;

PROCESS p2; ... END p2;

g := 0; flag := false;
    ...
```

Diese „Lösung" ist bemerkenswert: Das Problem, das sie zu lösen vorgibt,
entsteht durch die Lösung gleich noch einmal. Die While-Anweisung
testet die Variable `flag`, die in der nächsten Instruktion gesetzt wird.
Das ist aber genau dieselbe Situation, die ursprünglich bestand — es wird
also ein ungeschützter kritischer Abschnitt zum Sichern eines anderen
kritischen Abschnitts verwendet!

Eine funktionsfähige Absicherung kritischer Abschnitte mit denselben
Möglichkeiten, wie sie hier verwendet wurden, ist aber möglich. Die erste
Lösung wurde vom holländischen Mathematiker Dekker entwickelt. Einfacher als Dekkers Algorithmus ist die folgende Lösung für zwei Prozesse
(Peterson 1981):

```
CONST N = 2;            (* Anzahl der Prozesse *)
TYPE proc_t = [1..N];
    ...
VAR g: INTEGER;         (* die globale Variable *)
    turn: [0..N];       (* zum Schutz des kritischen *)
                        (* Abschnitts                *)
    trying: ARRAY [1..N] OF BOOLEAN;

PROCEDURE Enter (p: proc_t);
(* Eintritt in den kritischen Abschnitt *)
```

```
  VAR other: proc_t;
  BEGIN
    (* bestimme Nummer des anderen Prozesses *)
    IF p = 1 THEN other := 2;
    ELSE other := 1; END;
    (* Bereitschaft zum Eintritt anzeigen *)
    trying[p] := TRUE;
    turn := p;
    (* Falls notwendig, auf anderen Prozess warten.  *)
    (* Dieser setzt entweder trying[other] auf FALSE *)
    (* oder aendert turn.                            *)
    WHILE (turn = p) AND (trying[other]) DO END;
  END Enter;


  PROCEDURE Leave (p: proc_t);
  (* Austritt aus dem kritischen Abschnitt *)
  BEGIN
    trying[p] := FALSE;
  END Leave;


  PROCESS p1;
  VAR h1: INTEGER;
  BEGIN
    ...
    Enter(1);
    h1 := g + 1;          (* Kritischer Abschnitt *)
    g := h1;
    Leave(1);
    ...
  END p1;
  ...
  PROCESS p2; ... END p2;
  ...
  (* Initialisierung *)
  g := 0;
  turn := 0;
  trying [1] := FALSE;
  trying [2] := FALSE;
  ...
```

Zur Synchronisation werden die globalen Variablen trying und turn verwendet. Ein Prozeß meldet sein Interesse in trying an. Entscheidend ist
jedoch, daß turn auch die Prozeß-Nummer eines Interessenten enthält.
Wollen beide Prozesse gleichzeitig in den kritischen Abschnitt eintreten,
so wird nur eine der beiden Prozeß-Nummern in turn gespeichert; dieser
Prozeß muß dann warten, bis der andere den kritischen Abschnitt ver-

lassen hat. So raffiniert dieser Algorithmus auch ist, enthält er dennoch einen entscheidenden Nachteil. Das Warten der Prozesse auf die Freigabe des kritischen Abschnitts erfolgt in der While-Anweisung, wobei durch das fortwährende Prüfen der Bedingung sinnlos Rechenzeit verbraucht wird ("aktives Warten").

Schutz kritischer Abschnitte durch Maschinenbefehle

Mit diesem Mangel sind auch Lösungen behaftet, die die auf manchen Prozessoren vorhandene Möglichkeit ausnützen, eine Speicherzelle mit einem einzigen Maschinenbefehl zu testen und zu verändern. Aktives Warten hat jedoch dann praktische Bedeutung, wenn mehrere Prozessoren mit gemeinsamem Arbeitsspeicher synchronisiert werden müssen und diese Prozessoren die Wartezeit nicht sinnvoll ausnützen können. Im folgenden Beispiel wird angenommen, daß es eine Instruktion ABS mit der oben genannten Eigenschaft gibt. Die Variable lock soll die Werte -1 (für „frei") und $+1$ (für „belegt") enthalten. Bei der Ausführung von ABS wird der Inhalt des Operanden durch seinen Absolutbetrag ersetzt, wobei die Status-Bits des Prozessors jedoch entsprechend dem alten Wert des Operanden gesetzt werden. Ist dieser Wert $+1$, verändert der Befehl nichts, aber es muß gewartet werden.

```
lock    DS      -1      ; -1 = frei, +1 = belegt
        ...
wait:
        ABS     lock    ; testen und setzen
        JG      wait    ; ist nicht frei
```

Hier sorgt die Hardware dafür, daß der Speicher gegen Zugriffe durch andere Prozessoren geschützt ist, während ein Prozessor eine ABS-Instruktion ausführt. Diese benötigt ja zwei Zyklen zum Lesen und Schreiben des Speicherinhaltes, und da könnte ein anderer Prozessor dazwischenkommen.

Eine weitere Möglichkeit zum Sichern kritischer Abschnitte besteht darin, in einem kritischen Abschnitt kein Umschalten zwischen Prozessen zuzulassen, und zwar dadurch, daß Unterbrechungen — die Auslöser für das Umschalten — verhindert werden. Prozessoren haben dafür entsprechende Maschinenbefehle, z.B. CLI und STI zum Aus- und Einschalten von Unterbrechungen auf den Prozessoren 80x86 von Intel. Diese Methode hat den unangenehmen Nachteil, daß ein Fehler beim Programmieren den gesamten Computer lahmlegen kann, etwa weil nach einem CLI ohne darauffolgendes STI keine Ein- und Ausgabe mehr möglich ist. Es liegt auf der Hand, daß solche Instruktionen in Systemen mit mehreren Benutzern nur von besonders privilegierten Prozessen ausgeführt werden dürfen. Diese Technik des Sperrens von Unterbrechungen bleibt daher einigen wenigen Einsatzbereichen vorbehalten; so wird sie z.B. innerhalb von Betriebssystemen verwendet, um Zugriffe zu kritischen Datenstrukturen, etwa einer Kette von Prozeßkontrollblöcken, zu schützen.

Eine bessere Lösung zur Absicherung kritischer Abschnitte ist nur dadurch möglich, daß das Betriebssystem, also die den Prozessen übergeordnete Instanz, entsprechende Hilfsmittel zur Verfügung stellt.

Semaphore

Die klassische Lösung stammt von E.W. Dijkstra (Dijkstra 1965), der die anschauliche Bezeichnung *Semaphor* — eine Signaleinrichtung für Schiffe — für einen neuen, speziellen Datentyp wählte. Um einen kritischen Abschnitt für eine beliebige Anzahl von Prozessen zu schützen, wird eine Semaphor-Variable benötigt; der kritische Abschnitt wird in entsprechende Operationen — eine zum Eintritt, eine zum Austritt — mit dieser Semaphor-Variablen eingeklammert. Auf eine Semaphor-Variable kann nur mit den vorgesehenen Operationen zugegriffen werden.

Die Wirkung dieser Operationen läßt sich am besten beschreiben, wenn dabei auch gleich erklärt wird, wie ein Semaphor implementiert ist. Er besteht aus einem ganzzahligen Zähler und einer Warteschlange für Prozesse. Bei der Initialisierung des Semaphors wird der Zähler auf einen bestimmten nichtnegativen Wert, meistens eins, gesetzt; die Warteschlange ist leer. Die Eintritt-Operation (**P**-Operation) bewirkt dann folgendes: Der Zähler wird um eins vermindert; wenn er danach negativ ist, wird der Prozeß in die Warteschlange eingetragen. Die Austritt-Operation (**V**-Operation) erhöht den Zähler um eins; ist er danach nicht positiv, wird ein Prozeß aus der Warteschlange befreit. Das Betriebssystem garantiert, daß die Aktionen dieser beiden Operationen immer in einem Zug („unteilbar") ausgeführt werden, da nur so die Konsistenz des Semaphors selbst gewahrt bleibt.

Das folgende Beispiel zeigt die Verwendung der Semaphor-Operationen zur Absicherung eines kritischen Abschnitts. Es wird vorausgesetzt, daß der Modul `OpSysFunc` einen Datentyp `semaphore` und die erforderlichen Prozeduren enthält.

```
MODULE SemaDemo;
FROM OpSysFunc IMPORT StartProcess,
   semaphore, p_sema, v_sema, init_sema;

   VAR g: INTEGER;
      s: semaphore;

   PROCEDURE p1;        (* = Prozess *)
   VAR h1: INTEGER;
   BEGIN
      ...
      p_sema(s);
```

```
      h1 := g + 1;        (* kritischer Abschnitt *)
      g := h1;
      v_sema(s);
      ...
   END p1;

   PROCEDURE p2;          (* = Prozess *)
   ...
   END p2;
   ...
BEGIN
   g := 0;
   init_sema(s,1);
   StartProcess(p1); StartProcess(p2)
END SemaDemo.
```

Der erste Prozeß, der p_sema(s) ausführt, kann in den kritischen Abschnitt eintreten. Der zweite Prozeß muß warten, bis der erste Prozeß v_sema(s) ausführt. Die Anzahl der beteiligten Prozesse ist natürlich nicht auf zwei beschränkt.

Semaphore können auch zur Lösung einer anderen Grundaufgabe der Synchronisation, der *gegenseitigen Fortsetzung* herangezogen werden. Wenn ein Prozeß, der sich selbst angehalten hat, durch einen anderen fortgesetzt werden soll, muß ein Semaphor mit 0 initialisiert werden. Zum Warten ist eine **P**-Operation und zur Freigabe eine **V**-Operation zu verwenden. Zu beachten ist, daß eine Freigabe, die (zeitlich) vor der zugehörigen Warte-Operation erfolgt, gutgeschrieben wird, sodaß es nicht zu einer Verzögerung des anderen Prozesses kommt.

Daß Semaphore vielseitig verwendbar sind, wird durch das folgende Beispiel belegt, in dem die Belastung eines gleichzeitig mehrfach verwendbaren Betriebsmittels eines Systems limitiert wird. Der Semaphor-Zähler wird einfach mit dem gewünschten Limit initialisiert.

```
MODULE sema_demo;
   FROM OpSysFunc IMPORT StartProcess,
      semaphore, p_sema, v_sema, init_sema;

   CONST userlimit = 20;
   VAR resource: semaphore;

   PROCEDURE p;           (* = Prozess *)
   BEGIN
     p_sema(resource);
     use_resource;        (* kritischer Abschnitt *)
     v_sema(resource)
   END p;
```

```
BEGIN
  init_sema(resource,userlimit);
  StartProcess(p);
  ...
END sema_demo.
```

Für den praktischen Einsatz in höheren Programmiersprachen eignen
sich Semaphore allerdings nicht uneingeschränkt. Der Grund dafür ist,
daß die Semaphor-Operationen primitive, unstrukturierte Operationen
sind, die beliebig in ein Programm eingefügt werden können. Ein Compiler hat keine Möglichkeit, die korrekte Verwendung dieser Operationen
zu kontrollieren. Wenn Semaphor-Operationen falsch eingesetzt werden,
kommt es zu Fehlern, denen eines gemeinsam ist: Sie treten selten und
nur unter besonderen Umständen auf und sind daher besonders schwer
zu lokalisieren.

Monitore

Kritische Abschnitte in Systemen kooperierender sequentieller Prozesse sind immer auf die eine oder andere Weise mit Daten verbunden.
Diese Beobachtung liegt dem Konzept des *Monitors* zugrunde (Brinch
Hansen 1973, Hoare 1974). Dabei werden Daten mit ihren Operationen,
die als Prozeduren und Funktionen formuliert werden, in einen besonders
gekennzeichneten Modul verpackt. Die wesentliche Eigenschaft eines Monitors ist es nun, zu einem Zeitpunkt nur einen einzigen Prozeß in irgendeiner Prozedur des Monitors aktiv sein zu lassen. Durch die mit Modulen
verbundenen Sichtbarkeitsregeln ist Zugriff auf die Daten außerdem nur
über die freigegebenen Operationen möglich. Monitore ordnen sich also
hervorragend in das Prinzip der abstrakten Datentypen oder Datenkap-
seln ein.

Ein Monitor kann leicht mit Hilfe von Semaphoren implementiert werden. Da aber jetzt ein Übersetzer die notwendigen Synchronisationsope-
rationen einfügt, gibt es weder vergessene noch falsch gesetzte Operationen. Das folgende Schema zeigt die wesentlichen Elemente eines Monitors.

```
MONITOR counter;
  (* Liste nach aussen sichtbar gemachter Objekte *)
  EXPORT Increment,...;

  (* lokale Definitionen und Vereinbarungen *)
  VAR c: INTEGER;

  PROCEDURE Increment;
  BEGIN
```

```
    c := c + 1;
  END Increment;
  ...

  (* Initialisierung *)
  c := 0;
END counter.
```

Ein Monitor löst nur die Aufgabe des wechselseitigen Ausschlusses.
Für die gegenseitige Fortsetzung ist daher ein weiterer Mechanismus erforderlich: die Bedingungsvariable (Condition variable) mit je einer Operation zum Warten und zum Fortsetzen (**Wait** und **Signal**). Die **Wait**-
Operation reiht den Prozeß in eine der Bedingung zugeordnete Warteschlange ein. Eine **Signal**-Operation befreit den ersten Prozeß aus dieser
Warteschlange. Wartet kein Prozeß, so hat **Signal** keine Nach-Wirkung:
Ein Prozeß, der später eine **Wait**-Operation ausführt, muß trotzdem
warten. Ein auf eine Bedingungsvariable wartender Prozeß gibt selbstverständlich den Monitor frei, da ja sonst die völlige Blockierung des
Monitors die Folge wäre.

Das folgende Beispiel, das die Verwendung von Bedingungsvariablen
demonstriert, zeigt einen Monitor mit den Prozeduren `Send` und `Receive`,
mit deren Hilfe Prozesse einander Nachrichten senden können. Gesendete Nachrichten werden solange in einem ringförmig organisierten Puf-
ferspeicher abgelegt, bis ein Prozeß bereit zum Empfang ist. Bei vollem
Puffer muß ein sendender Prozeß warten, ein leerer Puffer zwingt einen
Empfänger zum Pausieren.

```
MONITOR buffer;
  EXPORT
    Send, Receive;
  CONST
    N = ...;            (* Puffer-Kapazitaet *)
  TYPE
    el_type = ...;      (* Element-Typ *)
  VAR
    buf:                (* Puffer *)
    ARRAY [0..N-1] OF el_type;
    count: INTEGER;     (* Zaehler:                        *)
                        (*   >0...wartende Nachrichten     *)
                        (*   <0...wartende Prozesse        *)
    first,
    last: [0..N-1];     (* Positionsmarken fuer Puffer *)
  CONDITION
    ThereIsRoom,        (* es gibt freien Platz *)
    ThereIsData;        (* es gibt Nachrichten *)
```

```
    PROCEDURE Send (e: el_type);
    BEGIN
       (* Nachricht zaehlen. Pruefen, ob noch Platz *)
       (* im Puffer ist; wenn nicht: warten.         *)
       INC(count);
       IF count > N THEN Wait(ThereIsRoom) END;

       (* Nachricht eintragen *)
       buf[last] := e;
       last := (last + 1) MOD N;

       (* Pruefen, ob Prozesse auf Nachrichten *)
       (* warten; wenn ja: signalisieren.       *)
       IF count <= 0 THEN Signal(ThereIsData) END;
    END Send;

    PROCEDURE Receive (VAR e: el_type);
    BEGIN
       (* Nachricht zaehlen. Pruefen, ob Nachricht *)
       (* im Puffer ist; wenn nicht: warten.         *)
       DEC(count);
       IF count < 0 THEN Wait(ThereIsData) END;

       (* Nachricht austragen *)
       e := buf[first];
       first := (first + 1) MOD N;

       (* Pruefen, ob Prozesse auf freien Platz *)
       (* warten; wenn ja: signalisieren.        *)
       IF count >= N THEN Signal(ThereIsRoom) END;
    END Receive;

    BEGIN
       count := 0; first := 0; last := 0;
    END buffer.
```

Wait und **Signal** sehen elegant und einfach aus, haben jedoch ihre versteckten Tücken. Was geschieht denn eigentlich im einzelnen, wenn ein Prozeß in einem Monitor einen Aufruf von **Signal** ausführt und damit einen anderen Prozeß, im selben Monitor, aus seinem Wartezustand befreit? Laufen dann etwa gar zwei Prozesse im Monitor weiter? Um das zu verhindern, muß eine zusätzliche Regel eingeführt werden, die besagt, daß durch eine erfolgreich ausgeführte **Signal**-Operation die beiden Prozesse sozusagen ihren Platz im Monitor tauschen. Für den Programmierer hat das die Konsequenz, daß **Signal** nur dort aufgerufen werden darf, wo die durch den Monitor zu schützenden Daten in konsistentem Zustand sind.

Diese nicht kontrollierbare Verwendung von **Wait** und **Signal** stellt also eine potentielle Fehlerquelle beim Schreiben von Monitoren dar.

Falls Aufrufe von Monitor-Prozeduren geschachtelt ausgeführt werden, tritt ein weiteres Problem auf. Angenommen, Prozeduren eines Monitors B werden nur von Prozeduren des Monitors A aus aufgerufen. Das bedeutet, daß Änderungen der Zustände von Prozessen, die auf Zugang zum Monitor B warten, nur durch einen Prozeß möglich sind, der sich bereits Zutritt zum Monitor A verschafft hat. Wenn ein Prozeß jetzt in einer Prozedur von B warten muß, wird nur B, nicht aber A freigegeben. Das muß zu einer Lähmung des Prozeßsystems führen, weil Monitor A, der einzige Zugang zum Monitor B, blockiert bleibt. Ein solcher Zustand, der auch aus anderen Ursachen entstehen kann, wird als *Verklemmung* (Deadlock) bezeichnet.

Monitore oder vergleichbare Einrichtungen sind nur in wenigen Sprachen verfügbar. Die bekanntesten sind Concurrent Euclid (Holt 1983), CHILL (CCITT 1985) und Modula-2 (Wirth 1984).

Serialisierung

Die bisher vorgestellten Lösungen gehen davon aus, daß die zu schützenden kritischen Abschnitte Befehlsfolgen sind, die von verschiedenen Prozessen ausgeführt werden müssen. Das Problem löst sich auf elegante Weise von selbst, wenn diese Befehlsfolgen nur von einem einzigen Prozeß exekutiert werden. Stellen wir uns vor, daß den Daten oder dem Betriebsmittel ein Dienstleistungsprozeß (Server) zugeordnet wird, der allein alle Operationen durchführen darf. Andere Prozesse müssen daher einen Auftrag an den Server richten, der sich folgendem Ablauf-Schema entsprechend verhält:

```
PROCESS server;
BEGIN
   Initialisierung;
   WHILE TRUE DO
     warte auf Auftrag;
     führe Auftrag aus;
     Ergebnis zurückmelden;
   END WHILE;
END server;
```

Damit wird das Synchronisationsproblem zu einer Kommunikationsaufgabe.

3.4 Kommunikation

Von *Kommunikation* zwischen Prozessen spricht man dann, wenn sie einander Information übermitteln. Eine Methode zur Kommunikation besteht darin, beiden Prozessen einen Speicherbereich gemeinsam zugänglich zu machen. Sie ist nur dann möglich, wenn Prozesse überhaupt gemeinsame Speicherbereiche haben können; sie erfordert außerdem ein genaues Zusammenspiel der Prozesse und vor allem zusätzliche Synchronisation beim Zugriff auf die Datenstrukturen im gemeinsamen Speicher.

Besser ist es daher, wenn das Betriebssystem dafür einen eigenen Mechanismus vorsieht: Kommunikation durch Senden und Empfangen von Nachrichten.

Nachrichten

Nachrichten sind beliebig lange (auch die Länge 0 ist sinnvoll) Byte-Ketten, die mit einer Sendeoperation an das System übergeben und mit einer Empfangsoperation entgegengenommen werden. Dazwischen sorgt das System für das Speichern der Nachrichten. Verschiedene Systeme der Nachrichtenübermittlung unterscheiden sich mehr oder weniger in Details der Funktionsweise:

- Eine Nachricht kann an einen bestimmten Prozeß gerichtet werden, sodaß nur dieser Prozeß als Empfänger in Frage kommt. Alternativ kann das Senden über einen bestimmten Übertragungsweg für Nachrichten (Channel, Mailbox) erfolgen, wobei auch mehrere Prozesse Nachrichten aus demselben Übertragungsweg empfangen können. Da aber jedem Prozeß ein eigener Nachrichtenweg zugeordnet werden kann, läßt sich mit dem Prinzip des Sendens an bestimmte Übertragungswege das an den Prozeß gerichtete Senden einfach nachbilden. Andersherum ist es schwieriger; hier müßte ein zusätzlicher Prozeß als Adressat aller Nachrichten eingerichtet werden, der dann als Verteiler der Nachrichten an die eigentlichen Empfänger fungiert.

- Die Anzahl der Nachrichten, die sich gleichzeitig auf einem Übertragungsweg zwischen Senden und Empfang befinden, kann beschränkt sein. Ein Sender, der auf einem vollen Nachrichtenweg senden möchte, muß dann warten. Eine solche Einschränkung ist sinnvoll, um eifrige Produzenten von Nachrichten davon abzuhalten, das System mit Nachrichten vollzustopfen und damit lahmzulegen. Interessant ist der Fall, daß der Übertragungsweg überhaupt nicht speicherfähig ist: Sender und Empfänger müssen einander in diesem Fall zur direkten Übergabe der Nachricht treffen, das heißt, beide müssen zum gleichen Zeitpunkt jeweils an einer bestimmten Stelle ihres Programms sein.

Ein unbeschränkter Nachrichtenweg läßt sich mit einem einfachen Verfahren beschränken: Der Empfänger sendet anfangs eine bestimmte Anzahl beliebiger Nachrichten an den Sender, die die Rolle von Transportbehältern erfüllen. Der Sender darf nur dann eine Nachricht senden, wenn er zuvor selbst eine Nachricht empfangen hat. Nach dem Empfang einer Nachricht sendet der Empfänger wieder einen Behälter an den Sender.

- Ein Übertragungsweg kann aus der Sicht der beteiligten Prozesse eine Datenstruktur darstellen, auf die sich unterschiedliche Zugriffsmethoden anwenden lassen. Damit eröffnen sich Möglichkeiten, die über das einfache Senden und Empfangen hinausgehen. Zwar entspricht die natürliche Vorstellung von Senden und Empfangen dem Prinzip der Warteschlange, aus der immer die älteste Nachricht entnommen wird, aber auch die Funktionsweise eines Stapels mit Empfang der jüngsten Nachricht kommt in Frage, ebenso wie die Verwendung eines Schlüssels, mit dessen Hilfe Nachrichten unterschiedlicher Art aus einem Übertragungsweg selektiv entnommen werden können.

- Wenn Nachrichten nicht in denselben Portionen empfangen werden müssen, wie sie gesendet wurden, entsteht ein sogenannter Byte-Strom. Diese Datenstruktur hat in manchen Betriebssystemen dasselbe Aussehen wie eine sequentielle Datei; Senden und Empfangen werden mit den Operationen zum Schreiben und Lesen von Dateien durchgeführt. Man kann es auch so sehen: Eine sequentielle Datei ist eine Nachricht (oder eine Reihe von Nachrichten) von einem Prozeß an einen anderen, später ausgeführten Prozeß.

- Durch die Vergabe einer Priorität beim Senden einer Nachricht kann Kommunikation die Prozeßumschaltung des Betriebssystems beeinflussen: Ein empfangsbereiter Prozeß wird aufgrund einer Nachricht mit hoher Priorität eher fortgesetzt als ein anderer, ebenfalls empfangsbereiter Prozeß, auch wenn sich die Nachricht für diesen schon länger im System befindet. Diese Form der Steuerung der Priorität ist in Echtzeitsystemen nützlich, wo kooperierende Prozesse am besten selbst entscheiden, welche Aktivität im System dringend ist.

Kommunikation zwischen Prozessen mit Nachrichten hat den Vorteil, daß die Prozesse mit der Definition der Nachricht und des Nachrichtenweges einfache, leicht zu beschreibende Schnittstellen besitzen. Solche „schmale" Schnittstellen machen ein System besonders modular; die einzelnen Prozesse können gut unabhängig voneinander entwickelt werden. Die Art der Implementierung des Nachrichtenweges ist unerheblich für die Prozesse, die gleicherweise in einem einzelnen System wie auch verteilt auf mehrere Systeme laufen können.

Das fehlerfreie Funktionieren der Übertragungswege ist allerdings eine ganz wesentliche Voraussetzung für Systeme, die über Nachrichten kommunizieren. Von einem System mit verteilten Prozessen wird man aber zu Recht erwarten, daß der Verlust einer einzelnen Nachricht nicht das gesamte System lahmlegt. Um das zu vermeiden, ist neben einer Empfangsoperation mit unbedingtem Warten auf das Eintreffen einer Nachricht auch eine bedingte Empfangsoperation notwendig, die mit einer entsprechenden Statusmeldung sofort an die Aufrufstelle zurückkehrt, wenn keine Nachricht an den ausführenden Prozeß vorhanden ist. Der Prozeß kann dann mit einem entsprechenden Systemaufruf pausieren und dann erneut versuchen, eine Nachricht zu empfangen. Es hängt vom Einzelfall ab, wie viele Wiederholungen sinnvoll sind, bevor der Prozeß Alarm schlägt.

Bedingte Empfangsoperationen lassen sich auch dazu verwenden, auf Nachrichten aus mehreren Übertragungswegen gleichzeitig zu warten. Dabei werden mehrere bedingte Empfangsoperationen zyklisch ausgeführt, bis eine Nachricht empfangen werden kann. Um bei dieser als *Polling* bezeichneten Technik nicht wieder in den Fehler des aktiven Wartens zu verfallen, muß unbedingt nach jedem ergebnislosen Zyklus eine Pause eingelegt werden. Einfacher wird es, wenn die Empfangsoperation von vornherein ein zeitlich limitiertes Warten auf mehrere Nachrichtenwege gleichzeitig vorsieht.

Ein Semaphor kann durch einen Nachrichtenweg und die dazugehörigen Sende- und Empfangsoperationen leicht nachgebildet werden: Beim Initialisieren wird eine (beliebige) Nachricht gesendet; die **P**-Operation entspricht dann einer Empfangsoperation, und die **V**-Operation wird durch eine Sendeoperation nachgebildet.

Software-Interrupts

Wenn die Kommunikation zwischen Prozessen nur zur Mitteilung außergewöhnlicher Ereignisse, wie etwa das Auftreten eines Fehlers, dienen soll, dann ist es natürlich nicht möglich, den Prozeß eine Empfangsoperation ausführen zu lassen. Der betreffende Prozeß wird daher besser beim Eintreffen einer Nachricht in seiner Tätigkeit unterbrochen und zur Behandlung dieser Unterbrechung zur Ausführung einer bestimmten Prozedur gebracht, in der er die Nachricht empfängt. Danach kann der Prozeß an der Stelle der Unterbrechung fortsetzen. (Die Wirkung läßt sich auch wie durch einen plötzlich in der ausgeführten Befehlsfolge aufgetauchten Unterprogrammaufruf erklären.) Die prinzipielle Bereitschaft zum Empfang muß der Prozeß zuvor bekanntgeben; dabei wird definiert, welche Routine beim Eintreffen einer Nachricht aufzurufen ist. Diese Technik wird allgemein als *Software-Interrupt* bezeichnet; in UNIX ist dafür die Bezeichnung *Signal* geläufig.

Der Mechanismus des Software-Interrupts ist vielseitig verwendbar. Vor allem kann das Betriebssystem damit einen Prozeß über einen von ihm selbst verursachten Fehler informieren. Hat der Prozeß sich nicht bereit erklärt, das entsprechende Signal entgegenzunehmen, wird er ganz einfach beendet. Das folgende Beispiel zeigt eine C-Funktion zur Behandlung des Signals SIGINT, das bei einer interaktiven Unterbrechung (z.B. durch die Taste Ctrl-C am Terminal) an das Programm gesendet wird. Die Behandlung dieser Unterbrechung soll darin bestehen, daß sie unwirksam gemacht wird.

```c
#include <signal.h>

/*
 * kbdint: SIGINT behandeln - ignorieren
 */
void kbdint(int sig)
{
  /* gleich wieder installieren */
  (void) signal(SIGINT,kbdint);
}

main()
{ ...
  /* Behandlung von SIGINT installieren */
  (void) signal(SIGINT,kbdint);
  ...
}
```

Durch einen Aufruf von `signal` wird die Funktion `kbdint` zur Behandlung der Unterbrechung SIGINT installiert. Die Behandlung ist hier sehr einfach: Nachdem mit einem weiteren Aufruf (von `signal`) `kbdint` sofort wieder zur Behandlung weiterer Signale dieser Art installiert wurde, endet die Funktion mit einer normalen Rückkehr, was bedeutet, daß an derselben Stelle fortgesetzt wird, wo die Unterbrechung erfolgte.

Das Rendezvous

Die Tatsache, daß Synchronisation zwischen Prozessen häufig mit Kommunikation verbunden ist, hat beim Entwurf der Programmiersprache Ada (Ichbiah 1980) zu der Überlegung geführt, einen Mechanismus anzubieten, der beides leistet. Bei einer synchron durchgeführten Kommunikation müssen beide Partner bereit sein, um einander wie bei einem *Rendezvous* treffen zu können. Erst nachdem die beiden Prozesse jeweils eine der zwei komplementären Operationen (**accept** und Entry-Aufruf) ausgeführt haben, kommt es zum Rendezvous. Dabei kann der aufrufende Prozeß dem anderen Daten übergeben. Der Prozeß, der die **accept**-Anweisung enthält, führt damit eine bestimmte Folge von Instruktionen aus, während der andere Prozeß ruht. Nach der Ausführung des Rendezvous laufen die beiden Prozesse wieder unabhängig voneinander weiter. Das folgende Beispiel zeigt, wie ein limitierter Puffer in Ada implementiert werden kann.

```
    package BUFFER is
      type EL_TYPE is      -- Puffer-Element
        ...;
      task BUFFERING is
        entry SEND (E: in EL_TYPE);
        entry RECEIVE (E: out EL_TYPE);
      end BUFFERING;
    end BUFFER;

    package body BUFFER is
      task body BUFFERING is
                         -- limitierter Puffer mit der
                         -- Kapazitaet N
        N: constant := ... ;
        BUF: array (0..N-1) of EL_TYPE;
        COUNT: integer := 0;
                         -- Zaehler fuer Nachrichten
                         --    >0...Nachrichten warten
                         --    <0...Prozesse warten
        FIRST, LAST: integer range 0..N-1 := 0;
      begin
        loop
          select when COUNT < N =>
                         -- es gibt Platz im Puffer
            accept SEND (E: in EL_TYPE) do
              BUF(LAST) := E;
              LAST := (LAST + 1) mod N;
              COUNT := COUNT + 1;
            end SEND;
          or when COUNT > 0 =>
                         -- es sind Nachrichten da
            accept RECEIVE (E: out EL_TYPE) do
              E := BUF(FIRST);
              FIRST := (FIRST + 1) mod N;
              COUNT := COUNT - 1;
            end RECEIVE;
          end select;
        end loop;
      end BUFFERING;
    end BUFFER;
```

Ein Prozeß (hier der Task BUFFERING) zeigt an, daß er zu einem Rendezvous bereit ist, indem er eine **select**-Anweisung ausführt. Die darin enthaltenen **accept**-Anweisungen sind die möglichen „Treffpunkte", wobei die auf **when** folgenden Bedingungen (Guards) dafür sorgen, daß ein bestimmtes Rendezvous nur zum geeigneten Zeitpunkt zustande kommt.

Ein anderer Prozeß kann seinerseits den Wunsch nach einem bestimmten Rendezvous äußern, indem er einen bestimmten Treffpunkt wie eine Prozedur aufruft.

Bemerkenswert ist schließlich, daß der Puffer jetzt einen eigenen Prozeß erfordert, der alle Zugriffe zur Datenstruktur ausführt. Diese Serialisierung vermeidet die Entstehung kritischer Abschnitte, allerdings um den Preis eines zusätzlichen Prozesses. (Bei der Verwendung einer größeren Anzahl von Puffern in einem Programm wird es zweckmäßig sein, alle Puffer von einem einzigen Prozeß verwalten zu lassen.)

3.5 Prozeßumschaltung

In den vorangehenden Abschnitten sind verschiedene Konzepte vorgestellt worden, mit deren Hilfe parallel ablaufende Prozesse Aufgaben der Synchronisation und Kommunikation bewältigen können. In jedem Fall aber muß das Betriebssystem dabei den Prozessor den beteiligten Prozessen nach irgendwelchen Kriterien zuteilen. Diese Prozeßumschaltung orientiert sich in erster Linie am aktuellen *Zustand* eines Prozesses, der aussagt, wie sich ein Prozeß in bezug auf den Prozessor verhält. Da normalerweise mehrere Prozesse bereit sind, weitergerechnet zu werden, muß das Betriebssystem in der Lage sein, aus diesen optimal einen Prozeß auszuwählen.

Prozeßzustände

Die Zuteilung des Prozessors an die Prozesse ist eine zentrale Funktion des Betriebssystems. Die dafür zuständige Routine wird als *Prozeßumschalter* (Scheduler, Dispatcher) bezeichnet. Die wesentlichen Zustände eines Prozesses sind durch die Relation zu den benötigten Betriebsmitteln gekennzeichnet, also dadurch, daß ein Prozeß im Besitz aller Betriebsmittel ist oder daß er — nach einer Anforderung oder dem vorangehenden Entzug — auf ein Betriebsmittel warten muß. Der Begriff „Betriebsmittel" ist in diesem Zusammenhang sehr großzügig aufzufassen: Geräte, Dateien, Arbeitsspeicher und Nachrichten sind damit gleichermaßen gemeint; eine besondere Rolle unter den Betriebsmitteln spielt der Prozessor.

Folgende Prozeßzustände sind zu unterscheiden:

- aktiv: Der Prozeß ist im Besitz aller Betriebsmittel; er wird gerade ausgeführt.

- bereit: Der Prozeß wartet nur auf den Prozessor.

- wartend: Der Prozeß wartet auf ein Betriebsmittel (nicht auf den Prozessor). Zur feineren Unterscheidung kann hier noch dazugesagt werden, auf welche Art von Betriebsmittel (Gerät, Daten, Nachricht usw.) der Prozeß wartet.

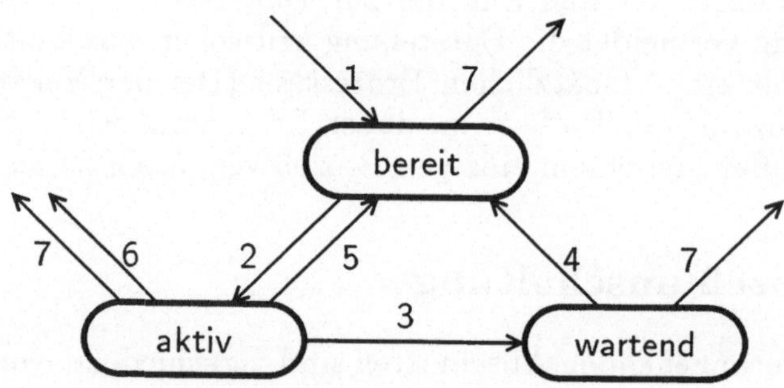

Abb. 3.1. Zustandsübergänge von Prozessen

Der Prozeßumschalter führt Zustandsübergänge für die einzelnen Prozesse durch, wie sie im Diagramm in der Abb. 3.1 dargestellt sind:

1. Ein Prozeß wird gestartet und in die Warteschlange der bereiten Prozesse eingetragen.

2. Ein bereiter Prozeß erhält den Prozessor zugeteilt.

3. Ein Prozeß muß auf ein Betriebsmittel warten.

4. Das Betriebsmittel ist verfügbar: Der Prozeß wird wieder in die Reihe der bereiten Prozesse eingetragen.

5. Dem Prozeß wird der Prozessor entzogen.

6. Der Prozeß beendet sich selbst.

7. Der Prozeß wird durch einen anderen Prozeß abgebrochen.

Verfahren der Prozessorzuteilung

Die Funktionsweise des Prozeßumschalters ist grundlegend für das Verhalten eines Betriebssystems; vor allem die Strategie, die beim Umschalten zwischen den Prozessen verfolgt wird, hängt eng mit der Betriebsform des Betriebssystems zusammen. Für ein Betriebssystem mit interaktivem Mehrbenutzer-Betrieb sind folgende Ziele anzustreben:

• Der Zentralprozessor soll optimal ausgelastet werden.

• Die Antwortzeit des Systems soll möglichst gering sein.

• Die Rechenleistung des Systems soll gerecht verteilt werden.

Diese Anforderungen widersprechen einander: Optimale Auslastung führt nicht zu gerechter Verteilung und umgekehrt.

Erfolgt Umschalten nur dann, wenn ein Prozeß den Prozessor freigibt, weil er auf ein Betriebsmittel warten muß oder sich beendet, so hätte ein Prozeß die Möglichkeit, den Prozessor beliebig lange zu belegen. Im schlimmsten Fall würde ein Prozeß, der in einer Endlosschleife läuft, die Rechenanlage lahmlegen; auch wenn ein Prozeß spätestens nach dem Verbrauch einer bestimmten Menge von Rechenzeit beendet wird, wäre diese Strategie nicht gut. In Mehrbenutzer-Systemen würde diese Strategie nämlich bewirken, daß die Antwortzeit für einen bestimmten Benutzer je nach Anzahl und Verhalten der anderen beliebig lange wird. Außerdem wäre es nicht fair, einen einzelnen Benutzer zuungunsten aller anderen zu bevorzugen.

Diese Form der Prozessorzuteilung eignet sich nur in ganz besonderen Fällen für den praktischen Einsatz. Voraussetzung ist, daß das Prozeßsystem statisch ist, das heißt, Betriebssystem und Prozesse bilden eine abgeschlossene Einheit, in die während des Betriebs keine neuen Prozesse eingebracht werden können. Solche Systeme gibt es vor allem im Bereich der Echtzeit-Datenverarbeitung (Embedded systems). Dabei kann davon ausgegangen werden, daß die Prozesse der Applikation kooperieren und nicht konkurrieren. Das Design der Prozesse muß außerdem sicherstellen, daß diese nur kurze Aktivitätsphasen haben und den Prozessor immer schnell freigeben. Um bei einem Fehler eines Prozesses nicht das System zu lähmen, wird zweckmäßigerweise eine Zeitüberwachung mit Hilfe eines Hardware-Timers eingesetzt; ein Prozeß, der die maximal zulässige Dauer ununterbrochener Aktivität überschreitet, wird abgebrochen.

In Betriebssystemen, in welchen hauptsächlich interaktiv gearbeitet wird und wo „braves" Verhalten der Prozesse nicht vorausgesetzt werden kann, muß die Prozeßumschaltung nach dem Prinzip der Zuteilung von *Zeitscheiben* geschehen. Wenn ein Prozeß den Prozessor nicht spätestens nach dem Ablauf einer bestimmten Zeit (der sogenannten Zeitscheibe) freigibt, wird ihm der Prozessor entzogen. Der Prozeß wird am Ende der Warteschlange der bereiten Prozesse eingereiht, worauf der Prozeßumschalter den Prozessor erneut vergibt. Im einfachsten Fall gibt es nur eine solche Warteschlange, und beim Umschalten kommt immer der erste Prozeß in den Besitz des Prozessors. Abgesehen von Unterbrechungen wegen Wartezeiten bei der Ein- und Ausgabe bedeutet das für die Prozesse, daß ihnen der Prozessor reihum zugeteilt wird. Eine solche Strategie erzielt eine gleichmäßige Antwortzeit für alle Benutzer des Systems.

Wichtig für die Güte der zyklischen Prozessorzuteilung ist die Wahl der Länge der Zeitscheibe. Eine lange Zeitscheibe bevorzugt rechenintensive Prozesse auf Kosten der anderen, ist also ungerecht. Nimmt die

Anzahl der Benutzer zu, wird außerdem die Wartezeit für den einzelnen entsprechend länger. Eine zu kurze Zeitscheibe dagegen wird ineffizient, wenn der Anteil der für das Umschalten notwendigen Rechenleistung überhand nimmt. Die Lösung des Problems besteht darin, die Länge der Zeitscheibe dynamisch an die Belastung des Systems anzupassen und dabei einerseits diese Länge nach oben zu limitieren und andererseits die Anzahl der Prozesse zu beschränken.

Zyklisches Umschalten zwischen den bereiten Prozessen ohne Rücksicht auf andere Gegebenheiten erweist sich aus verschiedenen Gründen nicht als zweckmäßig. Ein Grund ist das Vorhandensein von Systemprozessen, die Aufgaben des Betriebssystems durchführen. Sie werden nach dem Laden des Betriebssystems automatisch gestartet und laufen dann bis zum Abschalten des Systems. (In UNIX ist dafür die romantische Bezeichnung „Dämon" üblich.) Da diese Prozesse für den Durchsatz im gesamten System wesentliche Arbeit leisten, sollten sie bevorzugt behandelt werden. Ein zweiter Grund entsteht dann, wenn Benutzer Prozesse starten, die nicht interaktiv ablaufen sollen. Deren Bearbeitung im Hintergrund kann sich auch benachteiligt gegenüber den anderen Prozessen abspielen, da ein langsamer Fortgang solcher Prozesse nicht zum Warten der Benutzer führt. Schließlich zeigt es sich, daß es gewisse Applikationen erforderlich machen, Prozesse differenziert zu behandeln. Aus alldem ergibt sich die Forderung, den Wettbewerb der Prozesse um den Prozessor durch die Vergabe von *Prioritäten* steuern zu können. Dabei kann ein bereit werdender Prozeß den aktiven Prozeß verdrängen, sofern er höhere Priorität hat. Prozesse mit gleicher Priorität werden der Reihe nach bedient.

Die Kombination von Prioritäten und Zeitscheiben ermöglicht die angemessene Behandlung unterschiedlicher Prozeßkategorien in einem System: Zeitkritische Prozesse und Systemprozesse können mit höherer Priorität abgewickelt werden; interaktive Prozesse laufen bevorzugt im Vordergrund; Stapelverarbeitung erhält die niedrigste Priorität.

Bei einer Vielzahl von Prozessen mit unterschiedlichem, im voraus schwer einschätzbarem Verhalten ist eine explizite Zuteilung optimaler Prioritäten natürlich nicht möglich; obendrein kann sich das Verhalten einzelner Prozesse in ihrem Verlauf merklich ändern. Hier hilft ein Verfahren, das darin besteht, die Prioritäten der Prozesse in regelmäßigen Abständen zu erhöhen, wobei das Ausmaß dieser Erhöhung vom augenblicklichen Zustand des jeweiligen Prozesses abhängt: Die Priorität eines wartenden Prozesses bleibt unverändert, die eines aktiven wird um a und die eines bereiten Prozesses um b erhöht. Mit $0 < a < b$ wird ein bereiter Prozeß alsbald den aktiven überholen, der somit seinerseits den Prozessor nicht über die Maßen belegen kann.

Eine ähnliche Idee ist die fortlaufende Anpassung der Priorität durch *Selbstbeobachtung* (Self monitoring) der Prozesse. Beobachtet wird dabei die Intensität, mit der ein Prozeß die ihm zustehende Rechenzeit in einem

Beobachtungszeitraum ausnützt; die errechnete Priorität ist umso geringer, je intensiver ein Prozeß den Prozessor ausnützt. Die Prioritäten aller Prozesse werden nach jedem Beobachtungszeitraum neu berechnet, wobei das in den vorangehenden Beobachtungsperioden registrierte Verhalten entsprechend gewichtet berücksichtigt wird. Die folgende Formel, mit der ein solcher Verhaltenswert ermittelt wird, illustriert diese Methode:

$$v = \frac{a}{m} \cdot g + v' \cdot (1 - g)$$

v .... neuer Verhaltenswert
v' ... zuletzt berechneter Verhaltenswert
a .... Arbeitszeit im letzten Beobachtungszeitraum
m ... maximal mögliche Arbeitszeit
g .... Gewichtungsfaktor

Die maximal mögliche Arbeitszeit ergibt sich aus der Dauer der Beobachtungsperiode B, verringert um die Arbeitszeiten der Prozesse, die im Beobachtungszeitraum höhere Priorität hatten. Der Gewichtungsfaktor kann der Größe der maximal möglichen Arbeitszeit angepaßt werden, also z.B.:

$$g = \frac{m}{B}$$

Damit ergibt sich als Formel für den Verhaltenswert:

$$v = \frac{a}{B} + v' \cdot (1 - \frac{m}{B})$$

Wenn ein Prozeß in einem Beobachtungszeitraum durch Prozesse mit höherer Priorität vollständig von der Verarbeitung ausgeschlossen wird, so ergibt die Formel (wegen $a = m = 0$) $v = v'$, d.h. der alte Verhaltenswert bleibt unverändert.

Implementierung der Prozeßverwaltung

Zur Darstellung der einen Prozeß beschreibenden Information im Rahmen der Prozeßverwaltung benötigt ein Betriebssystem eine Datenstruktur, den *Prozeßkontrollblock*. In dieser Datenstruktur sind im wesentlichen folgende Informationen gespeichert:

- Prozeß-Identifikation: ein Wert, der zur eindeutigen Kennung einzelner Prozesse dient

- Prozeßzustand: aktiv, bereit, wartend (mit Grund des Wartens)

- vom Prozeß belegte Betriebsmittel

- gerettete Registerinhalte (für wartende und bereite Prozesse)

- Parameter zur Steuerung des Prozeßablaufs (z.B. Priorität)

- Zeigerfelder für das Verketten der Prozeßkontrollblöcke

Das Umschalten von einem Prozeß zu einem anderen besteht dann aus folgenden Einzelschritten:

1. Die Registerinhalte des Prozessors werden im Prozeßkontrollblock abgelegt.

2. Der Zustand wird auf „bereit" oder „wartend" gesetzt, je nachdem, ob dem Prozeß der Prozessor wegen des Ablaufs der Zeitscheibe entzogen wurde oder ob der Prozeß warten muß.

3. Der Prozeß wird entweder in eine Warteschlange oder in die Reihe der bereiten Prozesse eingereiht.

4. Der Scheduler bestimmt den neuen „aktiven" Prozeß.

5. Der Zustand dieses Prozesses wird auf „aktiv" gesetzt.

6. Die Register werden mit den im Prozeßkontrollblock geretteten Werten geladen; mit dem Laden des Befehlszählers wird der Prozeß fortgesetzt.

Es ist natürlich wichtig, diese Routine-Aufgaben so effizient wie möglich durchzuführen. Diese Überlegung hat die Hersteller von Prozessoren dazu angeregt, entsprechende Maschinenbefehle in den Befehlssatz aufzunehmen. Die Palette reicht dabei vom Laden und Abspeichern mehrerer Register über das Einketten und Ausketten von Listenelementen bis zum kompletten Prozeßumschaltung (Task switch), mit dem direkt von einem Prozeß zum anderen umgeschaltet werden kann. Mit der Verlagerung dieser Funktion in die Hardware wird dem Designer eines Betriebssystems allerdings auch eine bestimmte Struktur für einen Teil des Prozeßkontrollblocks vorgegeben, an die er sich halten muß.
Bisher sind zwei mögliche Anlässe für das Umschalten zwischen Prozessen erwähnt worden: Ein Prozeß kann nicht weiterarbeiten, weil er auf etwas warten muß, oder er darf nicht mehr weiterarbeiten, weil die ihm zustehende Zeitscheibe abgelaufen ist. Als dritte Ursache entsteht im Zusammenhang mit der Ein- und Ausgabe die Reaktion auf ein externes Ereignis, z.B. das Ende eines Eingabevorgangs. Wie aber bemerkt das System überhaupt, daß ein bestimmtes Ereignis eingetreten ist? Hier hilft wieder eine Hardware-Einrichtung, der *Interrupt-Mechanismus*. Über Signalleitungen melden periphere Geräte bestimmte Ereignisse, wodurch der Prozessor in seinem Ablauf unterbrochen wird. Dabei rettet der Prozessor seinen aktuellen Zustand und setzt mit einer bestimmten Routine fort, die auf das externe Signal geeignet reagieren muß, z.B. durch

Übernahme von Daten von einem peripheren Gerät. Nach der sogenannten Behandlung der Unterbrechung kann der zuvor unterbrochene Prozeß wieder fortgesetzt werden. Mit einem besonderen Maschinenbefehl (Interrupt Return) kehrt die Routine an die fiktive Aufrufstelle zurück. Eine solche Routine zur Behandlung einer Unterbrechung läuft also wie ein Unterprogramm ab, dessen Aufruf durch die Hardware vorgenommen wird. Dieser Mechanismus ist einfach und effizient, hat aber den Nachteil, daß die Behandlung einer Unterbrechung sozusagen von dem gerade laufenden Prozeß aus vorgenommen wird — gewöhnlich ein rein zufälliger Zusammenhang. An und für sich merkt der Prozeß von seiner Unterbrechung nichts, aber wenn die Interrupt-Routine den Stapel des Prozesses benützt, um Register zu retten und Unterprogrammaufrufe abzuwickeln, muß dieser immer eine gewisse Reserve bereitstellen.

Konsequenter ist daher das Konzept, zur Behandlung einer Unterbrechung gleich mit Hilfe der Hardware zu einem bestimmten Prozeß umzuschalten. Ein solcher Interrupt-Prozeß wird nach dem Laden des Betriebssystems von diesem gestartet und einer bestimmten Unterbrechung zugeordnet; danach wird der Prozeß auf das Eintreffen dieser Unterbrechung warten. Bei Eintreffen des Signals schaltet der Prozessor vom gerade laufenden Prozeß zum Interrupt-Prozeß um. Nach der Behandlung der Unterbrechung schaltet der Prozeß wieder zurück und versetzt sich dabei gleichzeitig wieder in den Wartezustand. So wie der Software-Scheduler durch die Berücksichtigung von Prioritäten bestimmte Prozesse bei der Zuteilung des Prozessors begünstigt und andere zurückstellt, kann auch der Hardware-Scheduler durch die Einteilung von Unterbrechungen in Prioritätsebenen bestimmten Erfordernissen Rechnung tragen, um etwa zeitkritische Reaktionen auf bestimmte Ereignisse zu bevorzugen.

Das Umschalten dauert länger als der Aufruf eines Unterprogramms. Ein Prozeß ist aber generell besser abgegrenzt gegen andere Komponenten im System. Außerdem kann er Unterbrechungen flexibler bearbeiten, da er z.B. seinerseits Dienste des Betriebssystems in Anspruch nehmen kann. Für das Betriebssystem ergibt sich als Konsequenz, daß das Umschalten sowohl durch Software als auch durch Hardware vorgenommen wird. Das Betriebssystem darf beispielsweise nicht annehmen, daß der zuletzt von ihm aktivierte Prozeß auch tatsächlich der gerade aktive Prozeß ist.

3.6 Prozeßverwaltung in realen Betriebssystemen

Nach den allgemeinen Erörterungen im vorangehenden Abschnitt sollen hier zwei Prozeßverwaltungen vorgestellt werden, und zwar die aus UNIX und OS/2.

Da UNIX auf verschiedenen Prozessoren mit recht unterschiedlicher Architektur im Einsatz ist, kann hier nur das Prinzip angedeutet werden. Das „klassische" UNIX nimmt in seinem Entwurf an, daß es einen Prozessor gibt, der in zwei verschiedenen Betriebsarten (Kernel mode und User mode) laufen kann, die durch unterschiedliche Rechte in bezug auf die Ausführung bestimmter Maschinenbefehle gekennzeichnet sind. Der Wechsel in den Kernel mode erfolgt bei der Ausführung einer bestimmten Instruktion wie TRAP oder SVC; durch die Rückkehr mit der dazu passenden Instruktion wird der User mode wiederhergestellt. UNIX ist ein Time-Sharing-Betriebssystem und muß daher eine Prozeßumschaltung mit Entzug des Prozessors implementieren. Wenn ein Prozeß allerdings gerade einen Auftrag an das Betriebssystem richtet und dabei im Kernel mode läuft, darf ihm der Prozessor nicht entzogen werden, da sonst die Konsistenz von Datenstrukturen im Betriebssystem in Gefahr geriete. Es wäre beispielsweise fatal, den Kern beim Ausketten eines Listenelements aus einer doppelt verketteten Liste zu unterbrechen; der nächste Prozeß könnte einen ähnlichen Auftrag an den Kern richten, was dann prompt zum Chaos führen würde. Dieselbe Gefahr bestünde, wenn eine Unterbrechung eines Prozesses im Kernel mode zugelassen wäre; die Routine zur Unterbrechungsbehandlung könnte ebenso an Datenstrukturen in inkonsistentem Zustand geraten. UNIX setzt in diesem Fall den Unterbrechungsmechanismus kurzfristig außer Kraft, eine Technik zur Absicherung kritischer Abschnitte, die auf Mehrbenutzer-Systemen dem Betriebssystem selbst vorbehalten ist.

UNIX kann, sofern die Hardware dafür geeignet ist, Prozesse ganz oder teilweise aus dem Arbeitsspeicher auslagern. Für die Prozeßverwaltung bedeutet das, daß zusätzliche Prozeßzustände unterschieden werden müssen: Ein Prozeß kann jetzt sowohl „im Arbeitsspeicher bereit" als auch „ausgelagert bereit" sein; analog dazu gibt es die Zustände „im Arbeitsspeicher wartend" beziehungsweise „ausgelagert wartend". Für den Benutzer sind diese zusätzlichen Zustände nicht steuerbar.

Um die Auslastung des Prozessors zu optimieren, verwendet UNIX Prioritätsebenen, die in Klassen angeordnet sind: Prozesse, die zum Betriebssystem selbst gehören, befinden sich prinzipiell in bevorzugten Gruppen, während alle Benutzerprozesse einer anderen Klasse zugeordnet sind. Innerhalb ihrer Klasse können Benutzerprozesse ihre Priorität ändern oder vom Betriebssystem eine andere Priorität zugeteilt erhalten. Letzteres geschieht bei zwei Anlässen: beim Beginn des Wartens eines Prozesses auf irgendein Ereignis und beim allgemeinen Anpassen der Prioritäten entsprechend der Belegung der CPU, was in regelmäßigen Zeitabständen, etwa einmal pro Sekunde, geschieht. Mit dem Kommando **nice** kann ein Benutzer „nett" zu anderen Benutzern sein und die Priorität seines Prozesses verändern. (Angeblich macht das niemand freiwillig, aber beim Arbeiten im Hintergrund wird **nice** standardmäßig eingesetzt.) Damit ergibt sich der folgende Algorithmus zur Berechnung eines Verhaltenswertes:

```
a := a/2;
v := a/c + b + n;
```

a.... Auslastung der CPU durch den Prozeß
c.... Konstante
b.... Basis-Verhaltenswert
n.... Nice-Wert

Die Auslastung der CPU (a) wird wiederholt erhöht, während der Prozeß aktiv ist. Am Ende einer Beobachtungsperiode wird dieser Wert halbiert, sodaß ein ruhender Prozeß zu immer kleineren Werten kommt und somit irgendwann andere Prozesse überholt. Je kleiner der errechnete Verhaltenswert ist, umso höher ist die Priorität des Prozesses bei der Vergabe des Prozessors.

Die hier skizzierte Prozeßverwaltung ist der Grund, warum UNIX in seiner ursprünglichen Form nicht als Betriebssystem für Echtzeitsysteme geeignet ist. Ein Echtzeitsystem ist vor allem dadurch gekennzeichnet, daß eine gewisse Antwortzeit auf bestimmte externe Vorgänge garantiert werden muß, um die ordnungsgemäße Funktion des Gesamtsystems sicherzustellen. Der soeben beschriebene Algorithmus ist für Echtzeitsysteme insbesondere deswegen nicht brauchbar, weil nicht garantiert werden kann, daß ein bestimmter Prozeß innerhalb einer fixen Zeit aktivierbar ist. Auch ist der Kernel selbst nicht unterbrechbar, um einen Benutzerprozeß bei Bedarf sofort fortsetzen zu können.

Die wichtigsten Funktionen, die UNIX im Zusammenhang mit der Prozeßverwaltung zur Verfügung stellt, sind:

- **fork**: Start eines neuen Prozesses,

- **exec**: Laden eines Programms,

- **exit**: Beenden eines Prozesses (durch sich selbst) und

- **wait**: Warten auf das Ende eines gestarteten Prozesses.

Die Wirkungsweise von **fork** und **wait** ist so angelegt, daß startender und gestarteter Prozeß in enger hierarchischer Beziehung zueinander bleiben. Beim Start (mit **fork**) erbt der Sprößling die meisten Attribute seines Erzeugers, ja sogar das ausgeführte Programm samt Daten und Stapel wird dupliziert und weitergegeben. Wie Abb. 3.2 zeigt, unterscheidet nur ein einziges Merkmal die beiden Prozesse: Der Rückmeldecode des Systemaufrufs **fork** ist null für den Sprößling, während der Erzeuger die Prozeß-Identifikation (immer ungleich null) des neuen Prozesses erhält. Nach einem Aufruf von **fork** wird in der Regel der Rückmeldecode analysiert, wonach sich die Wege von Erzeuger und Sprößling trennen: Einer der beiden Prozesse — im allgemeinen der Sprößling — wird unmittelbar nachher mit **exec** für sich selbst ein anderes Programm laden und mit dessen Ausführung fortsetzen. (Diese Duplizieren des Prozesses mit anschließendem Überschreiben ist nicht so absurd, wie es scheinen

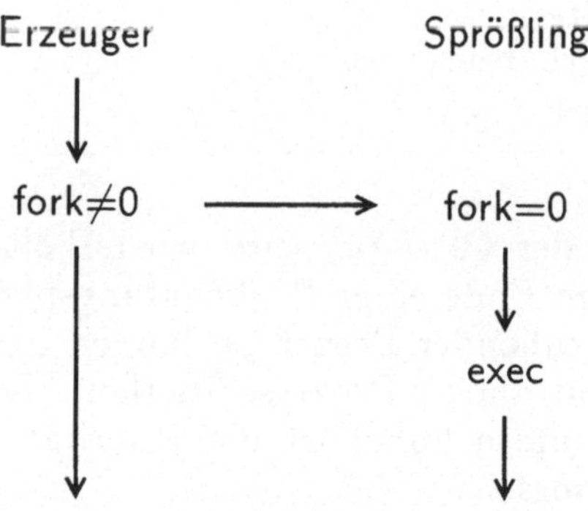

Abb. 3.2. Einsatz von **fork** und **exec**

mag. Durch die Unterstützung geeigneter Hardware-Einrichtungen werden Programme und Daten nicht wirklich kopiert, sondern es wird mit wenig Aufwand sozusagen ein „virtueller Doppelgänger" erzeugt.)

Ein Erzeuger-Prozeß kann mit **wait** auf das Ende eines seiner Sprößlinge warten, wenn diese Form der Synchonisation erforderlich ist. Da eine Ausführung von **wait** erforderlich ist, um nach dem Ende eines Prozesses Ordnung in den Datenstrukturen des Betriebssystems zu machen, müssen Prozesse, die sich mit **exit** beenden, noch weiter im System behalten werden, bis einer ihrer „Ahnen" Notiz von ihrem Ende nimmt. (Diese Prozesse werden treffend, wenn auch makaber, als „Zombies", also „lebende Leichname", bezeichnet.) Wenn ein Erzeuger-Prozeß vor seinem Sprößling endet, wird der Sprößling vom Prozeß **init** adoptiert. Dieser Prozeß ist der gemeinsamen Urahn aller Prozesse im System; er wird nach dem Laden des Betriebssystems erzeugt. Von ihm stammen — direkt oder indirekt — alle anderen Prozesse im System ab. Spätestens dieser Prozeß sorgt dafür, daß **wait** für diejenigen Prozesse ausgeführt wird, für die kein anderer Prozeß mehr zuständig ist.

Die Prozeßverwaltung des OS/2 (Iacobucci 1988) entstand unter ganz anderen Voraussetzungen, da hier ein Betriebssystem für einen einzelnen Benutzer geschaffen werden sollte. Die Erfahrungen mit älteren Betriebssystemen für Personal-Computer wie MS-DOS haben gezeigt, daß auch ein Betriebssystem, mit dem immer nur ein einzelner Benutzer arbeitet, in der Lage sein sollte, Prozesse parallel bearbeiten zu können. Nur so ist es möglich, längerdauernde Arbeiten wie das Drucken langer Texte oder das Übertragen großer Datenmengen gleichzeitig mit interaktiver Arbeit auf demselben System durchzuführen. Ein zweites Motiv für den Mehrprogramm-Betrieb entsteht dadurch, daß viele Anwendungen komfortabler gestaltet werden können, wenn mehrere kooperierende sequentielle Prozesse an der Lösung beteiligt sind. Ein Tabellenrechenprogramm braucht z.B. nach der Eingabe einer Zelle nicht auf das Ende der Neuberechnung zu warten, sondern kann die bei darauffolgenden Eingaben anfallenden Wartezeiten zur Berechnung ausnützen.

Das Konzept kooperierender sequentieller Prozesse in einem einzelnen Programm führt allerdings zu einer sehr viel größeren Anzahl von Prozessen im Gesamtsystem. Da kooperierende sequentielle Prozesse bei der Benützung der meisten ihrer Betriebsmittel nicht im Konkurrenzverhältnis zueinander stehen, erscheint es viel zu aufwendig, jedem dieser Ablauf-Vorgänge einen eigenen (Betriebssystem-)Prozeß zuzuordnen. OS/2 teilt daher die Funktionen der Prozeßverwaltung auf in die Betriebsmittelverwaltung einerseits und die Zuteilung des Prozessors andererseits. Ein OS/2-Prozeß ist die Verwaltungseinheit, der Betriebsmittel wie Speicher oder Geräte zugewiesen werden. Zur Zuteilung des Prozessors dient jedoch eine dem Prozeß untergeordnete Verwaltungseinheit, der *Thread*. Jeder Prozeß enthält zumindest einen Thread, der automatisch beim Start eines Prozesses ins Leben gerufen wird. Ein Thread ist gekennzeichnet durch den Prozeß, in dem er abläuft, einen bestimmten Zustand, die Inhalte der Register und einen eigenen Stapel. Alle Threads eines Prozesses haben jedoch dasselbe Programm und dieselben (globalen) Daten.

Die Prozessorzuteilung an Threads geschieht im OS/2 ebenfalls im Zeitscheiben-Verfahren mit Entzug des Prozessors nach Ablauf einer Zeitscheibe. Prioritäten werden an Threads vergeben, wobei vier Klassen mit insgesamt 97 Prioritäten vorgesehen sind. Die vier Klassen sind

- zeitkritische Prozesse

- Vordergrund

- Standard-Klasse

- Leerlauf (Idle)

Die Klasse der zeitkritischen Prozesse ist für Echtzeit-Anwendungen vorgesehen. Die Vordergrund-Klasse enthält nur eine einzige Prioritätsebene und ist für den Thread bestimmt, der in dem Prozeß läuft, der gerade am Bildschirm der Konsole sichtbar ist. Hier erwartet ein Benutzer ja prompte Reaktion auf jede Eingabe. Andere Prozesse laufen in der Standard-Klasse. Die Prioritäten der Threads in dieser Klasse werden vom Betriebssystem automatisch entsprechend der CPU-Auslastung durch die Threads angepaßt, um gute Rechnerauslastung zu gewährleisten. Die Leerlauf-Klasse ist für solche Programme gedacht, die praktisch nur dann Rechnerleistung erhalten sollen, wenn sonst keine Aktivität im System durchgeführt wird.

Da OS/2 nur für einen einzelnen Benutzer gedacht ist, muß die Verwendung der Prioritätsklassen nicht vom System kontrolliert werden. Konsequenterweise kann sich jedes Programm in jede beliebige Klasse versetzen und damit jede Priorität verschaffen. Über Parameter der

System-Konfiguration (in der Datei CONFIG.SYS) läßt sich sogar die Wirkungsweise des Schedulers beeinflussen, was aber nur für spezielle Anwendungen sinnvoll ist.

3.7 Algorithmen

Für die folgende Skizzierung der Implementierung einer Prozeßverwaltung wollen wir annehmen, daß ein einziger Prozessor zur Verfügung steht, der zur Abarbeitung aller Prozesse dienen muß. In diesem Fall werden die parallelen Prozesse nicht wirklich gleichzeitig, sondern abwechselnd durchgeführt. Nach dem Unterbrechen eines Prozesses wird der nächste an der Stelle fortgesetzt, an der er zuletzt unterbrochen worden war. Dieses Prinzip ist im Konzept der *Coroutine* (Dahl 1972) verwirklicht, deren **resume**-Operation der oben beschriebene Funktion entspricht. In Modula-2 steht für **resume** die Prozedur

```
TRANSFER (VAR FromProcess, ToProcess: PROCESS)
```

zur Verfügung. Der Typ PROCESS beschreibt dabei einen Prozeßkontrollblock. Gestartet wird ein Prozeß durch einen Aufruf der folgenden Prozedur:

```
NEWPROCESS (P: Proc; ... VAR new: PROCESS)
```

Die hier nicht gezeigten Parameter betreffen die Speicherverwaltung: Für den neuen Prozeß muß nämlich ein Arbeitsbereich bestimmter Größe angelegt werden, der den Stapel und weiteren, dynamisch anforderbaren Speicher enthält.

Zur schematischen Beschreibung einer Prozeßverwaltung nehmen wir an, daß es zwei fixe Systemprozesse gibt: den Prozeßumschalter (Scheduler) und den Auftragsbehandler (RequestHandler). Letzterer ist für die Bearbeitung von Aufträgen zuständig. Andere, dynamisch gestartete Prozesse werden in diversen Warteschlangen geführt; der Einfachheit halber wollen wir zunächst nur eine, nämlich die der bereiten Prozesse, berücksichtigen. Ferner wird ein Modul QueueHandling mit entsprechenden Operationen zur Verwaltung verketteter Listen vorausgesetzt.

```
MODULE ProcessMgmt;

FROM SYSTEM IMPORT PROCESS,NEWPROCESS,TRANSFER;
FROM QueueHandling IMPORT ProcessQueue, InitQueue,
    Empty, First, InsertQueue;

VAR
    Scheduler, RequestHandler, Active, Temp, Init: PROCESS;
```

```
  Ready: ProcessQueue;

PROCEDURE SchedulerDef;
  LOOP
    WHILE Empty(Ready) DO
                     (* Leerlauf *)
    END;
    Active := First(Ready);
    TRANSFER(Scheduler,Active);
  END
END SchedulerDef;


PROCEDURE RequestHandlerDef;
  LOOP
    ...                 (* Auftragsbehandlung *)
    IF ... THEN         (* Warten erforderlich *)
      TRANSFER(RequestHandler,Scheduler);
    ELSE
      TRANSFER(RequestHandler,Active);
    END
  END
END RequestHandlerDef;


BEGIN
    (* Start der System-Prozesse *)
    NEWPROCESS(SchedulerDef,...Scheduler);
    NEWPROCESS(SchedulerDef,...RequestHandler);

    (* Start eines zu verwaltenden Prozesses *)
    InitQueue(Ready);
    NEWPROCESS(SomeDef,...Temp);
    InsertQueue(Ready,Temp);

    (* Aktivieren des Schedulers *)
    TRANSFER(Init,Scheduler);
END ProcessMgmt.
```

Damit nach dem Aktivieren des `Scheduler` das System überhaupt fortgesetzt werden kann, muß zumindest ein Prozeß als „Urahn" aller anderen
Prozesse im System gestartet werden. Dieser wird dann — mit Hilfe
der Systemfunktion `StartProcess` — weitere Prozesse kreieren. Systemfunktionen werden von den Prozessen mit

```
TRANSFER(Active,RequestHandler)
```

angefordert. Der `RequestHandler` kann, abhängig vom durchgeführten
Auftrag, zum Auftraggeber zurückkehren oder den `Scheduler` aktivie-

ren. Der `Scheduler` nimmt aus der Warteschlange `Ready` den ersten Prozeß, muß aber warten, falls diese Warteschlange leer ist. Hier darf unbesorgt aktives Warten verwendet werden, da sich das System ohne bereite Prozesse buchstäblich im Leerlauf befindet und daher sowieso nichts Nützliches tun kann.

Für die Übergabe von Parametern bei der Auftragsbehandlung ist eine weitere Konvention erforderlich. Am häufigsten werden dazu die Register des Prozessors verwendet. Beim Programmieren in höheren Programmiersprachen werden selbstverständlich Prozedurparameter verwendet. Das legt nun nahe, diese Prozeduren als Teile des Betriebssystems anzusehen, die von Benutzerprozessen direkt aufgerufen werden können. Da das Umschalten vom Auftraggeber zum `RequestHandler` entfallen kann, wäre diese Lösung sogar effizienter: Wenn im Verlauf einer Auftragsbearbeitung der auftraggebende Prozeß deaktiviert werden muß, könnte er die Kontrolle direkt dem Scheduler übergeben. Dies wiederum würde allerdings auch bedeuten, daß einem beliebigen Prozeß der Zugriff auf interne Datenstrukturen des Betriebssystems eingeräumt wird. Wir wollen diesen Gedanken daher (zunächst) nicht weiter verfolgen.

Im Modul `ProcessMgmt` fehlt ein wichtiger Teil des Systems: Es gibt keine Routine, die dafür sorgt, daß ein vom `RequestHandler` deaktivierter Prozeß wieder in die Warteschlange `Ready` zurückkehrt. Gewöhnlich veranlaßt diese Rückkehr ein externes Ereignis, das durch eine Unterbrechung signalisiert wird. Dafür sind Prozesse, die durch Interrupts fortgesetzt werden können, erforderlich. Mit den in Modula-2 zur Verfügung stehenden Mitteln lassen sich solche auf Interrupts reagierende Prozesse elegant darstellen. Der eine wesentliche Schritt ist dabei die Einsicht, daß der Interrupt genau einem spontan ausgelösten `TRANSFER` entspricht. Die zweite Überlegung besteht darin, daß die Zuordnung eines Interrupts zu „seinem" Prozeß mit Hilfe einer globalen Tabelle, dem *Interrupt-Vektor* durchgeführt werden muß. Da die Fortsetzungsadresse im Rahmen dieser Zuordnung je nach dem Zustand des Interrupt-Prozesses wechseln kann, ergibt sich eine gewisse Asymmetrie. Der Interrupt-Prozeß verwendet daher eine etwas andere Prozedur zur Weitergabe der Kontrolle:

```
IOTRANSFER (VAR Handler, Interrupted: PROCESS;
            InterruptVectorNumber: CARDINAL)
```

Nachdem ein Interrupt-Prozeß gestartet wurde, muß er unbedingt einmal mit `TRANSFER` aktiviert werden, um ihm die Gelegenheit zu geben, sich mit einem Aufruf von `IOTRANSFER` bereit zu erklären, einen Interrupt zu behandeln. Der zusätzliche Parameter gibt dabei die Position im Interrupt-Vektor an, womit die Zuordnung zu einem bestimmten Interrupt hergestellt ist. Da diese Bindung in Modula nur für das jeweils nächste Interrupt-Ereignis gilt, kann der Prozeß an wechselnden Stellen unterbrochen und fortgesetzt werden. Er muß aber selbst (mit

IOTRANSFER) dafür sorgen, immer wieder die Behandlung des nächsten Interrupts zu übernehmen.

Mit diesen Möglichkeiten ausgerüstet, können wir eine verbesserte Version der Prozeßverwaltung formulieren, die auf beliebige externe Ereignisse reagieren kann. Da die Behandlung von Interrupts je nach der auslösenden Ursache und der Systemumgebung unterschiedliche Vorgangsweise und die Beachtung vieler Details verlangt, können hier nur zwei schematische Modelle präsentiert werden.

Der Modul Timer enthält die Definition des Prozesses Clock zur Behandlung des Uhr-Interrupts. Der Prozeß hält Datum und Uhrzeit im System auf dem laufenden Stand und verwaltet außerdem eine Warteschlange von Prozessen, die zu einem bestimmten Zeitpunkt fortgesetzt werden sollen.

```
MODULE Timer;

FROM SYSTEM IMPORT BYTE, ADR, NEWPROCESS, TRANSFER,
  IOTRANSFER;
FROM QueueHandling IMPORT ProcessQueue, InitQueue,
   Empty, First, InsertQueue;
EXPORT ttime, gettimval, delayuntil;

CONST cwsp = 2000;
TYPE ttime = ...;      (* Typ fuer Uhrzeit *)
VAR Main, Clock: PROCESS;
    TimeDelayed:      (* Warteschlange der Prozesse, *)
    ProcessQueue;     (* die bestimmte Zeit warten   *)
                      (* wollen *)
    t: ttime;         (* aktuelle Uhrzeit *)
    ClockWSP: ARRAY [1..cwsp] OF BYTE;

PROCEDURE gettimval (VAR tv: ttime);
BEGIN
  tv := t;
END gettimval;

PROCEDURE delayuntil (dt: ttime);
(* Eintragen des Prozess in TimeDelayed, *)
(* d.i. die Warteschlange der Prozesse,  *)
BEGIN ... END;

PROCEDURE ClockDef;  (* = Prozess *)
  CONST
    ctimint = ...;   (* Uhr-Interrupt *)
BEGIN
  LOOP
```

```
      IOTRANSFER(Clock, Main, ctimint);
      ... (* Interrupt behandeln, t aktualisieren *)
      ... (* Uebertragen der Prozesse, deren        *)
          (* Wartezeit abgelaufen ist, aus          *)
          (* TimeDelayed in Ready                    *)
    END;
  END ClockDef;

  BEGIN
    (* Initialisieren der Warteschlange und Starten *)
    (* des Prozesses zur Interrupt-Behandlung       *)
    InitQueue(TimeDelayed);
    NEWPROCESS(ClockDef, ADR(ClockWSP), cwsp, Clock);
    TRANSFER(Main,Clock);
  END Timer.
```

Der Prozeß Keyboard im Modul Terminal wartet auf einen Tastendruck
und legt das entsprechende Zeichen in einen Puffer ab. Ein Prozeß, der
auf Eingabe von der Tastatur warten muß, wird verzögert und beim Eintreffen eines Zeichens wieder in die Liste der bereiten Prozesse eingetragen.

```
  MODULE Terminal;
  FROM SYSTEM IMPORT BYTE, PROCESS, ADR,
       NEWPROCESS, TRANSFER, IOTRANSFER;
  FROM QueueHandling IMPORT ProcessQueue, InitQueue,
     Empty, First, InsertQueue;
  EXPORT nxtchr,empty;

  CONST cwsp = 2000;
  VAR Keyboard,Main: PROCESS;
      KbdDelayed: ProcessQueue;
      KbdWSP: ARRAY [1..cwsp] OF BYTE;
      cbuf: ...           (* Puffer für Zeichen *);

  PROCEDURE empty (): BOOLEAN;
  (* liefert TRUE, wenn Puffer leer *)
  BEGIN ... END empty;

  PROCEDURE nxtchr (VAR c: CHAR; VAR status: BOOLEAN);
  (* liefert Zeichen aus Puffer,    *)
  (* falls kein Zeichen vorhanden: *)
  (* Prozess muss warten           *)
  BEGIN
    status := NOT empty();
    IF status THEN
```

```
      c := ...;              (* Zeichen aus Puffer *)
    ELSE
      (* rufender Prozess muss warten *)
      InsertQueue(KbdDelayed,Active);
    END;
END nxtchr;

PROCEDURE KeyboardDef; (* = Prozess *)
  CONST
    ckbdint = ...;    (* Tastatur-Interrupt *)
BEGIN
  LOOP
    IOTRANSFER(Keyboard, Main, ckbdint);
    ...                   (* Interrupt behandeln und *)
                          (* Zeichen puffern          *)
    IF NOT empty(KbdDelayed) THEN
      (* wartenden Prozess fortsetzen *)
      InsertQueue(Ready,First(KbdDelayed));
    END;
  END
END KeyboardDef;

BEGIN
  NEWPROCESS(KeyboardDef, ADR(KbdWSP), cwsp, Keyboard);
  TRANSFER(Main,Keyboard);
END Terminal.
```

Der Modul ProcessMgmt bleibt gleich; es ist lediglich erforderlich,
Scheduler und Active zu exportieren.

```
MODULE ProcessMgmt;
...
EXPORT Scheduler, Active;
...
END ProcessMgmt.
```

4. Speicherverwaltung

Der Arbeitsspeicher nimmt unter den Betriebsmitteln eine Sonderstellung ein. Grund dafür sind einesteils die besonderen Eigenschaften: Speicher ist aufteilbar, gleichzeitig mehrfach benutzbar und entziehbar. Das bedeutet, daß Speicher eine dynamische Verwaltung erfordert, mit der die wechselnden Anforderungen eines laufenden Systems erfüllt werden können. Allerdings engen die Eigenschaften des Prozessors im Zusammenhang mit der Adressierung des Arbeitsspeichers die Möglichkeiten des Betriebssystem-Designers bei der Auswahl der Algorithmen für die Speicherverwaltung erheblich ein.

4.1 Eigenschaften des Speichers

Die Aufteilbarkeit des Arbeitsspeichers bedeutet, daß mehrere Prozesse gleichzeitig unterschiedliche Bereiche des Arbeitsspeichers belegen können. Die Speicherverwaltung des Betriebssystems muß Buch darüber führen, welche Prozesse welche Teile des Speichers belegen. Zu diesem Zweck wird der zur Verfügung stehende Speicher in Vergabeeinheiten unterteilt. Die Größe dieser Vergabeeinheit wird oft durch Eigenschaften der Hardware beeinflußt; der Bogen reicht dabei von einer einzelnen Speicherzelle bis zu Blöcken mit einigen KBytes. Hand in Hand mit der Wahl dieser Größe geht die Entscheidung, ob Speicher in wenigen zusammenhängenden oder in beliebig vielen verstreut liegenden Bereichen vergeben werden kann. Dabei gilt prinzipiell: Je kleiner die Vergabeeinheit, umso mehr Platz benötigt eine Adresse und damit die Verwaltungsinformation, die ja die Adresse eines Blocks (oder Anfang und Ende eines Bereichs) enthalten muß.

Wenn einem Prozeß Speicher in beliebig aufgeteilten und verstreut liegenden Stücken zugeteilt werden kann, so ist auch die gleichzeitige Benützung eines Speicherstücks durch mehrere Prozesse technisch realisierbar. Diese Möglichkeit läßt sich für sowohl für Datenbereiche als auch für Programme ausnützen.

Das Entziehen von Arbeitsspeicher erfordert selbstverständlich, daß für den betroffenen Prozeß der ursprüngliche Zustand wiederhergestellt werden kann. Das wird ermöglicht, indem der Inhalt des zu entziehenden Speicherbereichs auf einen Hintergrundspeicher ausgelagert wird. Zum Fortsetzen des Prozesses wird erneut ein entsprechender Speicherbereich angefordert, in den der gerettete Inhalt wieder eingelesen wird.

4.2 Hardware-Voraussetzungen

Die in erster Linie für die Möglichkeiten der Speicherverwaltung maßgebliche Eigenschaft der Hardware ist die vom Prozessor benützte Technik der Adressierung. Im Zuge der Instruktionsausführung durch den Prozessor wird dabei die im Programm stehende (oder vom Programm berechnete) Adresse eines Operanden, die *Programmadresse*, zum Ausgangspunkt der Berechnung der *effektiven Speicheradresse* gemacht. Diese effektive Speicheradresse wird zum Zugriff auf den Arbeitsspeicher verwendet. Wie wir im folgenden sehen werden, erlauben die fortschrittlichen Techniken dieser Adreßumsetzung das Ausnützen aller oben erwähnten Eigenschaften.

Direkte Adressierung

Bei der einfachsten Form der Adressierung (siehe Abb. 4.1), der sogenannten *direkten Adressierung*, enthält das Programm bereits die effektive Adresse.

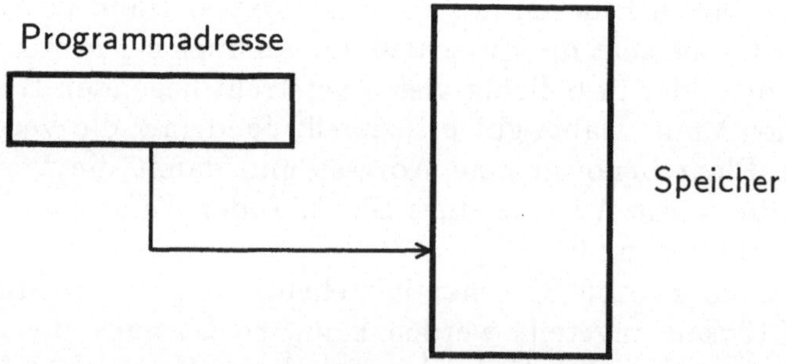

Abb. 4.1. Direkte Adressierung

Das ist effizient, weil die Adresse sofort verwendbar ist. Ein Programm wird dabei aber — spätestens beim Laden — an eine bestimmte Stelle im Speicher gebunden und kann dann nicht mehr verschoben werden. Daß mit der Programmadresse der gesamte Speicher adressierbar ist, hat noch zwei Nachteile: Erstens steht einem Prozeß der ganze Arbeitsspeicher offen, was Mehrbenutzer-Betrieb praktisch ausschließt, da sowohl andere Prozesse als auch das Betriebssystem selbst jederzeit zerstört werden können. (Allenfalls kann mit Hardware-Einrichtungen ein primitives Schutzkonzept realisiert werden, das das Verändern von Speicher in einem bestimmten Bereich verhindert.) Zweitens kann wegen der durch das Befehlsformat limitierten Länge einer Adresse Speicher nur in beschränktem Umfang adressiert werden. Bei einer Adresse mit einer Länge von 16 Bit sind das 64 KByte.

Relative Adressierung

Wenn Programmadressen um einen konstanten Wert erhöht werden, um zur effektiven Adresse zu gelangen, spricht man von *relativer Adressierung* (Abb. 4.2). Die Hardware verwendet dazu ein Basisregister, das beim Aktivieren des Prozesses mit der effektiven Anfangsadresse des Prozesses geladen wird.

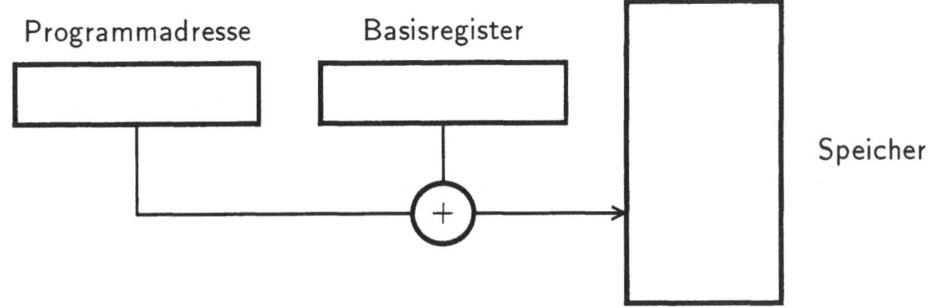

Abb. 4.2. Relative Adressierung

Die Berechnung der effektiven Adresse erfordert eine Addition:

```
effektive Adresse = Basisregister + Programmadresse
```

Dieser geringe zusätzliche Aufwand bringt mehrfachen Nutzen. Programme können nun ausgelagert und an anderer Stelle wieder eingelagert oder im Speicher verschoben werden. Ferner läßt sich ein Speicherbereich ausnützen, dessen Größe nur von der Länge des Basisregisters abhängt. Weiters kann mit Hilfe eines Limitregisters sichergestellt werden, daß Programme nur den ihnen zustehenden Adreßraum benützen. Davon unabhängig ist jedoch der Adreßraum, der einzelnen Programmen zur Verfügung steht, noch immer durch die Länge einer Adresse im Instruktionsformat der Maschinenbefehle eingeschränkt. Da relative Adressierung mit Basis- und Limitregister einen sicheren Mehrprogramm-Betrieb garantiert, hat sie auch praktische Bedeutung erlangt, wie z.B. in den Rechnern der CDC CYBER-Serie. Sie hat aber zwei wesentliche Mängel: Der benötigte Speicher muß vollständig und in einem zusammenhängenden Bereich bereitgestellt werden, und Prozesse können Speicher nicht gemeinsam benützen.

Das Prinzip der streuenden Adreßtransformation

Beide Nachteile können durch ein Verfahren vermieden werden, bei dem der Programm-Adreßraum aufgeteilt wird und die Teile einzeln in den physischen Speicher abgebildet werden: die *streuende Adreßtransformation*. In einfacher Form wurde eine entsprechende Technik beim Prozessor TI 990/10 eingesetzt. Dort werden drei Paare von Limit- und Basisregistern verwendet, um die Aufteilung des Programmadreßraums und die Abbildung der dabei entstehenden Teile durchzuführen. Wie Abb. 4.3 zeigt, wird eine Programmadresse (maximal 64 KByte) zunächst mit den drei Limits verglichen, um die Zone des Adreßraums festzustellen, in welche die Adresse fällt.

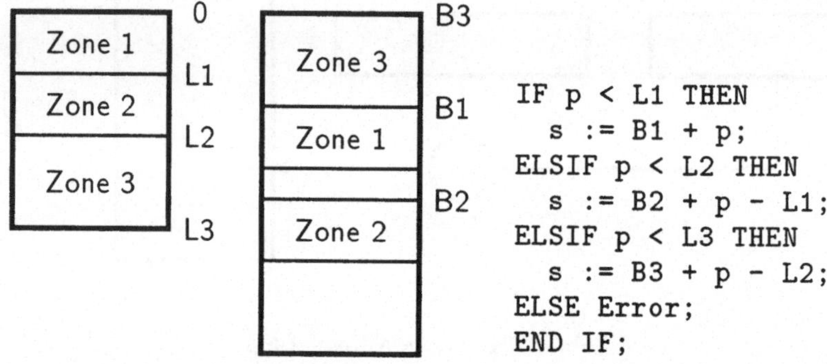

Abb. 4.3. Segmentierung im TI 990/10

Sobald die Zone bestimmt ist, kann mit Hilfe der entsprechenden Basisadresse die endgültige Adresse errechnet werden: Zur Basisadresse, die mit 16 multipliziert wird, ist das Offset in der jeweiligen Zone zu addieren. Wegen der Multiplikation einer Basisadresse mit 16 (was einem Verschieben um 4 Bit nach links gleichkommt) kann ein physischer Speicher von insgesamt 1024 KByte adressiert werden, der für das Betriebssystem und mehrere Benutzerprozesse zur Verfügung steht. Die Segmente lassen sich also einzeln und unabhängig voneinander in den physischen Adreßraum abbilden. Sie müssen zwar immer noch im ganzen reserviert werden; drei kleine Stücke sind aber in der Regel leichter unterzubringen als ein großes. Außerdem gestattet die Methode auch die mehrfache Verwendung eines Segments in parallelen Prozessen: Wenn ein Programm in je ein Segment mit Instruktionen und Daten geteilt werden kann, benötigen parallele Prozesse, die dasselbe Programm ausführen, gemeinsam nur eine Kopie des Segments mit den Instruktionen.

Da für die Limits und die Basisadressen Register benötigt werden und die Vergleiche zur Bestimmung der Zone aus Zeitgründen parallel ausgeführt werden müssen, ist dieses Verfahren auf wenige Segmente beschränkt. Es zeigt jedoch bereits deutlich den Vorteil der streuenden Adreßtransformation, nämlich die Entkoppelung der Programmadressen von den Eigenschaften der Speicher-Hardware.

Relative Adressierung mit mehreren Basisregistern

Eine andere Idee geht davon aus, in einem Programm nicht eine einzige Folge von Adressen von 0 bis $L-1$ zu verwenden, sondern mehrere Folgen, die immer wieder bei 0 beginnen. Solche Folgen, die als (logische) *Segmente* bezeichnet werden, ergeben sich ganz natürlich, wenn Programmteile nach Instruktionen, Konstanten und Daten getrennt zusammengefaßt oder einzelne Programmteile getrennt übersetzt werden. Wenn für jedes Segment ein eigenes Basisregister zur Verfügung gestellt wird, können die Segmente eines Programm beliebig im Speicher angeordnet werden; sie müssen vor allem nicht nebeneinander liegen. Einen weiteren Vorteil bringt diese Technik noch mit sich: Alle Programmteile sind jetzt einzeln verschiebbar.

Diese Technik wird z.B. beim Prozessor iAPX 8086/88 angewendet. Dort wird zu der aus dem Maschinenbefehl kommenden, 16 Bit langen Adresse eines Operanden, dem Offset, noch der mit 16 multiplizierte Inhalt eines Segmentregisters addiert. Ein Segment muß also immer an einer 16-Byte-Grenze im Arbeitsspeicher beginnen. Da ein Segmentregister ebenfalls 16 Bit lang ist, kann somit insgesamt ein physischer Speicherbereich von 1024 KByte adressiert werden. Der Prozessor enthält vier Segmentregister, deren Bedeutung von der Hardware vorgegeben ist: Ein Register (SS) adressiert das Stapelsegment, ein weiteres (CS) zeigt auf das Code-Segment, das Instruktionen enthält, und die anderen beiden (DS und ES) dienen zum Zugriff auf Datensegmente. Übersetzer und Binder sorgen bei der Programmentwicklung dafür, daß drei getrennte Adreßräume für Instruktionen, Daten und Stapel aufgebaut werden. Das Segmentregister für den Stapel wird vom Betriebssystem initialisiert; dann erfolgt ein Sprung zum Beginn des Programms, wodurch das Register CS den erforderlichen Wert erhält. Ein Programm kann sich die Adressen der jeweils benötigten Datensegmente selbst beschaffen und jederzeit in das entsprechende Segmentregister laden. Damit sind Programme realisierbar, die den vollen physischen Adreßraum ausnützen.

Segmenttabellen

Wenn pro Segment nur die Basisadresse bereitgestellt wird, kann nicht verhindert werden, daß ein Programm über die ursprünglich geplante Grenze hinaus auf Speicher zugreift. Die Aufgabe, Segmente sowohl mit einer Basisadresse als auch mit einem Limit zu beschreiben, wird am besten mit Hilfe einer Tabelle gelöst. Die Programmadresse wird geteilt:

Ein Teil, der Selektor, dient als Tabellenindex zur Auswahl des entsprechenden Tabelleneintrags; der andere Teil wird als Offset zur Basisadresse addiert, um die endgültige Adresse zu errechnen (Abb. 4.4).

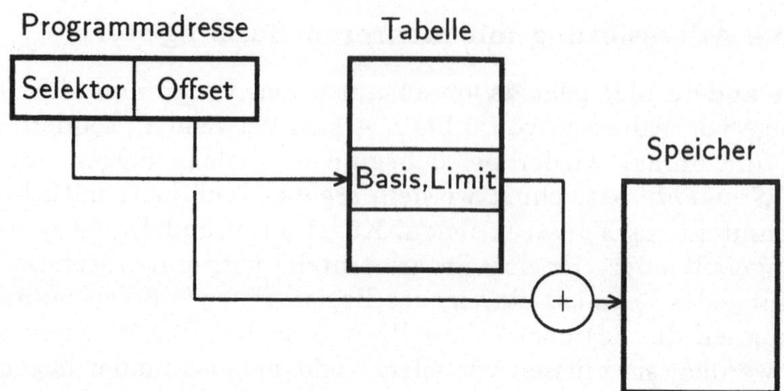

Abb. 4.4. Adressierung mit Segmenttabelle

Die Berechnung der effektiven Adresse erfolgt nach folgender Formel:

```
effektive Adresse = Tabelle[Selektor].Basis + Offset
```

Die Unterstützung dieser Adressierungstechnik muß ebenfalls durch Übersetzer und Binder geschehen. Instruktionen, variable und konstante Daten werden zunächst in unterschiedliche logische Segmente verpackt, beim Binden eventuell ihrer Kategorie gemäß zusammengefaßt und schließlich beim Laden des Programms als physische Segmente an beliebiger Stelle in den Speicher geladen. Das Betriebssystem sorgt beim Laden auch für den Aufbau der Segmenttabelle, in die Anfangsadresse und Länge jedes Segments eingetragen werden. Die Länge der Tabelle wird nach Bedarf gewählt; die maximal mögliche Länge ergibt sich aus der Größe des Selektor-Teils der Adresse. Da in verschiedenen Prozessen dieselben Selektoren verwendet werden, benötigt jeder Prozeß seine eigene Segmenttabelle. Ein spezielles Register zeigt auf den Speicherbereich mit der aktuellen Tabelle. Dieses Register muß beim Umschalten zwischen Prozessen vom Betriebssystem (oder von der Hardware) entsprechend geladen werden.

Der Einsatz von Segmenttabellen bietet außer der Möglichkeit, Programmteile an beliebiger Stelle im Speicher unterbringen zu können, noch eine Reihe von Vorteilen. Manche davon erfordern zusätzliche Unterstützung durch die Hardware. So können zwei oder mehr Prozesse Programm- oder Datensegmente gemeinsam benützen, indem einfach dieselbe Basisadresse und Länge in die Segmenttabellen der betreffenden

Prozesse eingetragen werden. Da der Eintrag in den Tabellen der einzelnen Prozesse nicht unbedingt unter demselben Index geschehen muß, kann die logische Adresse für die beiden Prozesse durchaus verschieden sein. Durch Hardware-Unterstützung kann die korrekte Verwendung der Segmentinhalte überwacht werden. Dazu wird für jedes Segment ein Attribut gespeichert, das das Segment charakterisiert und bei jedem Zugriff auf ein Segment von der Hardware geprüft wird. Das Attribut definiert, welche Operationen im Segment ausgeführt werden können. Mögliche Operationen sind Lesen, Schreiben und Ausführen, wobei nicht alle Kombinationen sinnvoll sind. Für Code-Segmente ist Ausführen mit oder ohne Lesen plausibel, für Datensegmente ist Lesen oder Lesen und Schreiben zweckmäßig. (In seltenen Fällen, beispielsweise wenn ein Compiler ein Datensegment mit Instruktionen beschreibt, die anschließend sofort ausgeführt werden sollen, kann ein bestimmter Speicherbereich über zwei verschiedene Einträge in die Segmenttabelle erreichbar gemacht werden.)

Bei der Berechnung jeder Adresse ist nun ein Tabellenzugriff erforderlich; je schneller dieser Zugriff ist, desto rascher kann die Adresse berechnet werden. Besonders günstig wäre es, die Tabelle in einem eigenen, schnellen Speicher unterbringen zu können. Die Größe eines Tabelleneintrags hängt von den maximalen Werten für effektive Adresse und Offset ab; ein typischer Wert ist 8 Byte. Bei einem Segment-Selektor von 8 Bit kann eine Tabelle immerhin 16 KByte groß werden, bei 16 Bit wären es sogar 256 KByte. Ein gesonderter, schneller Speicher für die gesamte Segmenttabelle ist daher aus Kostengründen nicht realisierbar. Eine mögliche Lösung des Problems sieht so aus, daß die Segmenttabelle prinzipiell im Arbeitsspeicher liegt und nur einige aktuelle Tabelleneinträge in einem schnellen Cache-Speicher bereitgehalten werden. Die Verwaltung dieses Speichers wird mit Hilfe der Hardware transparent für das Programm durchgeführt, was die Bezeichnung „cache" (Geheimversteck) erklärt. Der iAPX 80286 von Intel beispielsweise hat zu jedem der vier Segmentregister SS, CS, DS und ES ein 48 Bit langes Cache-Register, in das beim Laden des zugehörigen Segmentregisters der Inhalt des Segmenttabelleneintrags gebracht wird.

Ein anderes, ebenfalls durch die Hardware unterstütztes Segment-Attribut kann vom Betriebssystem verwendet werden, um ein Segment als „nicht (im Arbeitsspeicher) vorhanden" zu markieren, das zuvor in einen eigens dafür bereitgestellten Bereich auf Magnetplatte ausgelagert worden ist. Greift ein Programm auf ein solcherart gekennzeichnetes Segment zu, kommt es zu einer Unterbrechung durch die Hardware. Die entsprechende Unterbrechungsbehandlung muß das gewünschte Segment in den Speicher bringen und die Segmenttabelle aktualisieren; dann kann der unterbrochene Prozeß fortgesetzt werden. Wenn für das benötigte Segment nicht genug Platz frei ist, kann ein anderes Segment verdrängt werden, das dann auf den Hintergrundspeicher ausgelagert werden muß. Mit Hilfe dieser Einrichtung können die im System laufenden Prozesse insgesamt scheinbar mehr Speicher belegen, als tatsächlich vorhanden ist; es entsteht *virtueller Speicher*.

Das Auslagern eines Segments muß nicht erst durch Mangel an freiem Speicher ausgelöst werden. Wenn dem Betriebssystem bekannt ist, daß ein Prozeß voraussichtlich längere Zeit inaktiv sein wird, sind die Segmente dieses Prozesses entbehrlich und können daher komplett aus dem Speicher genommen werden. Das Betriebssystem kann daher Systemaufrufe wie „Pausieren" (für eine Sekunde und länger) oder „Anhalten" (auf unbestimmte Zeit) zum Anlaß nehmen, den auftraggebenden Prozeß vollständig auszulagern.

Zwei bekannte Prozessoren mit Segmentierung sind PDP-11 (Digital Equipment) und iAPX 80386 (Intel). Tabelle 4.1 zeigt eine Gegenüberstellung der markanten Werte, die die in der Dekade von 1975 (PDP-11/70) bis 1985 zurückgelegte Entwicklung erkennen läßt.(Fairerweise

Tabelle 4.1. Segmentlängen und Adreßraum

	PDP-11	80386
maximale Segmentlänge	8 KByte	4,194.304 KByte
max. Anzahl Segmente	16	16.384
Programm-Adreßraum	128 KByte	64 Terabyte
Speicher-Adreßraum	3.840 KByte	4,194.304 KByte

muß gesagt werden, daß beim 80386 nur sechs der 16.384 möglichen Segmente ohne Laden von Segmentregistern unmittelbar zur Verfügung stehen. Außerdem ist der halbe Programm-Adreßraum als globaler Adreßraum für das Betriebssystem beziehungsweise für alle Programme gemeinsam vorgesehen.)

Seiteneinteilung

Der Adreßraum eines Programms kann auch ohne Rücksicht auf den Inhalt einzelner Bereiche aufgeteilt werden. Naheliegend ist eine Teilung in gleichlange Stücke, die als *Seiten* bezeichnet werden. Eine entsprechende Unterteilung des Speichers in Stücke derselben Länge, die sogenannten *Kacheln*, gestattet dann die Belegung der Kacheln des physischen Speichers mit Seiten aus den Programmen. Auch bei dieser Art der streuenden Adreßtransformation muß die Hardware entsprechende Unterstützung bieten, da eine Programmadresse mit Hilfe einer *Seitentabelle* in eine Speicheradresse umgesetzt werden muß. Aus der Programmadresse wird durch Division mit der Seitenlänge die Nummer der Seite ermittelt; der Rest nach der Division ist der Abstand der Speicherzelle vom Beginn der Seite oder Kachel. Die Seitennummer wird als Index in der Seitentabelle verwendet, um die Nummer der entsprechenden

Kachel zu finden. Die Wahl einer Zweierpotenz als Seitengröße erlaubt
die Trennung einer Programmadresse in Seitennummer und Offset ohne
Rechnung; ebenso kann dann mit Kachelnummer und Offset die Speicheradresse leicht zusammengesetzt werden (Abb. 4.5).

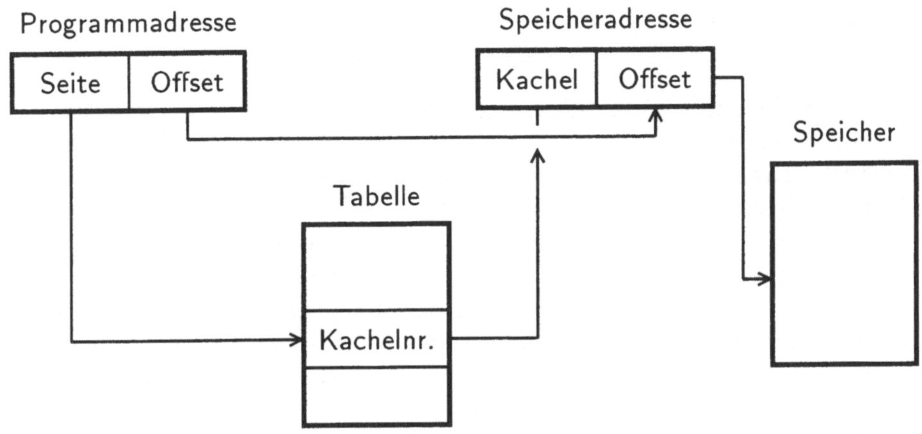

Abb. 4.5. Adressierung mit Seitentabelle

Wenn die Prozesse unabhängig voneinander den gleichen Adreßraum
verwenden sollen, benötigt jeder Prozeß seine eigene Tabelle; auf die jeweils aktuelle Tabelle verweist ein spezielles Register. Auch eine Seitentabelle enthält — so wie eine Segmenttabelle — neben der Kachelnummer
zweckmäßigerweise noch weitere, von der Hardware vorgegebene Felder.
Durch ein Typ-Feld kann angegeben werden, ob die Seite Daten oder Instruktionen enthält und ob in der Seite geschrieben und gelesen werden
darf. Ein weiteres Bit markiert eine Seite als „nicht vorhanden", sodaß
der Zugriff auf eine so markierte Seite eine Unterbrechung auslöst, die als
Seitenfehler (Page fault) bezeichnet wird. Durch das Aus- und Einlagern
von Seiten, den *Seitentausch* (Paging), läßt sich somit auch mit Seiten
virtueller Speicher implementieren.

Die gewählte Seitengröße bestimmt bei gegebener Programmlänge die
Anzahl der benötigten Tabelleneinträge und somit die Größe der Tabelle. Der aufgrund der Seiteneinteilung mit der Länge s entstehende
zusätzliche Speicherbedarf $b(s)$ hängt sowohl von der Größe der Tabelle
als auch vom Verschnitt in der letzten Seite eines Programms ab:

$$b(s) = (t \cdot \frac{p}{s} + \frac{s}{2}) \cdot \frac{1}{p}$$

$$= \frac{t}{s} + \frac{s}{2p}$$

$b(s)$ .... zusätzlicher Speicherbedarf
s .... Seitengröße
t .... Länge eines Tabelleneintrags
p .... durchschnittliche Programmgröße

Die Lösung der Extremwertaufgabe, das Minimum der Funktion $b(s)$ zu bestimmen, ergibt

$$s = \sqrt{2tp}.$$

Die optimale Seitengröße ist also proportional der Wurzel aus der Programmlänge. Bei Programmlängen zwischen 32 K und 1024 K ergibt sich bei einem Tabelleneintrag der Länge 4 eine optimale Seitengröße zwischen 512 und 4 K; tatsächlich liegen Seitengrößen in diesem Bereich.

Die oben angegebene Formel für $b(s)$ geht davon aus, daß die Länge der Tabelle der Programmgröße direkt angepaßt werden kann. Das stimmt jedoch nur dann, wenn sich das Programm auf die Benützung der Adressen im untersten Bereich seines Adreßraums beschränkt. Diese Einschränkung ist besonders unangenehm bei der Programmierung in Hochsprachen, die sowohl Stapelspeicher als auch dynamische Speichervergabe voraussetzen; es ist dabei nämlich bequem, den Stapel vom einen und den Heap (den Bereich der dynamischen Speichervergabe) vom anderen Ende des Speichers gegeneinander wachsen zu lassen. Muß bei der Seiteneinteilung eines Programms aber davon ausgegangen werden, daß das Programm den gesamten theoretisch zur Verfügung stehenden Adreßraum ausnützen möchte, wäre etwa bei einer 32 Bit langen Adresse und einer Seitengröße von 4 K eine Tabelle mit mehr als einer Million Einträgen erforderlich. Als Ausweg bietet sich an, die Seitentabelle zweidimensional zu organisieren und damit eine zweistufige Adreßumsetzung durchzuführen. Ein Eintrag der Tabelle der ersten Stufe wird mit einem Teil der Seitenadresse ausgewählt und liefert die Adresse einer Tabelle der zweiten Stufe, in der dann die endgültige Kachelnummer steht (Abb. 4.6).

Neben der immer erforderlichen Tabelle der ersten Stufe sind damit nur diejenigen Tabellen der zweiten Stufe erforderlich, die Verweise auf tatsächlich benützte Seiten des Programmadreßraums enthalten.

Eine interessante Variation der Seitenadressierung besteht darin, nicht die Seiten der einzelnen Prozesse, sondern die Kacheln des Speichers mit Hilfe einer Tabelle zu beschreiben. Ein Tabelleneintrag enthält eine Prozeßidentifikation und die Seitennummer; beim Umsetzen einer Programmadresse wird aufgrund des Inhalts der Seitentabelle der Index und damit die Kacheladresse bestimmt. Dafür ist allerdings — und das ist das große Problem bei dieser Methode — ein Assoziativspeicher erforderlich, der die Bestimmung der Adresse einer Zelle über den Inhalt der Zelle ermöglicht. Vorteilhaft wäre dagegen, daß nur eine Tabelle benötigt wird, deren Größe ausschließlich von der Menge des vorhandenen Speichers abhängt.

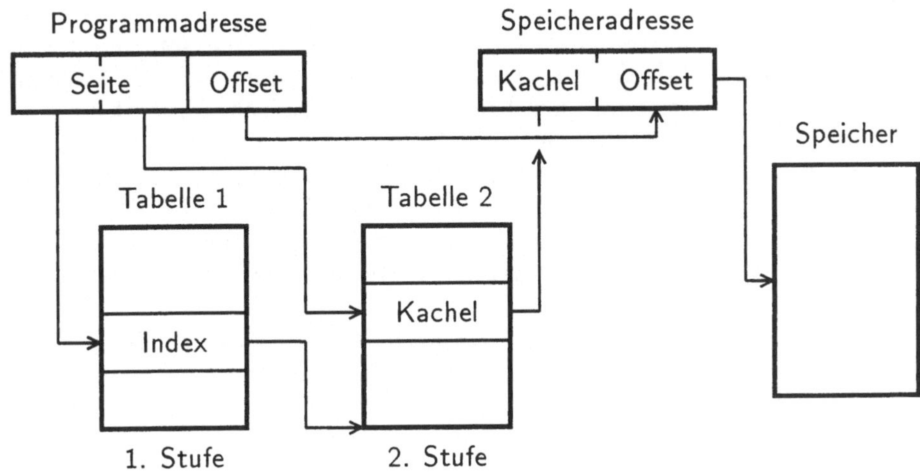

Abb. 4.6. Zweistufige Seitentabelle

Segmente oder Seiten?

Die naheliegende Frage, was denn nun besser sei — Segmente oder Seiten —, läßt sich nicht so einfach beantworten, da sich Vor- und Nachteile der beiden Methoden in unterschiedlichen Bereichen des Systems auswirken.

Ein in Kacheln geteilter Speicher ist leicht zu verwalten, und je Prozeß geht im Schnitt nur eine halbe Seite verloren. Dagegen ist eine Speicherverwaltung für variabel lange Segmente relativ aufwendig. Obendrein kann dabei der zur Verfügung stehende Speicher bei dynamischer Verwaltung nicht optimal ausgenützt werden: Durch wiederholte Freigaben und Belegungen variabel langer Abschnitte entstehen Lücken, die nur durch zeitraubendes Verschieben ganzer Segmente wieder zum Verschwinden gebracht werden könnten.

Virtueller Speicher ist mit Seiten wesentlich einfacher zu realisieren, da kurze Speicherstücke fester Größe leichter aus- und einzulagern sind. Große Programme mit großen Segmenten sind in einem System mit Segmentauslagerung jedenfalls weniger effizient als ein Programm gleicher Größe auf einem System mit Seitentausch.

Zwar benötigt ein Segmenttabelleneintrag doppelt so viel Speicher wie ein vergleichbarer Eintrag in eine Seitentabelle, aber Segmente sind im Durchschnitt weit mehr als doppelt so lang als Seiten. Daher benötigen Seitentabellen mehr Platz als Segmenttabellen. Setzt man aber die Größe einer Segment- oder Seitentabelle in Relation zur Programmgröße, so ist der Unterschied eher vernachlässigbar.

Der Struktur eines Programms besser angepaßt ist auf jeden Fall die

Segmentierung. Variabel lange Bereiche für Instruktionen, Daten, Konstanten und Stapel werden als Segmente mit entsprechenden Attributen dargestellt. Durch die Trennung einer Adresse in Segmentnummer und Offset wird der Adreßraum stückweise linear, ohne daß die Lücken irgendwelche Nachteile mit sich brächten. Eine logische Einheit eines Programms wird in der Speicherverwaltung als ein einzelnes Segment mit einem Tabelleneintrag verwaltet. Die Seitenadressierung geht dagegen von einem linearen Adreßraum aus, in dem Lücken und Wechsel zwischen Instruktionen und Daten entweder unberücksichtigt bleiben oder von der System-Software der groben Seiten-Rasterung angepaßt werden müssen.

Unter bestimmten Umständen kommen die Schwächen der jeweiligen Methode nicht so sehr zur Auswirkung. In einem System mit statischer Speichereinteilung und ohne virtuellen Speicher wird z.B. der Nachteil der variabel langen Segmente vermieden. Bei Seiteneinteilung kann durch geeignete Umformung der Programme beim Binden eine Anordnung von Instruktionen und Daten gefunden werden, die möglichst wenige Wechsel zwischen Programm und Daten aufweist und sich damit der Seitenstruktur optimal anpaßt.

Die Umsetzung eines Programmadreßraums in den physischen Adreßraum muß nicht in einem Schritt geschehen. Abb. 4.7 zeigt das Prinzip der mehrfachen Adreßumsetzung.

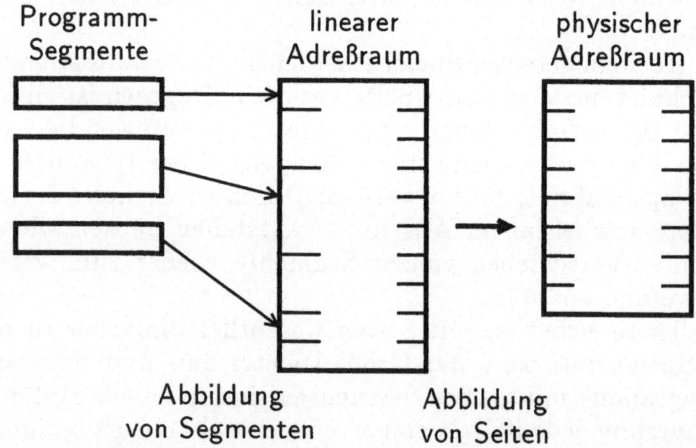

Abb. 4.7. Mehrfache Adreßumsetzung

Durch die Kombination von Segmentierung und Seiteneinteilung in einer *zweistufigen Adreßumsetzung* werden die Nachteile beider Verfahren vermieden. Dabei wird der segmentierte Programmadreßraum zuerst mit Hilfe einer Segmenttabelle in einen linearen Adreßraum umgesetzt. Dieser wird in Seiten geteilt, die mit Hilfe von Seitentabellen in den physischen Speicher abgebildet werden. Der lineare Adreßraum, in den die Segmente abgebildet werden, kann ohne besondere Probleme organisiert werden, da jeder Prozeß seinen eigenen Adreßraum hat. Der in Kacheln geteilte physische Speicher kann leicht verwaltet werden. Virtueller Speicher wird durch Seitentausch realisiert. Natürlich sind jetzt sowohl Segment- als auch Seitentabellen erforderlich (Abb. 4.8).

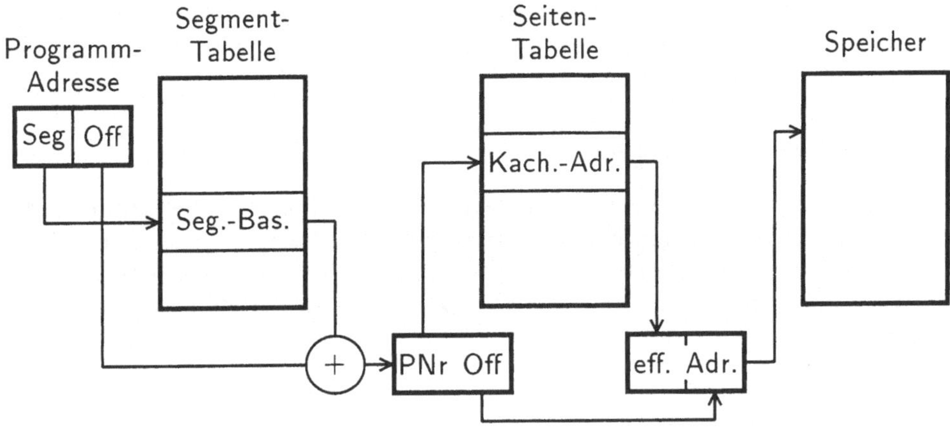

Abb. 4.8. Zweistufige Adreßtransformation

Zur Laufzeit müssen zwei Umsetzungen durchgeführt werden; ist die Seitentabelle zweistufig organisiert, so sind sogar drei Umsetzungen notwendig. Hier sind zusätzliche, für den Programmierer transparente Register erforderlich, die Speicherzugriffe auf die Tabellen möglichst vermeiden helfen. Da jedes Register, das einen Seitentabelleneintrag enthält, Speicher in der Länge einer Seite abdeckt, kann mit relativ wenigen Registern ein so großer Speicherbereich erfaßt werden, daß nur ein ganz geringer Prozentsatz von Speicherzugriffen zusätzliche Zugriffe auf die Seitentabellen auslöst.

Angesichts der in Tabelle 4.1 genannten gewaltigen Zahlen erhebt sich vielleicht die Frage, wie sich solche Adreßräume überhaupt sinnvoll einsetzen lassen. Dem ist zunächst einmal entgegenzuhalten, daß ja Segmente immer nur bis zu ihrer „natürlichen" Länge ausgenützt werden können, weswegen große Teile des Adreßraums ungenützt bleiben. Eine Segmentlänge im Gigabyte-Bereich ist aber erforderlich, wenn ganze Dateien oder sogar komplette Datenträger in den Adreßraum eines Programms oder des Betriebssystems abgebildet werden sollen, wobei die Blöcke der einer Datei oder der ganzen Platte einfach fortlaufend den Seiten eines linearen Adreßraums zugeordnet werden. Dieses Verfahren

bringt den Vorteil mit sich, daß Ein- und Ausgabe einfach über Speicherzugriffe durchgeführt werden kann, während — transparent für den Programmierer — ein Seitentauschverfahren für das Ein- und Auslagern von
Blöcken sorgt.

4.3 Verfahren der Speicherverwaltung

Die im vorangehenden Kapitel vorgestellten Hardware-Einrichtungen
erfordern passende Unterstützung durch Routinen des Betriebssystems.
Besonders wichtig sind dabei Verfahren zum effizienten Seitentausch und
Algorithmen zur Aufteilung des zur Verfügung stehenden physischen
Speichers.

Seitentausch-Strategien

Beim Seitentausch ist das wesentliche Problem die Bestimmung der
Seite, die durch die neu einzulagernde Seite verdrängt werden soll. Ober-
stes Ziel einer Strategie ist es, die Anzahl der Seitentausch-Vorgänge
insgesamt minimal zu halten. Die möglichen Strategien fallen in drei
Kategorien:

- simple Strategien, die sich nicht um das tatsächliche Verhalten der
  Prozesse kümmern,

- am bisherigen Verlauf orientierte Strategien,

- die optimale Strategie.

Unabhängig von der Wahl einer Strategie läßt sich die Anzahl der Ausla-
gerungen dadurch verringern, daß Seiten nur dann auf die Magnetplatte
geschrieben werden, wenn sie seit dem letzten Einlagern verändert wurden. Hierzu ist allerdings wieder Unterstützung durch die Hardware erforderlich, wobei beim Schreiben in eine Seite ein Bit im entsprechenden
Tabelleneintrag gesetzt wird. Weiters hilfreich bei der Implementierung
einzelner Strategien ist auch ein Bit, das anzeigt, ob eine Seite verwendet
wurde.
Allein mit der Information, welche Seiten in der letzten Zeit verwendet und welche verändert wurden, kann schon eine brauchbare Strategie implementiert werden. Dazu wird in regelmäßigen Abständen das
Referenz-Bit auf 0 gesetzt, um zumindest annähernd den Zeitpunkt der
letzten Verwendung bestimmen zu können. Soll ein Austausch-Kandidat
gefunden werden, untersucht das Betriebssystem die Seitentabelle, wobei
Einträge in vier Kategorien fallen:

1. lange nicht verwendet, nicht verändert

2. lange nicht verwendet, verändert

3. jüngst verwendet, nicht verändert

4. jüngst verwendet, verändert

In dieser Reihenfolge stellen die vier Kategorien Kandidaten für den Seitentausch.

Eine einfache Strategie ist die FIFO-Strategie (First in, first out), bei der die am längsten im Speicher befindliche Seite ausgelagert wird. Zwar kann diese Strategie leicht mit Hilfe einer Verkettung der Tabelleneinträge realisiert werden, da sie jedoch nicht auf die Häufigkeit der Verwendung der einzelnen Seite Rücksicht nimmt, ist sie nicht sehr erfolgversprechend. Sie kann aber verbessert werden, wenn das Referenz-Bit berücksichtigt wird: Ist das Referenz-Bit der Seite am Ende der Liste gesetzt, dann wird das Bit gelöscht und die Seite an den Beginn der Liste gestellt; sie erhält eine „zweite Chance".

Besser wäre es, die Seiten immer in der Reihenfolge ihrer Verwendung geordnet zu halten und die am längsten nicht verwendete Seite auszulagern. Diese LRU-Strategie (Least recently used) ist allerdings nur mit spezieller Hardware-Unterstützung zu realisieren. Eine Möglichkeit besteht darin, einen Zähler der Speicherzugriffe einzurichten und den aktuellen Zählerstand bei jedem Speicherzugriff im entsprechenden Tabelleneintrag abzulegen. Die Seite mit dem kleinsten Zählerstand ist jeweils die am längsten nicht verwendete Seite.

Eine andere Methode, die Verwendung der Seiten im Speicher zu überwachen, ist das Zählen der Zugriffe auf jede Seite. Das erfordert spezielle Hardware, die selten vorhanden ist. Eine Software-Näherung erhöht in regelmäßigen Abständen einen Zähler, wenn die Seite im letzten Zeitintervall referenziert wurde. In jedem Fall ist die am wenigsten oft verwendete Seite der Austausch-Kandidat. Diese LFU-Strategie (Least frequently used) hat in dieser einfachen Form den Nachteil, daß eine kurzfristig sehr intensiv benützte Seite wegen ihres hohen Zählerstandes auch dann noch im Speicher bleibt, wenn sie seit Minuten nicht mehr verwendet wurde. Anstatt zu zählen wird daher besser eine gewichtete Summe aus der Vergangenheit und dem letzten Intervall gebildet:

```
(* c ist vom Typ CARDINAL mit 16 Bit *)
c := c / 2;
IF referenced THEN c := c + 8000H; END;
```

Mit der Division durch 2 (ein Verschieben um eine Bit-Position nach rechts) wird sozusagen die Vergangenheit „getilgt", während die Verwendung im letzten Intervall durch Setzen des höchstwertigen Bit registriert wird.

Von theoretischem Interesse ist die optimale Strategie, an der alle anderen Strategien bei einer vorgegebenen Seitenreferenz-Folge gemessen werden können. Die optimale Strategie lagert die Seite aus, deren nächste Referenz am weitesten in der Zukunft liegt (Belady 1966). Diese Information ist natürlich in der Praxis im allgemeinen nicht verfügbar.

Seitentausch und Prozessorauslastung

Wie reagiert ein System mit Seitentausch auf das Starten zusätzlicher Prozesse? Die Vermutung liegt nahe, daß die effektive Leistung des Systems dabei stetig abnimmt. Die Praxis zeigt aber, daß dies nur bis zu einer gewissen Grenze tatsächlich stimmt; werden darüber hinaus noch weitere Prozesse gestartet, so fällt die Leistung plötzlich unverhältnismäßig stark ab. Dieser Effekt hat seine Ursache im Zugriffsverhalten der einzelnen Prozesse in bezug auf die Seiten ihres Adreßraums.

Nimmt man an, daß zu jedem Zeitpunkt der Programmausführung ein Zugriff auf jede Seite gleich wahrscheinlich ist, dann ergibt sich für die Wahrscheinlichkeit p eines Seitenfehlers

$$p(s,k) = 1 - \frac{k}{s}$$

s .... Anzahl der Seiten des Prozesses
k .... Anzahl der vom Prozeß belegten Kacheln

Die Wahrscheinlichkeit nimmt also linear mit der Menge des zur Verfügung stehenden Speichers ab und wächst mit der Größe des Programms.

Beobachtet man Zugriffe von Programmen auf Seiten während der Ausführung, so ergibt sich jedoch das Bild, daß bestimmte Gruppen von Seiten in bestimmten Zeitintervallen konzentriert referenziert werden: Befehlsfolgen in Wiederholungen oder in Unterprogrammen und Operationen auf Datenstrukturen führen zu einer gewissen Häufung der Zugriffe in bestimmten Bereichen des Adreßraums. Einzelne Seiten sind in einem bestimmten Zeitraum sehr gefragt, andere werden überhaupt nicht benötigt. Kann angenommen werden, daß die richtigen Seiten im Speicher sind, so hat die Funktion $p(s,k)$ einen anderen Verlauf; sie ist nicht mehr linear, sondern sieht etwa so aus, wie es Abb. 4.9 zeigt.

Eine stückweise lineare Näherung für diese Funktion ergibt sich, wenn wir annehmen, daß w Seiten mit einer um d höheren Wahrscheinlichkeit als die übrigen $s - w$ Seiten referenziert werden. Damit ergibt sich:

$$p(s,k) = \begin{cases} 1 - a \cdot k/s & \text{für } k < w \\ (1 - k/s) \cdot b & \text{sonst} \end{cases}$$

Die Konstanten a und b sind durch w und d bestimmt.

Diese Nicht-Linearität ist (wie durch eine genauere mathematische Analyse gezeigt werden kann) die Ursache für die folgenden Erscheinungen:

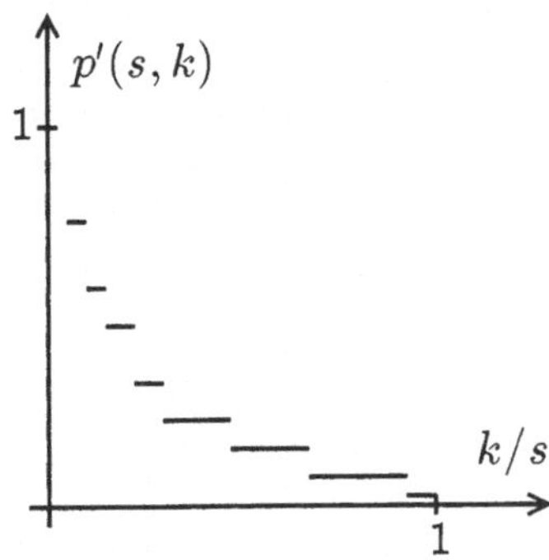

Abb. 4.9. Wahrscheinlichkeit für Seitenfehler

- Wenn jedem Programm so viel Speicher zur Verfügung steht, daß sich die Wahrscheinlichkeit für einen Seitenfehler im flacheren Teil der Kurve bewegt, dann wird die Antwortzeit im System zufriedenstellend sein.

- In diesem Zustand kann dabei die Zeit, die für einen Seitentausch benötigt wird, durch Umschalten auf andere, bereite Prozesse ausgenützt werden. Der Prozessor ist gut ausgelastet; die Leistung des Systems ist nur durch die zur Verfügung stehende Rechenzeit beschränkt.

- Wenn diese Grenze durch Hinzunahme weiterer Prozesse überschritten wird, kann die bei Seitentausch-Vorgängen entstehende Wartezeit eines Prozesses nicht mehr sinnvoll für das Weiterrechnen anderer, bereiter Prozesse eingesetzt werden. Einer hohen Seitentausch-Rate steht eine geringe durchschnittliche Rechenzeit-Phase gegenüber.

Wenn der im letzten Punkt geschilderte Zustand eintritt, so ist das für das System geradezu katastrophal. Die zur Verfügung stehende Rechenleistung wird nahezu vollständig darauf verwendet, Speicherinhalte ein- und auszulagern und nach rechenfähigen Prozessen zu suchen; Prozesse laufen nicht ab, ohne nach kurzer Zeit auf nicht vorhandene Seiten zu stoßen. Der Effekt wird als *Seitenflattern* (Thrashing) bezeichnet.

Das Auftreten des Seitenflatterns kann durch verschiedene Maßnahmen bekämpft werden. Einerseits kann die Hardware-Ausstattung durch Hinzunahme von Speicher und Einsatz schnellerer Hintergrundspeicher verbessert werden. Andererseits kann die Anzahl der Prozesse überwacht und gegebenenfalls beschränkt werden. Eine aufgrund von Erfahrungswerten festgelegte, starre Schranke ist die einfachste Methode der Beschränkung. Besser ist eine dynamische Anpassung der Schranke, wie sie nach dem Modell des *Working set* (Denning 1968) durchgeführt werden kann. Dabei wird zum Zeitpunkt t für jeden Prozeß P_i die Menge $\omega_i(t, \tau)$ der im Zeitraum $[t - \tau, t]$ referenzierten Seiten bestimmt; τ ist ein variierbarer Systemparameter, der experimentell bestimmt wird. Summiert man ω_i über alle Prozesse, d.h. bildet man

$$\Omega = \sum_i \omega_i(t, \tau)$$

so sollte die Summe Ω stets kleiner als die Anzahl der vorhandenen Kacheln k sein. Um das sicherzustellen, wird vor dem Start eines neuen Prozesses geprüft, ob

$$\omega_x \leq k - \epsilon - \Omega$$

gilt, wobei ω_x der für den neuen Prozeß geschätzte Anfangsbedarf und ϵ ein Sicherheitspolster ist. Verändert sich das Zugriffsverhalten der Prozesse so, daß Gefahr droht (d.h. wenn $\Omega > k - \epsilon$ wird), kann ein Prozeß stillgelegt werden, indem alle seine Seiten ausgelagert werden.

Speicheraufteilung

Je nach der von der Hardware vorgegebenen Adressierungstechnik muß das Betriebssystem den real zur Verfügung stehenden Speicher aufteilen und registrieren, welche Prozesse welchen Speicher belegen. Die Speicheraufteilung muß auch in der Lage sein, dynamische Anforderungen von zusätzlichem Speicher durch die Prozesse zu befriedigen.

Einfach ist die Aufgabe der Speicheraufteilung, wenn Blöcke fester Länge (z.B. Kacheln) verwaltet werden sollen, die immer als einzelne Blöcke vergeben werden. In diesem Fall können die freien Blöcke in einer Freispeicherliste verkettet werden. Eine andere Möglichkeit besteht darin, eine Bitkette anzulegen, in der mit jedem Bit der Belegungszustand eines Blocks registriert wird. Die Adressen der vergebenen Blöcke werden in eine vom Betriebssystem verwaltete Datenstruktur (z.B. die Seitentabelle) eingetragen und können somit etwa beim Ende des Prozesses zur Rückgabe des belegten Speichers herangezogen werden. (Es wäre ein äußerst tückischer Fehler, wenn unter bestimmten Umständen eine Adresse eines Speicherblocks verlorengehen könnte. Das Betriebssystem würde im Lauf der Zeit immer mehr Speicher „verlieren", bis keine Aktivität im System mehr möglich wäre.)

Blöcke mit variabler Länge erfordern mehr Verwaltungsaufwand. Von einem guten Verfahren wird schnelle Vergabe und rasche Rücknahme von Blöcken erwartet, es soll wenig Platz für Verwaltungsinformation benötigen und den zur Verfügung stehenden Speicher optimal ausnützen. Leider sind gerade der Erfüllung der letzten Anforderung im allgemeinen Grenzen gesetzt, wie eine einfache Rechnung zeigt.

Betrachten wir einen Speicherbereich, aus dem Blöcke variabler Länge zugeteilt werden, so erkennen wir (Abb. 4.10), daß belegte und freie

Blöcke in unterschiedlichen Konstellationen nebeneinander zu liegen kommen: Ein belegter Block kann keinen, einen oder zwei freie Nachbarblöcke haben; freie Blöcke haben nur belegte Blöcke als Nachbarn. (Es wird also vorausgesetzt, daß ein freiwerdender Block gegebenenfalls sofort mit benachbarten freien Blöcken zu einem einzigen freien Block vereinigt wird.)

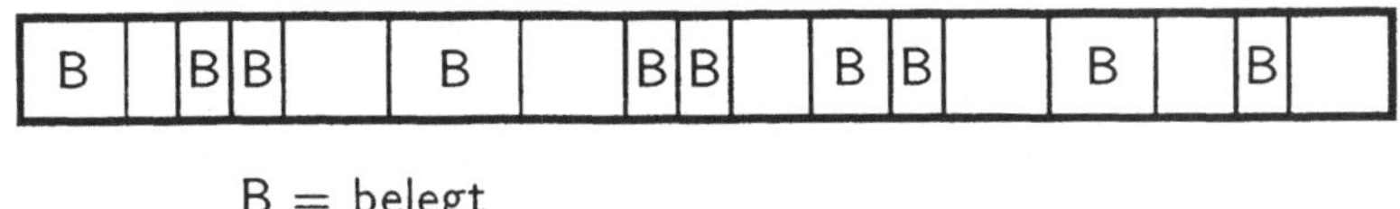

Abb. 4.10. Speicherbereich mit variabel langen Blöcken

Diese Beobachtung wird zum Ausgangspunkt einer einfachen Rechnung. Es gelten folgende Beziehungen zwischen den Anzahlen freier und belegter Blöcke:

$$2f \approx n_1 + 2n_2 \tag{4.1}$$
$$b = n_0 + n_1 + n_2 \tag{4.2}$$

f .... Anzahl der freien Blöcke
b .... Anzahl der belegten Blöcke
n_0 ... Anzahl der Blöcke ohne freien Nachbarblock
n_1 ... Anzahl der Blöcke mit einem freien Nachbarblock
n_2 ... Anzahl der Blöcke mit zwei freien Nachbarblöcken

Gl. (4.1) gilt deshalb nur ungefähr, weil ein Block unmittelbar am Ende des Bereichs keinen Nachbarblock hat.

Wenn ein Block zurückgegeben wird, ändert sich f, und zwar je nach der Lage des Blocks. Im Mittel erwarten wir folgende Änderung $\Delta_1 f$:

$$\Delta_1 f = -1 \cdot \frac{n_2}{b} + 0 \cdot \frac{n_1}{b} + 1 \cdot \frac{n_0}{b}$$
$$= \frac{n_0 - n_2}{b}$$

Bei der Vergabe ist ebenfalls eine Änderung $\Delta_2 f$ zu erwarten, die davon abhängt, ob ein genau passender Block vorhanden ist oder ein größerer Block geteilt werden muß. Nehmen wir an, daß mit Wahrscheinlichkeit p zu teilen ist, so erhalten wir:

$$\Delta_2 f = 0 \cdot p + (-1) \cdot (1 - p)$$
$$= p - 1$$

Wenn unser System nicht überfordert wird, müssen sich Anforderungen und Freigaben die Waage halten, wodurch sich die Anzahl der freien Blöcke bei einem konstanten Wert einpendelt. Das heißt, $\Delta_1 f$ und $\Delta_2 f$ müssen einander aufheben:

$$\Delta_1 f + \Delta_2 f = 0$$
$$\frac{n_0 - n_2}{b} + p - 1 = 0 \tag{4.3}$$

Aus den Gln. (4.1), (4.2) und (4.3) lassen sich n_0, n_1 und n_2 eliminieren, und wir erhalten:

$$\frac{f}{b} = \frac{p}{2}$$

Alles hängt nun von p, der Wahrscheinlichkeit mit der Blöcke bei der Vergabe zu teilen sind, ab. Wenn die geforderten Blocklängen keine besondere Verteilung aufweisen, wird p nahe bei 1 liegen, weil praktisch immer geteilt werden muß. Damit ergibt sich die sogenannte *50-Prozent-Regel* (Knuth 1968):

$$2 \cdot f = b$$

Die Anzahl der freien Blöcke entspricht der halben Anzahl belegter Blöcke. Es erscheint einleuchtend, daß die mittlere Länge der freien Blöcke (mindestens) gleich derjenigen der belegten Blöcke ist. Die 50-Prozent-Regel gilt also auch für den Speicherplatz selbst. Daher muß bei der Vergabe von variabel langen Stücken damit gerechnet werden, daß der zur Verfügung stehende Speicher nur zu zwei Dritteln ausgenützt werden kann. Ein Überschreiten dieses Schwellwertes bringt die Gefahr mit sich, daß eine Anforderung nicht mehr erfüllt werden kann.

Die bekannten Algorithmen zur Speicherverwaltung versuchen vor allem, Vergabe und Rückgabe möglichst effizient durchzuführen. Bei der Vergabe ist das wesentliche Problem, in der Liste der freien Blöcke denjenigen zu finden, der am besten zum Bedienen der Anforderung geeignet ist (Best fit). Da diese Suche in einer langen Liste relativ zeitaufwendig werden kann, wird fallweise einfach der erste ausreichende Block genommen (First fit). Bei der Rückgabe eines Blocks besteht die Hauptaufgabe darin, den freiwerdenden Speicher mit möglichst geringem Aufwand wieder in die Freispeicherliste einzugliedern. Das kann sofort bei der Rückgabe geschehen oder bis zu dem Zeitpunkt aufgeschoben werden, wo eine Vergabe nicht mehr möglich ist; erst dann wird eine *Freispeichersammlung* (Garbage collection) gestartet.

Ein bekanntes Verfahren (Buddy method, Knowlton 1965) vergibt Speicherstücke, deren Längen Zweierpotenzen sind. Für jede Blockgröße, also für jede der Potenzen 2^0, $2^1, \ldots 2^n$, existiert eine eigene Freispeicherliste (L_0, $L_1, \ldots L_n$,). Die Vergabe erfolgt nun so, daß zunächst versucht wird, in der Liste mit der kleinsten geeigneten Blockgröße 2^k einen Block zu finden. Wenn die Liste L_k leer ist, wird ein Block aus der Liste der doppelt so großen Blöcke L_{k+1} genommen und halbiert; die dabei entstehenden Hälften (die Buddies) werden in L_k eingefügt. Bei der Rückgabe eines Blocks in die Liste L_k wird sofort versucht, den Block wieder mit seinem Buddy zu verschmelzen; gelingt dies, kann der jetzt doppelt so große Block in die Liste L_{k+1} eingereiht werden, usw. Der Witz des Verfahrens liegt darin, daß die Adresse des einen Buddys direkt aus der des anderen Buddys berechnet werden kann. Der wesentliche Nachteil ist dadurch gegeben, daß nur Blöcke bestimmter Längen vergeben werden; darin nicht genützter Speicher schlägt sich als interner Verschnitt zu Buche.

Ein weiteres Verfahren (Boundary tag method, Knuth 1968) teilt aus einem Speicherbereich Blöcke beliebiger Länge zu. Freie Blöcke sind miteinander in einer Freispeicherliste verkettet. Wie Abb. 4.11 zeigt, wird an beiden Enden eines Blocks die Länge des Blocks und sein Status (frei oder belegt) eingetragen.

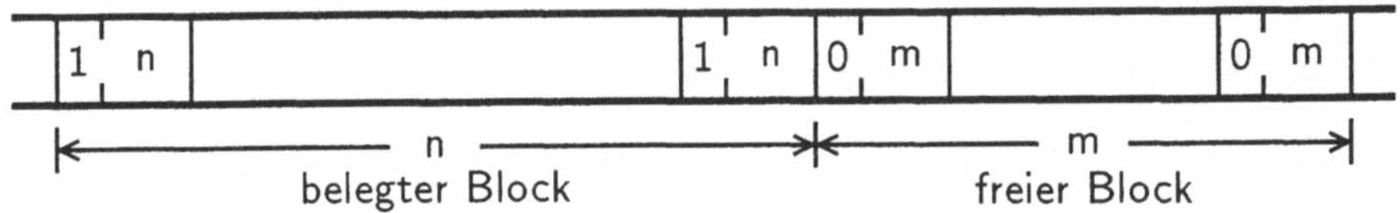

Abb. 4.11. Blöcke mit „boundary tag"

Bei der Vergabe eines Blocks wird in der Freispeicherliste nach dem ersten oder am besten passenden Block gesucht. Ein geeigneter Block wird geteilt, wenn er zu groß ist. Wird ein Block zurückgegeben, so kann mit Hilfe der Informationsfelder in den benachbarten Blöcken festgestellt werden, welche Nachbarn frei sind. Mit einem freien Nachbarn wird der Block sofort zu einem größeren freien Block verschmolzen.

Auch bei den Verfahren zur Vergabe variabel langer Speicherstücke ist sicherzustellen, daß eine Rückgabe selbst dann möglich ist, wenn der beteiligte Prozeß darauf „vergißt". Falls solche Verfahren zusammen mit Segmentadressierung des Arbeitsspeichers eingesetzt werden, bietet sich die Segmenttabelle zur Registrierung der vergebenen Speicherstücke an. Dynamisch vergebene Speichersegmente müssen dort ohnehin eingetragen werden, um die Adressierbarkeit der Bereiche gewährleisten zu können. Endet ein Prozeß, so prüft das Betriebssystem, ob in der Segmenttabelle nicht zurückgegebene Speicherstücke eingetragen sind, und sorgt dann für die Freigabe dieser Blöcke.

Feste Widmung des Arbeitsspeichers

In vielen Fällen weiß der Designer eines Betriebssystems, daß Programme variabel lange Speicherbereiche für Programme und Daten an-

fordern werden, aber auch einige Blöcke fester, vorher bekannter Länge
brauchen. Solche Blöcke sind etwa für Ein-Ausgabe-Puffer oder Kon-
trollblöcke notwendig. Da einige schlecht plazierte kleine Blöcke die Speicherverwaltung völlig lahmlegen können, wurde in manchen Systemen folgender Ausweg gewählt: Nach dem Start reserviert das Betriebssystem
aus dem insgesamt zur Verfügung stehenden Speicher eine bestimmte
Anzahl von Blöcken fixer Länge; der Rest wird dann mit einem allgemeinen Verfahren verwaltet. Damit ist zwar ein Problem aus der Welt
geschafft; doch ein neues folgt auf dem Fuß: Wie groß soll die Anzahl dieser Blöcke sein? Die Beantwortung dieser Frage wird gerne dem Benutzer
überlassen.

Ein Betriebssystem, in dem diese Methode angewendet wird, ist MS-
DOS. In der Datei CONFIG.SYS, die nach dem Starten des Systems gelesen
wird, könnten beispielsweise folgende Angaben stehen:

```
FILES=20
BUFFERS=25
SHELL=C:\COMMAND.COM /E:1000 /P
```

Damit wird MS-DOS angewiesen, eine entsprechende Anzahl von Datei-
Kontrollblöcken sowie von Puffern für die Ein- und Ausgabe anzulegen.
Auch die Angabe nach dem Schalter /E in der letzten Zeile dient der
Reservierung von Speicherplatz; der Kommandoprozessor erhält damit
1000 Byte zum Speichern seiner Variablen.

5. Ein- und Ausgabe

Aufgabe der Ein- und Ausgabe ist das Übertragen von Information zwischen Programmen und peripheren Geräten, wobei die Daten zwischen der in der Zentraleinheit der Rechenanlage verwendeten digitalen Form und der auf dem jeweiligen peripheren Gerät erforderlichen Darstellung umgewandelt werden. Den unterschiedlichen Aufgaben der Geräte entsprechen vielfältige externe Darstellungsformen: Bilder auf einem Monitor, bedrucktes Papier, Tasten-Anschläge, Bewegungen einer Hand, aber auch für den Menschen unsichtbare Anordnungen magnetisierter Teilchen — alles das ist Ein- und Ausgabe von Information.

Die bei der Durchführung der Ein- und Ausgabe anfallenden Aufgaben betreffen verschiedene Bereiche des Betriebssystems. Da ist zunächst einmal die Steuerung des jeweiligen Geräts, die von den Treiber-Routinen des Betriebssystems durchgeführt wird, welche genau auf die Eigenschaften der beteiligten Hardware zugeschnitten sind. Ein zweiter Aufgabenbereich betrifft die Erledigung der Ein- und Ausgabeaufträge, die von den einzelnen Prozessen dem Betriebssystem zur Durchführung übergeben werden. In eine dritte Gruppe fallen die zur Verwaltung der Geräte zählenden Aufgaben, die der unterschiedlichen Natur der einzelnen Geräte-Kategorien angepaßt werden.

5.1 Gerätesteuerung

Die grundsätzliche Aufgabe der Gerätesteuerung ist es, Daten zwischen der Zentraleinheit und dem Gerät zu übertragen. Selbstverständlich wird ein Großteil der dabei durchzuführenden Arbeit im jeweiligen Gerät selbst geleistet, das zur Bewältigung der oft recht komplizierten technischen Einzelschritte einen eigenen Prozessor und Speicher samt Programm enthält. Ein solches „intelligentes" Gerät kann, je nach der Art des Geräts und abhängig von der zu übertragenden Datenmenge, mit der Zentraleinheit auf verschiedene Weise in Verbindung stehen. Ein autonomer Ein-Ausgabe-Prozessor (Controller, Channel) ist mit der Zentraleinheit und dem Arbeitsspeicher direkt über interne Datenleitungen verbunden. Wenn der Ein-Ausgabe-Prozessor über den Bus direkten Zugriff zum Speicher der Zentraleinheit hat, kann er parallel zum Zentralprozessor arbeiten. Diese Form des Anschlusses wird gewählt, wenn große Datenmengen übertragen werden sollen, z.B. bei Magnetplatten.

Häufig wird der Anschluß peripherer Geräte über standardisierte Schnittstellen vorgenommen, z.B. die serielle RS-232-Schnittstelle und die parallele Centronics-Schnittstelle. In solchen Fällen enthält der Rechner nur die Logik zum Betreiben der Schnittstelle, mit deren Hilfe die Daten vom und zum Gerät übertragen werden.

Die wichtigsten technischen Voraussetzungen der Gerätesteuerung in einem Zentralprozessor sind die Ein-Ausgabe-Befehle des Prozessors und das Interrupt-System. Welche Ein-Ausgabe-Befehle vorliegen und wie sie funktionieren, hängt vom jeweiligen Prozessor und von der Rechnerarchitektur ab.

Ein-Ausgabe-Befehle

Ein Port ist ein Register, das sowohl mit dem Zentralprozessor als auch mit Logikbausteinen in Verbindung steht, die das periphere Gerät kontrollieren. Durch Beschreiben eines Ports werden Ausgabedaten und Steuersignale an das Gerät übermittelt. Lesen eines Ports überträgt Eingabedaten und Statusmeldungen an den Zentralprozessor. Lesen und Schreiben von Ports kann — je nach Rechner — entweder durch spezielle Maschinenbefehle erfolgen, wobei die Adresse des Ports und ein Datenbyte oder -wort als Operand anzugeben sind, oder mit den üblichen Instruktionen durch Zugriff auf einen bestimmten, für diesen Zweck reservierten Bereich des Adreßraums.

Ein spezielles Verfahren wird bei Bildschirmen angewendet, die besonders schnell sein sollen: Der Bildschirm-Controller greift dabei permanent eigenständig auf einen bestimmten Bereich des Arbeitsspeichers zu und versorgt sich selbst mit der notwendigen Information, um das Bild aufzubauen. Ein Verändern des Bildschirms wird damit einfach durch Schreiben in diesen Speicherbereich erzielt. Speicherinhalte werden als Zeichen interpretiert und im Controller in eine Punkt-Matrix übersetzt. Ebenso kann ein Byte zur Darstellung eines Bildschirm-Attributes dienen und damit Blinken, Helligkeit, Invertierung, Unterstreichen oder Farbe steuern. Bei Grafik-Bildschirmen wird das Bild als Bit-Muster direkt im Speicher aufgebaut; bei Farbgrafik muß pro Bildpunkt die Farbe gespeichert werden, was den Speicherbedarf je nach Umfang der Palette vervielfacht.

Periphere Geräte werden nach der Art der Datenübertragung zwischen Zentralprozessor und Gerät als zeichenorientiert oder blockorientiert bezeichnet. Für die zweite Gruppe ist typisch, daß Daten in Blöcken fester Größe gespeichert werden; gängige Blockgrößen sind 128 bis 4096 Byte. Blöcke können nur im ganzen gelesen und geschrieben werden. Magnetplatten sind blockorientierte Geräte, die außerdem noch direkten Zugriff zu jedem einzelnen Block mit Hilfe einer Blockadresse gestatten. Zeichenorientierte Geräte erfordern einen eigenen Ein- oder Ausgabevorgang zum Lesen oder Schreiben jedes einzelnen Zeichens. Der Datentransfer zwischen einem Programm und einem zeichenorientierten

Gerät übermittelt einen Strom von Zeichen, der aus beliebig langen Teilfolgen zusammengesetzt werden kann (Byte stream). Drucker, Terminals und Schnittstellen zur Datenübermittlung sind typische Vertreter zeichenorientierter Geräte.

Die wesentlichen Elemente eines Eingabe-Vorgangs sind in der folgenden Modula-Prozedur zu erkennen, in der ein Zeichen auf der Centronics-Schnittstelle eines PC/AT ausgegeben wird.

```
PROCEDURE PrintChar (c: CHAR);
(* Ausgabe eines Zeichens *)
CONST PortAdr = 3BCH;
VAR b: BYTE;
BEGIN
  REPEAT
    INBYTE(PortAdr+1,b)       (* Status abfragen... *)
  UNTIL b > 80H;              (* ...bis "bereit"    *)
  OUTBYTE(PortAdr,BYTE(c));   (* Datenbyte in den Port *)
  OUTBYTE(PortAdr+2,0DH);     (* Signal: Daten bereit *)
  OUTBYTE(PortAdr+2,0CH);
END PrintChar;
```

Mit der Adresse `PortAdr` beginnt ein drei Byte langer Port (Abb. 5.1), dessen erstes Byte zur Aufnahme von Daten dient. Im darauffolgenden Byte sind Eingänge für Status-Leitungen angeordnet, während das letzte Byte zum Signalisieren an das Gerät verwendet wird.

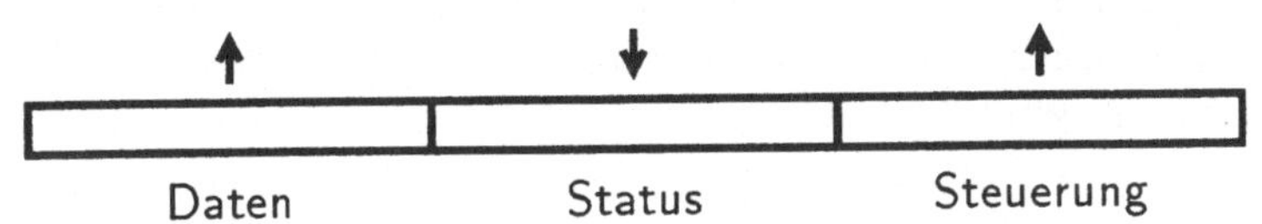

Abb. 5.1. Ports der Centronics-Schnittstelle des PC

Der erste Aufruf von `OUTBYTE` bringt ein Zeichen in den Port für Daten, die beiden darauffolgenden Aufrufe signalisieren über eine Steuerleitung dem Gerät, daß Daten übernommen werden sollen. Voraussetzung ist allerdings die Bereitschaft des Geräts, Daten entgegennehmen zu können. Das wird durch die Repeat-Anweisung sichergestellt, in der die entsprechende Status-Leitung geprüft wird. — Analog kann die Eingabe von einem Gerät programmiert werden, wobei der Zentralprozessor zunächst die Bereitschaft signalisiert, Daten zu übernehmen, dann wartet, bis Daten da sind, und sie schließlich vom Port abholt.

Dieses Verfahren, bei dem ein Programm ohne Unterbrechung darauf wartet, daß ein Gerät einen bestimmten Zustand erreicht, nennt man

Polling. Ein- und Ausgabe mit Polling ist im allgemeinen nicht brauchbar, da beim Warten auf die im Verhältnis zum Zentralprozessor sehr langsamen Geräte viel Rechenzeit ungenützt verlorengeht.

Das Interrupt-System

Wird die Wartezeit auf das Ende eines Ein- oder Ausgabevorgangs dadurch ausgenützt, daß der gerade laufende Prozeß in den Wartezustand versetzt und ein anderer, bereiter Prozeß fortgesetzt wird, so entsteht allerdings ein neues Problem: Reagiert der Zentralprozessor nicht prompt auf dieses Ende, so können bei der Eingabe Daten verlorengehen. Auch bei der Ausgabe wäre es wünschenswert, das Gerät so schnell wie möglich wieder mit Daten zu versorgen, damit es seine volle Leistung erreicht.

Die Lösung gelingt mit Unterstützung der Hardware, nämlich durch das Interrupt-System. Ein peripheres Gerät löst dabei ein Signal im Zentralprozessor aus. Dieser reagiert darauf, indem er vor Ausführung der nächsten Instruktion den augenblicklichen Zustand durch Abspeichern der wesentlichen Register rettet und dann zu einer vorher definierten Routine verzweigt. Den verschiedenen Geräte-Arten eines Systems sind normalerweise unterschiedliche Unterbrechungssignale zugeordnet, sodaß direkt die passende Interrupt-Routine aktiviert werden kann. Allerdings ist es wegen der beschränkten Anzahl der Interrupt-Leitungen oft erforderlich, mehr als ein Gerät derselben Art einem Signal zuzuordnen; in diesem Fall ist es die Aufgabe der Routine, das verursachende Gerät zu bestimmen, was gewöhnlich durch Prüfen der aktuellen Status-Information möglich ist. Die Interrupt-Routine führt dann die speziell auf das jeweilige Gerät zugeschnittene Behandlung der Unterbrechung durch.

Manche Geräte müssen prompt bedient werden, andere tolerieren kurze oder sogar längere Verzögerungen, daher haben Unterbrechungsbehandlungen verschiedene Priorität. Mit Hilfe der Hardware kann dem Rechnung getragen werden, indem dringlichere Unterbrechungsbehandlungen nicht durch weniger dringende unterbrochen werden können, wohl aber umgekehrt. Außerdem können zeitkritische Stellen — etwa bei der Übernahme von Daten — gegen jede Unterbrechung geschützt werden.

Treiber und Interrupt-Routinen sind also gemeinsam für die Abwicklung von Ein- und Ausgabe zuständig. An Stellen, wo gewartet werden muß, blockiert der Treiber den auftraggebenden Prozeß; der Prozeßumschalter sucht einen bereiten Prozeß zur Fortsetzung. In der darauffolgenden Interrupt-Behandlung wird entweder ein weiterer Schritt des noch unvollständigen Ein-Ausgabevorgangs durchgeführt oder der wartende Prozeß fortgesetzt.

Treiber

Einige Hersteller von Computern verfolgen die Strategie der „offenen Architektur", das heißt, daß sie den Anschluß nicht von ihnen erzeugter peripherer Geräte prinzipiell unterstützen. Um ein solches Gerät im Rahmen des Betriebssystems betreiben zu können, ist es im allgemeinen erforderlich, einen eigenen Treiber in das Betriebssystem einzubinden, was genaue Kenntnis sowohl der Hardware als auch der entsprechenden Schnittstellen zum Betriebssystem voraussetzt.

Das portable Betriebssystem UNIX muß zwangsläufig damit rechnen, auf verschiedenen Rechnern mit diversen Terminals betrieben zu werden. Um nicht eine Unzahl von Treibern für unterschiedliche Terminal-Typen schreiben zu müssen, die obendrein nicht zum portablen Teil eines Betriebssystems gehören, wurde hier ein besonders flexibles Konzept entwickelt. Der eigentliche Terminal-Treiber sorgt im wesentlichen nur für die einfache Ein- und Ausgabe von Zeichen über die serielle Schnittstelle. Die Steuerung der besonderen Funktionen eines Bildschirmterminals wie Cursor-Bewegung, Löschen, Setzen von Attributen usw. erfolgt in einer zweiten Software-Schicht, die über Parameter an das jeweilige Terminal-Modell angepaßt wird. Die für die einzelnen Funktionen erforderlichen Kommandos werden unter der Bezeichnung des Modells in eine Datei (`/etc/termcap` oder `/usr/lib/terminfo`) eingetragen. Dem Betriebssystem wird durch Setzen eines Parameters nach dem Login mitgeteilt, welchen Typ das Terminal des Benutzers hat. (Gewöhnlich arbeitet ein Benutzer immer am selben Terminal, sodaß dies automatisch geschehen kann.) Die entsprechenden Parameter werden dann dem Treiber übergeben.

5.2 Geräteverwaltung

In Treibern erledigt das Betriebssystem nur die elementare technische Seite der Ein- und Ausgabe. Das allein reicht jedoch nicht aus. Geräte sind Betriebsmittel und müssen entsprechend verwaltet werden. Darüber hinaus erfordern besondere Eigenschaften einiger Geräte spezielle Unterstützung seitens des Betriebssystems, wenn reibungsloser Betrieb garantiert werden soll. So kann z.B. der einzige Drucker eines Mehrbenutzer-Systems nicht einfach einem Prozeß zugeteilt werden, weil dadurch ja alle anderen Prozesse benachteiligt würden.

Geräte als Betriebsmittel

Die für Betriebsmittel markanten Eigenschaften teilen Geräte in zwei Gruppen: Solche, die nur exklusiv belegbar und nicht entziehbar sind, und solche, die gleichzeitig mehrfach verwendbar sind. Vertreter der ersten Gruppe sind alle zeichenorientierten Geräte, z.B. Drucker und Terminals, aber auch Magnetbandgeräte. Gleichzeitig von mehreren Prozessen aus verwendbar sind Magnetplatten.

Tatsächlich ist es jedoch auf vielen Systemen nicht ohne weiteres möglich, von einem gewöhnlichen Prozeß aus einen Drucker oder eine Magnetplatteneinheit als Gerät zu benützen. Bestimmte Geräte können nur mit gewissen Privilegien angefordert und belegt werden. Diese Einschränkung soll garantieren, daß der Betrieb der Geräte unter der alleinigen Verwaltung durch das Betriebssystem möglichst effektiv durchgeführt werden kann.

Der Zugriff auf Daten, die auf Magnetplatte gespeichert sind, erfolgt unter Kontrolle der *Dateiverwaltung*. Dieser Teil des Betriebssystems sorgt dafür, daß die auf Dateien bezogenen Ein- und Ausgabeoperationen in Befehle umgesetzt werden, wie sie der Controller der Magnetplatte versteht. Ferner gehört dazu auch die Aufgabe, die zum Auffinden der Dateien relevante Information auf dem laufenden Stand zu halten. Es ist einleuchtend, daß gewöhnliche Prozesse nicht selbständig auf ganze Magnetplatten zugreifen dürfen, ohne die Integrität des Datenträgers zu gefährden. Magnetplatteneinheiten sind daher nur von Systemprozessen belegbar.

Zeichenorientierte Ein- und Ausgabegeräte wie Drucker vertragen jeweils nur einen einzelnen Datenstrom zwischen einem Prozeß und dem Gerät. Mehrere Prozesse können nicht gleichzeitig oder zeitlich verzahnt auf dasselbe Gerät zugreifen. Ein Terminal wird daher von einem Prozeß exklusiv für die Dauer seiner Ausführung belegt. Diese Lösung wäre auch für andere Geräte denkbar, beispielsweise für Drucker. Viele Programme benötigen aber einen Drucker nur während eines Teils ihrer Laufzeit. Ein Belegen würde andere Prozesse blockieren und obendrein zu ganz schlechter Auslastung führen. Drucker und ähnliche Ausgabegeräte wie z.B. Plotter dürfen daher auch nur von speziellen Systemprozessen belegt werden, die mit der Abwicklung des sogenannten Spool-Betriebs betraut sind. Benutzerprozesse können dem Spool-Prozeß den Auftrag erteilen, eine auf Magnetplatte gespeicherte Datei auf dem Gerät auszugeben. (Im Abschnitt 5.3 wird die Funktion des Spooling genauer erklärt.) Selbstverständlich ist es für besondere Anwendungen auch sinnvoll, Drukker und ähnliche Geräte von Benutzer-Prozessen belegen zu lassen. Die Ausgabe erfolgt unter direkter Steuerung des Programms und ist sofort verfügbar, im Gegensatz zum Spool-Verfahren, bei dem das Programm die Ausgabe-Datei abschließen muß, bevor der Druck-Auftrag begonnen werden kann.

Eine Magnetbandeinheit kann nicht von mehreren Prozessen gleichzeitig benützt werden und ist daher nur exklusiv belegbar. Zwar geschieht die Datenübertragung blockweise, aber der Zugriff zu den Blöcken ist effizient nur sequentiell möglich. Das Spool-Verfahren ist bei Magnetbändern nicht sinnvoll und, wenn sehr große Datenmengen aufgezeichnet werden sollen, auch gar nicht möglich.

Besondere Gerätefunktionen

Die unterschiedliche Funktionsweise der Geräte bringt es mit sich, daß die Ein- und Ausgabebefehle, die üblicherweise für Dateien verwendet werden, nicht mit den verfügbaren Funktionen der Geräte übereinstimmen. Auf unsinnige Befehle wie z.B. Lesen von einem Drucker reagiert das System selbstverständlich mit einer Fehlermeldung. Fallweise kann für bedeutungslose Operationen eine vernünftige Interpretation gefunden werden; ein Rewind-Befehl, der bei Bändern und Magnetplattendateien auf den Anfang der Datei zurücksetzt, kann z.B. bei einem Bildschirm zum Löschen des Bildschirminhalts und Setzen des Cursors auf die Home-Position führen.

Zusätzlich auf einem Gerät verfügbare Funktionen werden oft durch sogenannte Escape-Sequenzen gesteuert. Dabei wird eine mit dem ASCII-Steuerzeichen Escape (Code 27) beginnende Byte-Folge in den Strom der Ausgabedaten eingefügt. Ist das Gerät in der Lage, diese Sequenzen zu verarbeiten, werden sie vom Treiber einfach weitergeleitet; andernfalls müßte der Treiber für die korrekte Interpretation sorgen. (Ein Beispiel dafür ist der ANSI-Bildschirmtreiber in MS-DOS, der eine Reihe von Escape-Sequenzen interpretiert, indem er die entsprechenden Veränderungen im Bildschirmspeicher durchführt.) Da das ANSI eine Norm für Escape-Sequenzen herausgegeben hat und viele Drucker und Terminals diesen Normen entsprechen, kann eine ganze Reihe von Funktionen dieser Geräte in portabler Weise programmiert werden.

Funktionen, die nicht durch einfaches Senden von Escape-Sequenzen an das Gerät ansprechbar sind, lassen sich nicht ohne weiteres im allgemeinen Rahmen der Ein- und Ausgabe unterbringen. Um nicht für jede Kategorie von Geräten zusätzliche Funktionen vorsehen zu müssen, gibt es in Betriebssystemen, die eine „offene Architektur" unterstützen, einen zusätzlichen Aufruf. In MS-DOS, UNIX und OS/2 lautet die Bezeichnung einheitlich IOCTL (Input/Output Control). Typische Beispiele für Funktionen, die mit IOCTL aufgerufen werden, sind etwa das Setzen der Parameter einer seriellen Schnittstelle, die Abfrage, ob ein Gerät für Eingabe oder Ausgabe bereit ist, und das Umschalten eines Terminal-Treibers zwischen Betrieb mit und ohne Funktionstasten (was im nächsten Abschnitt näher erläutert wird).

Bildschirmterminals

Bildschirmterminals haben zwei Eigenschaften, die sie von allen anderen Geräten unterscheiden. Erstens ist ein Bildschirmterminal durchaus dazu geeignet, mehreren Prozessen gleichzeitig zugeordnet zu werden. Zweitens ist ein Terminal (logisch betrachtet) eigentlich eine Kombination eines Eingabegeräts, der Tastatur, mit einem Ausgabegerät, dem Bildschirm. Zur Verbindung dient eine Leitung, auf der Daten in beiden Richtungen übertragen werden können, beim sogenannten Full-

Duplex-Betrieb sogar gleichzeitig. Bei PCs sind Tastatur und Bildschirm
überhaupt zwei völlig getrennte Geräte. (Im Gegensatz dazu gibt es aber
auch sogenannte „intelligente" Terminals, die in der Lage sind, Daten
blockweise zu übernehmen, wonach sie der Benutzer mit Hilfe von Funktionstasten bearbeitet und schließlich wieder blockweise an den Rechner
zurücksendet.)

Die Verbindung von Tastatur und Bildschirm mit Hilfe eines Treibers
wird in der Abb. 5.2 dargestellt. Auszugebende Daten werden einfach
an den Bildschirm übermittelt; eingegebene Zeichen kommen normalerweise in einen Puffer, von wo sie durch einen Lesebefehl von Programmen
abgeholt werden können.

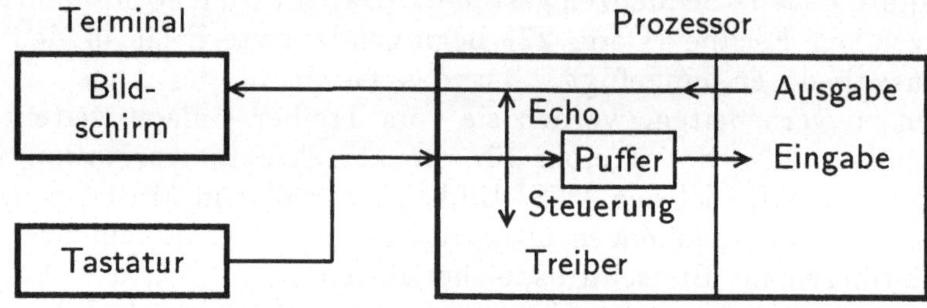

Abb. 5.2. Datenfluß zwischen Terminal und Prozessor

Ein Bindeglied zwischen Tastatur und Bildschirm ist die Echo-
Funktion. Das bedeutet, daß der Treiber alle eingegebenen darstellbaren
Zeichen an den Bildschirm sendet, um dem Benutzer damit anzuzeigen,
daß seine Eingabe im System angekommen ist. Nicht darstellbare Steuerzeichen, die sich auf der Tastatur durch Tastenkombinationen (mit der
Control-Taste) oder Funktionstasten eingeben lassen, werden entweder
als kurze Zeichenfolge angezeigt (z.B. Control-C als ^C) oder durch eine
entsprechende Cursor-Bewegung sichtbar gemacht (z.B. Backspace durch
Bewegung um eine Stelle nach links). Das Zeichen Carriage-Return, mit
dem eine Eingabezeile abgeschlossen wird, hat als Echo die Steuerzeichen Carriage-Return und Line-Feed, wodurch am Bildschirm eine neue
Zeile begonnen wird. Backspace bewirkt, daß das vorangehende Zeichen
gelöscht wird. Ob ein Treiber das Echo sofort nach Einlangen des Zeichens ausgeben soll oder erst dann, wenn das Zeichen von einem Programm eingelesen wird, ist Ansichtssache und wird vom Entwickler des
Treibers festgelegt. Ersteres hat den Vorteil, daß der Benutzer sofort eine
Reaktion am Bildschirm sieht; die zweite Methode stellt sicher, daß Ein-
und Ausgaben am Bildschirm geordnet auftauchen. (Im zweiten Fall
sollte eine Möglichkeit zur Verfügung stehen, mit deren Hilfe sich der
Benutzer davon überzeugen kann, daß im System noch „alles klar" ist.)

Allgemein üblich ist es, mit Hilfe einiger Steuerzeichen das Verhalten des Treibers selbst beeinflussen zu können. Unbedingt erforderlich ist eine Taste, mit der das Ende der Eingabe von der Tastatur signalisiert werden kann (gewöhnlich Control-Z, in UNIX: Control-D) und eine Taste zum Abbrechen des gerade laufenden Prozesses (oft Control-C). Ferner ist es wünschenswert, die Geschwindigkeit der Ausgabe des Programms kontrollieren zu können. Tabelle 5.1 zeigt die wichtigsten Möglichkeiten.

Tabelle 5.1. *Funktionstasten zur Kontrolle der Ausgabe*

Taste	Bedeutung
Control-S	XOFF: Anhalten der Bildschirmausgabe
Control-Q	XON: Fortsetzen der Bildschirmausgabe
Control-O	Bildschirmausgabe nicht mehr anzeigen (VAX/VMS)

Das Anhalten der Bildschirmausgabe von der Tastatur her erfordert, daß der die Ausgabe produzierende Prozeß unterbrochen werden muß. Das geschieht mit dem gleichen Mechanismus, mit dem ein Prozeß auf das Bereitwerden der Hardware wartet. Das Abdrehen der Ausgabe zum Bildschirm ist für den Fall gedacht, daß überraschend viel Ausgabe produziert wird, die man eigentlich gar nicht sehen möchte. Ein Abbrechen und erneutes Starten des Programms mit Umleitung der Ausgabe ist nicht bequem, ja manchmal sogar unmöglich.

Da es ganz allgemein die Aufgabe eines Terminaltreibers ist, die von der Tastatur hereinkommenden Codes in Zeichen (oder Zeichenfolgen) umzusetzen, liegt die Idee nahe, diese Umsetzung zumindest für einen Teil der Tastatur frei programmierbar zu gestalten. Durch das Belegen von Funktionstasten mit Zeichenketten kann sich ein Benutzer die für ihn wichtigsten Eingaben bequem abkürzen.

Eine für den Benutzer sehr angenehme Einrichtung ist die Möglichkeit, eine Eingabezeile regelrecht editieren zu können: Funktionstasten zur Bewegung des Cursors, Einfügen, Löschen und Überschreiben von Zeichen sowie Löschen der ganzen Zeile sind die wichtigsten Funktionen. Besonders hilfreich ist es, auf zuvor eingegebene Zeilen zurückgreifen zu können, wobei die ausgewählte Zeile vor der erneuten Eingabe selbstverständlich durch Editieren verändert werden kann.

Alle diese Funktionen kann natürlich auch ein Programmierer ohne Hilfe durch Treiber oder Betriebssystem in sein Programm einbauen. Aber warum sollten dieselben Funktionen in jedem Programm neu „erfunden" werden? Es ist daher besser, diese Funktionen an zentraler Stelle zu implementieren, und zwar so, daß sie ausgeschaltet werden können, wenn ihre Verwendung nicht sinnvoll ist. (In UNIX geschieht das z.B. durch Umschalten des Treibers zwischen „cooked mode" und „raw mode", in dem alle Zeichen ohne Behandlung an den Prozeß weitergereicht werden.)

Virtuelle Terminals und Fenster

Mit entsprechend leistungsfähiger Hardware ist eine Abstraktion des Terminals möglich. Die grundlegende Idee dabei ist, die Ein- und Ausgabe-Datenströme nicht direkt dem (physischen) Gerät, sondern einem virtuellen Terminal zuzuordnen, das ebenfalls aus einem virtuellen Display und einer virtuellen Tastatur besteht. Das virtuelle Display funktioniert wie eine große Tafel, auf die an beliebiger Stelle geschrieben werden kann. Um Teile des Displays zu sehen, wird ein *Fenster* auf das Display gerichtet und gleichzeitig einem realen Bildschirm (oder einem Teil davon) zugeordnet, wie Abb. 5.3 zeigt. Die Anzahl der Zeilen und der Zeichen pro Zeile sowie die Position am Bildschirm kann innerhalb der durch die Hardware gesetzten Grenzen frei gewählt werden.

virtuelles Display

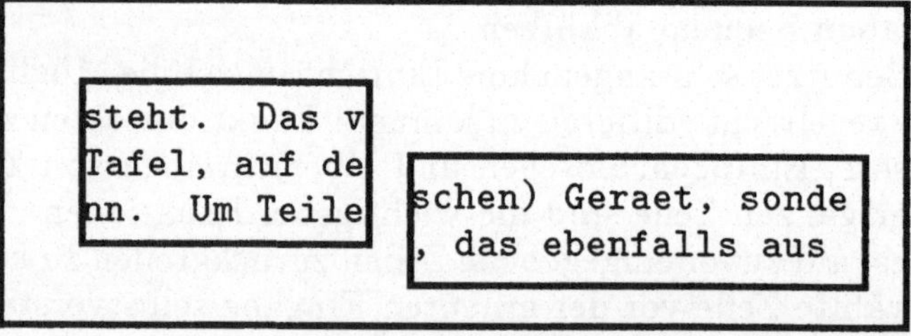

Abb. 5.3. Virtuelles Display und Bildschirm

Fenster können einander sowohl am Display als auch am Bildschirm überlappen; am Bildschirm führt das dazu, daß die Fenster einander teilweise oder ganz überdecken. Einem Bildschirm lassen sich gleichzeitig auch Fenster zuordnen, die auf verschiedene Displays gerichtet sind. Damit können sogar Ausgaben mehrerer Prozesse gleichzeitig sichtbar gemacht werden. Die Tastatur ist natürlich nicht aufteilbar und entspricht immer nur einer der virtuellen Tastaturen; sie muß vom Benutzer umgeschaltet werden, was wieder mit Hilfe von Funktionstasten (Hot key) geschieht.

5.3 Spool-Betrieb

Die ursprüngliche Motivation für Spooling (Simultaneous peripheral operation on line) war eine Verkürzung der durch die Ein- und Ausgabe bedingten Wartezeit während der Verarbeitung. Ein- und Ausgabedateien eines Jobs wurden auf schnelleren Massenspeichern — erst Magnetband, später Magnetplatte — zwischengespeichert. Ein direktes Ansprechen der langsamen Geräte wie Lochkartenleser und Drucker vom Programm aus wurde damit vermieden.

Bei Multiprogramming spielt die Länge der Wartezeit keine Rolle, da sie ohnehin ausgenützt werden kann. Daher steht heute ein anderes Motiv im Vordergrund: Spooling wird immer dann eingesetzt, wenn ein Belegen eines Gerätes durch einen Prozeß vermieden werden soll. Bei der Ausgabe erzeugt der Prozeß zunächst eine Datei, die die an das Gerät gerichtete Ausgabe enthält. Nach Abschluß der Datei wird der Auftrag an das Betriebssystem erteilt, die Datei auszugeben. Das Betriebssystem reiht Aufträge in Warteschlangen ein, aus denen die Spool-Prozesse mit Arbeit versorgt werden. Typische Ausgabegeräte, für die Spooling verwendet wird, sind Drucker und Plotter.

Für den Benutzer ist es bei der Ausgabe einer Datei im Spool-Betrieb wichtig zu wissen, ob nur der Auftrag oder auch die Daten in die Warteschlange übernommen werden. Im ersten Fall muß der Benutzer darauf achten, die Daten bis zur Erledigung des Auftrags unverändert zu belassen. Übernimmt das Betriebssystem sozusagen auch die Verantwortung für die Daten, so muß der Benutzer bei Bedarf eine Kopie der Daten zurückbehalten. Das Betriebssystem garantiert nämlich nur, daß die Ausgabe zum Gerät kommt; fehlerhafter Papiertransport, ein verklemmtes Farbband oder im Laserdrucker verkohltes Papier können eine Wiederholung der Ausgabe erforderlich machen.

Bei der Eingabe werden Daten vom Gerät auf eine Datei kopiert. Ein Prozeß liest dann Daten von der Datei statt direkt vom Gerät. Früher war Spooling bei der Eingabe von Jobs über einen Kartenleser gebräuchlich. Heute sind sozusagen nur mehr die Warteschlangen als sogenannte *Batch-Queues* übriggeblieben, an die ein Benutzer vom Terminal aus solche Aufträge richtet, die ohne interaktive Ein- und Ausgabe erledigt werden können.

6. Dateiverwaltung

Die Dateiverwaltung ist das wichtigste Subsystem der Ein- und Ausgabe. Ein Magnetplatten-Treiber ist lediglich in der Lage, Blöcke zu lesen und zu schreiben sowie ähnliche elementare Funktionen durchzuführen. Die Benutzer wollen weit mehr, nämlich ein bequem zu verwendendes System zum Speichern und Wiederfinden von Datenbeständen. Programmierer erwarten außerdem, Datenstrukturen und Zugriffsfunktionen verwenden zu können. Auf Mehrbenutzer-Systemen ist ferner dafür zu sorgen, daß Daten vor unberechtigten Zugriffen anderer Benutzer geschützt bleiben.

Eine grundlegende Aufgabe der Dateiverwaltung ist es, die Speicherverwaltung auf Magnetplatten zu organisieren. Darauf aufbauend wird ein System implementiert, mit dessen Hilfe Benutzer ihre Daten mit Namen versehen können und das dazu beiträgt, Ordnung und Übersicht im Datenbestand zu wahren. Verfahren zur Gewährleistung des *Datenschutzes* sind damit eng verbunden. Zum zweiten Aufgabenbereich gehören somit alle Funktionen, die das Anlegen und Wiederauffinden einzelner Dateien ermöglichen. Eine dritte Gruppe von Systemfunktionen hilft bei der Verarbeitung einer Datei; dazu gehört die Unterstützung verschiedener Zugriffsmethoden zu Komponenten einer Datei und das Absichern gegen Konsistenzprobleme, die sich durch möglichen parallelen Zugriff auf eine einzelne Datei ergeben.

6.1 Speicherverwaltung auf Magnetplatte

Die Aufgabe der Speicherverwaltung beginnt damit, einen neuen Datenträger zur Verwendung in einem bestimmten Betriebssystem brauchbar zu machen, was als Formatieren bezeichnet wird. Danach laufen die weiteren Vorgänge zur Aufteilung des Speicherplatzes meistens ohne die Notwendigkeit direkter Eingriffe durch den Benutzer ab.

Magnetplatten: Struktur und Zugriff

Die äußere Form einer Magnetplatte gibt den Rahmen vor, ir dem Daten aufgezeichnet werden können, wobei die technischen Details der Durchführung der Datenübertragung von einem eigenen Ein-Ausgabe-Prozessor (Controller) übernommen werden. Eine Magnetplatte kann so

wie eine Diskette aus einer einzelnen kreisförmigen, magnetisch beschichteten Platte bestehen; bei einem Plattenstapel (Abb. 6.1) sind mehrere
Platten übereinander auf einer Spindel montiert. Normalerweise wer-

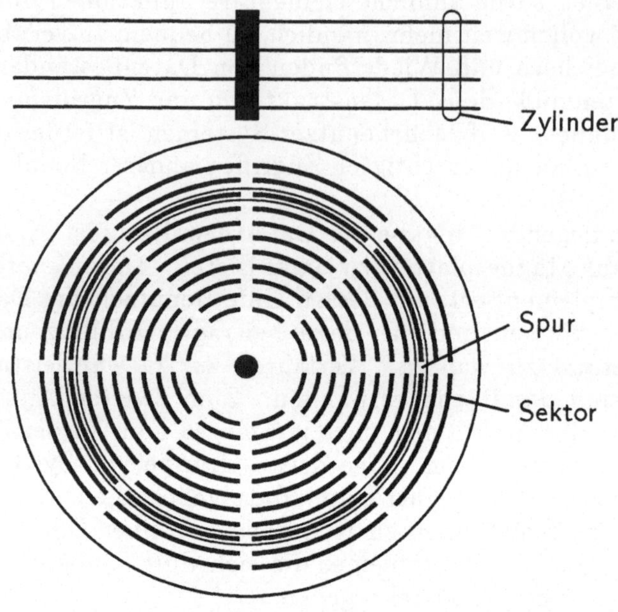

Abb. 6.1. Struktur einer Magnetplatte (schematisch)

den beide Oberflächen einer Platte beschrieben. Pro Oberfläche wird ein
Lese- und Schreibkopf auf einem Arm montiert, der diese Köpfe radial
zur Oberfläche hin- und herbewegt und an bestimmten Punkten zum
Stillstand bringt. Die Platte selbst wird in Rotation versetzt, sodaß pro
Haltepunkt des Arms eine Spur auf jeder Oberfläche aufgezeichnet werden kann. Die auf den verschiedenen Oberflächen übereinanderliegenden
Spuren werden als Zylinder bezeichnet. In jede der konzentrischen Spuren
wird eigentlich eine lange Bitkette aufgezeichnet. Da das für Schreiben
und Lesen nicht sehr zweckmäßig ist, wird eine Spur in Sektoren konstanter Länge gegliedert, die sich danach individuell lesen und schreiben
lassen. Typische Sektorgrößen (in Byte) sind Zweierpotenzen zwischen
128 und 4096. Zwar könnte jede Spur ihre eigene, den auf ihr gespeicherten Daten optimal angepaßte Sektorlänge erhalten; die möglichen
Vorteile beim Zugriff wiegen jedoch nicht so stark wie die Nachteile: Es
ist bei weitem einfacher, eine Magnetplatte zu verwalten, bei der alle
Spuren Sektoren derselben Länge enthalten. Werden alle Sektoren der
Reihe nach numeriert, so kann die zum Zugriff erforderliche Information
— Spur, Oberfläche und relative Sektornummer — durch eine einfache
Rechnung aus der ursprünglichen Sektornummer ermittelt werden. Nach

der festen Vereinbarung einer Sekto.größe können beim Formatieren alle Spuren einer Magnetplatte mit leeren Sektoren beschrieben werden.

Mit der gewählten Sektorgröße sind alle wesentlichen Parameter für den Treiber gegeben, dem zur Adressierung von Daten nur die Nummer des gewünschten Sektors übergeben werden muß. Nach der Berechnung von Spur und relativer Sektoradresse wird der Auftrag an den Controller weitergeleitet, der dann den Ein- oder Ausgabevorgang selbständig durchführt. Die Leistungsfähigkeit eines Computersystems hängt nicht zuletzt davon ab, wie schnell auf Daten auf Magnetplatte zugegriffen werden kann. Die erforderliche Zugriffszeit setzt sich aus drei Komponenten zusammen:

1. Positionierzeit: die Zeit zum Aufsuchen des Zylinders,

2. Latenzzeit: die Zeit zum Abwarten des gewünschten Sektors, und

3. Übertragungszeit: die Zeit zum Übertragen der Daten.

Verschiedene Strategien sind erdacht worden, um die Auswirkungen jeder einzelnen dieser Komponenten zu dämpfen. Außerdem ist auch hier die Idee anwendbar, die Anzahl der Zugriffe zu einem langsamen Speicher mit Hilfe eines schnelleren Cache-Speichers zu verringern. Ein Cache-Speicher kann bei Magnetplatten günstig im Controller selbst angelegt werden, aber auch Puffer im Arbeitsspeicher sind möglich. Nach dem Lesen einer Spur bleiben alle Sektoren im Cache-Speicher, sodaß das Lesen eines dieser Sektoren keinen neuen Plattenzugriff erfordert.

Der größte Anteil der Zugriffszeit entfällt auf die Zeit zum Aufsuchen des Zylinders. Wenn immer nur ein Zugriff zu bearbeiten ist, gibt es offensichtlich keine andere Wahl, als die Aufträge der Reihe nach auszuführen (First come first serve, FCFS). Eine Beschleunigung ist erst dann möglich, wenn der Treiber mehrere Aufträge auf einmal vor sich sieht und die Reihenfolge ihrer Erledigung frei wählen kann. (Diese Voraussetzungen werden bei einem einigermaßen belasteten Mehrbenutzer-System ohnehin leicht erfüllt.) Die Strategie, so schnell wie möglich Daten herbeizuschaffen, führt zur Regel, immer den Auftrag auszuwählen, der die kürzeste Armbewegung erfordert (Shortest seek time first, SSTF). Das folgende Beispiel (Abb. 6.2) zeigt die im Vergleich zu FCFS resultierende Verbesserung. Dargestellt werden die erforderlichen Armbewegungen bei Aufträgen auf den Spuren 21, 9, 2, 17 und 22. Die benötigte Zeit ist nicht genau proportional der Anzahl der zu überquerenden Spuren, da bei längeren Armbewegungen Beschleunigung und Bremsweg nicht so stark ins Gewicht fallen.

Die Verbesserung ist augenscheinlich und läßt sich auch mit mathematischen Methoden nachweisen. Leider hat das Verfahren einen Nachteil: Es ist nicht gerecht. Während der Bearbeitung eines Auftrags treffen ja immer weitere Aufträge ein, die bei SSTF sofort berücksichtigt werden.

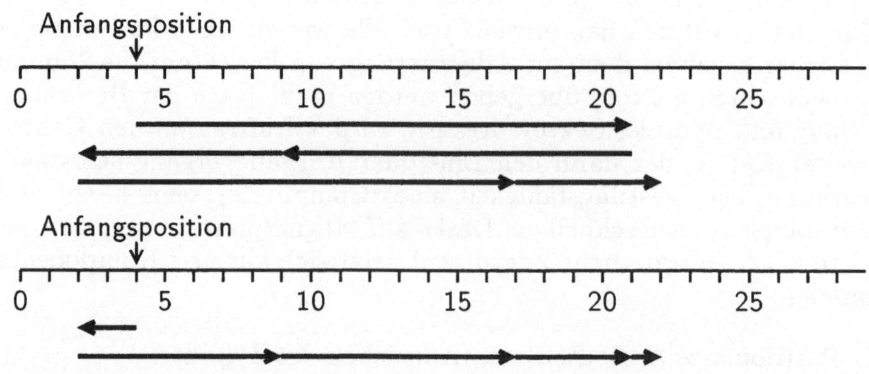

Abb. 6.2. Armbewegungen bei FCFS (oben) und SSTF (unten)

Gäbe es im obigen Beispiel nach Erledigung des Auftrags in Spur 9 weitere Aufträge, etwa in den Spuren 2, 4 und 6, so würde dies die Erledigung der Aufträge am anderen Ende noch weiter hinauszögern.

Eine ganz einfache Modifizierung vermeidet das Problem: Der Arm wird in der einmal eingeschlagenen Richtung weiterbewegt. Erst wenn es in dieser Richtung keine Aufträge mehr gibt, wird die umgekehrte Richtung gewählt. (Da bei Aufzügen ein entsprechendes Verfahren eingesetzt wird, soll es hier mit LIFT bezeichnet werden.) Eine mathematische Analyse ergibt, daß LIFT etwas schlechter als SSTF ist. Der wesentliche Vorteil des Verfahrens liegt jedoch darin, daß ein Auftrag garantiert innerhalb einer bestimmten Zeit erledigt werden kann.

Auch die Zeiten des Wartens auf den gewünschten Sektor können durch einen „intelligenten" Controller verkürzt werden. Voraussetzung ist, daß nach Erreichen einer Spur sofort bekannt ist, welcher Sektor gerade unter den Kopf kommt. Dann kann der Controller alle für diesen Zylinder anstehenden Aufträge in minimaler Zeit erledigen.

Relativ oft kommt es vor, daß mehrere aufeinanderfolgende Sektoren gelesen werden müssen. Da der Controller nach dem Lesen des ersten Sektors etwas Zeit benötigt, um die Daten in den Speicher zu schreiben, wird die Platte danach gerade in der ungünstigsten Position zum Lesen des nächsten Sektors sein, weil der Lesekopf schon am Beginn dieses Sektors vorbei ist. Das Lesen aller n Sektoren einer Spur würde demnach bis zu n Umdrehungen erfordern. Abhilfe schafft ein Verfahren, das als Sector interleaving bezeichnet wird. Die physische Reihenfolge der Sektoren entspricht dabei nicht der logischen. Bei 8 Sektoren sind z.B. folgende Anordnungen denkbar:

$$1 - 5 - 2 - 6 - 3 - 7 - 4 - 8$$
$$1 - 4 - 7 - 2 - 5 - 8 - 3 - 6$$

Wenn nun der erste Sektor (mit Nummer 1) gelesen wurde, so hat der Controller je nach dem gewählten Faktor mehr oder weniger viel Zeit, bis Sektor Nummer 2 am Kopf ankommt. Eine komplette Spur kann somit in zwei oder drei Umdrehungen gelesen werden.

Weitere Optimierungen sind durchaus noch möglich, vor allem dadurch, daß der Controller einen größeren Anteil des Ein- und Ausgabevorgangs in Eigenregie erledigt. Ein Ein- oder Ausgabevorgang umfaßt dann typischerweise nicht einen Block auf der Magnetplatte, sondern einen Abschnitt einer Datei. Das führt in letzter Konsequenz dahin, daß der Controller die gesamte Datenverwaltung als parallel agierender Prozessor übernimmt.

Beim Formatieren legt das Betriebssystem auch gleich die zur weiteren Verwendung des Datenträgers im System erforderliche Information an. Der erste Block ist meistens reserviert für die Aufnahme des Urladers (Bootstrap loader), eines kleinen Programms zum Laden des Betriebssystems von der Magnetplatte. Nach dem Einschalten des Prozessors beginnt dieser mit einer bestimmten Adresse im Befehlszähler zu arbeiten. An dieser Stelle des Arbeitsspeichers, der hier aus ROM-Bausteinen (Read-only memory) bestehen muß, beginnt ein Programm, das einfach den ersten Block der Platte in den Arbeitsspeicher holt und dann dieses eingelesene Programm ausführt. Erst dieser Urlader ist in der Lage, die Datei mit dem Betriebssystem selbst auf der Magnetplatte zu lokalisieren und anschließend diese Datei zu laden. (Durch diese Trennung ist es möglich, mit demselben Programm im ROM das Laden unterschiedlicher Betriebssysteme einzuleiten.) Dem Block mit dem Urlader folgen Blöcke mit Information für die Speicherverwaltung, ein Dateiverzeichnis und schließlich die Datenblöcke. Der erste Block der Speicherverwaltung enthält Information über den Datenträger selbst, z.B. einen Namen, den Eigentümer, Parameter und statistische Daten.

Die Aufteilung des Plattenspeichers

Unter Betriebssystemen der zweiten und dritten Generation mußte sich der Benutzer noch selbst um die Anordnung der einzelnen Dateien auf einer Magnetplatte kümmern. Einer Datei wurde ein zusammenhängender Bereich von Zylindern oder Spuren zugeordnet, und die entsprechenden Adressen mußten beim Beginn des Zugriffs zur Datei angegeben werden. Die Spuren einer Datei wurden individuell formatiert, um für jede Datei optimale Blockgrößen zu erzielen. Das Erweitern von Dateien war nur dann möglich, wenn hinter der Datei noch Platz frei war.

Im Gegensatz dazu ist die Einteilung der gesamten Platte in gleich große Sektoren die Grundlage für die automatische Speicherverwaltung durch das Betriebssystem. Allerdings ist ein einzelner Sektor zwar als Zugriffseinheit, nicht aber als Vergabeeinheit der Speicherverwaltung brauchbar, da bei Plattenkapazitäten, die selbst auf PCs schon mehrere Zigmillionen Bytes ausmachen, das Vergeben einzelner Sektoren zu unnötig großem Verwaltungsaufwand führt. Plattenspeicher wird daher in *Belegungseinheiten* (Allocation unit, Cluster) verwaltet. Die Größe eines solchen Blocks hängt vom System und von der Art des Datenträgers ab; übliche Werte liegen im Bereich zwischen 256 und 4096 Bytes; je nach Sektorgröße sind das 1 bis 8 Sektoren.

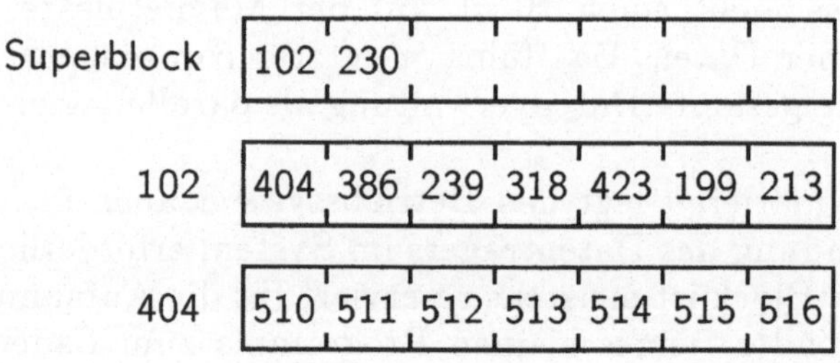

Abb. 6.3. Plattenspeicherverwaltung unter UNIX

Über die freien Belegungseinheiten muß Buch geführt werden. Eine der möglichen Methoden verwendet dazu eine Bitkette, in der jeder Belegungseinheit ein Bit entspricht. Ein anderes Verfahren verkettet freie Blöcke, wobei die freien Blöcke selbst zur Aufnahme der Kette dienen. Aus Effizienzgründen wird die Kette so aufgebaut, daß ein Block gleich die Adressen mehrerer freier Blöcke enthält. Abb. 6.3 zeigt den Beginn einer solchen Kette, wie sie z.B. in UNIX verwendet wird. Das erste Element der Kette ist dort im zweiten Block einer Magnetplatte, dem sogenannten „Superblock", untergebracht. Eine Kopie des Superblocks befindet sich immer im Arbeitsspeicher. Nehmen wir an, daß der Zustand der Speicherverwaltung so aussieht, wie es Abb. 6.3 zeigt. Auf die erste Anforderung wird dann der Block 230 zugeteilt. Die zweite Anforderung bewirkt, daß zunächst die jetzt leer werdende Liste im Superblock mit den Adressen im Block 102 aufgefüllt wird; danach erfolgt die Zuteilung des dadurch frei gewordenen Blocks 102. Bei der Freigabe von Speicher wird der umgekehrte Vorgang durchgeführt: Ist Platz im Superblock, so wird einfach die Blocknummer eingetragen; ist der Superblock voll, so wird er in den gerade freiwerdenden Block ausgelagert, und dessen Adresse kommt in die jetzt leere Liste des Superblocks.

Auf manchen Systemen übernimmt das Betriebssystem auch die Verwaltung schadhafter Blöcke. Kleine Materialfehler sind schon bei der Fertigung einer Magnetplatte nicht auszuschließen; weitere schadhafte Stellen entstehen im Lauf der Zeit, z.B. durch Verschmutzung. Blöcke, die keine korrekte Aufzeichnung der Daten ermöglichen, werden beim Formatieren oder beim Lesen erkannt und müssen aus dem Verkehr gezogen werden. Das Betriebssystem wird solche Blöcke als „schadhaft" registrieren. Intelligente Controller sind in der Lage, anstelle eines schadhaften

Blocks einen Ersatz aus einem Vorrat guter Blöcke zuzuteilen.

Der Aufbau von Dateien

Mit den vergebenen Blöcken wird Speicherplatz für eine Datei aufgebaut. Für den Programmierer ist es am bequemsten, innerhalb einer Datei einen linearen Adreßraum zur Verfügung zu haben. Das bedeutet, daß die Daten einfach mit 0, 1, 2,... adressiert werden können. Die Speicherverwaltung wird daher nicht nur registrieren müssen, welcher Datei ein Block zugeteilt wurde, sondern auch an welcher Stelle im Adreßraum der Datei der Block liegt. Diese Anforderungen können mit verschiedenen Verfahren gelöst werden.

Eine naheliegende Methode ist das Verketten der Blöcke in der Reihenfolge, in der sie den Adreßraum der Datei bilden. Die Kette könnte in den Blöcken selbst gespeichert werden, aber das ist aus zwei Gründen schlecht: Erstens wären zum Auffinden des n-ten Blocks n Zugriffe erforderlich, und zweitens würde eine fehlerhafte Stelle in der Kette das Auffinden der weiteren Daten sehr erschweren. (Daß dies nicht unmöglich ist, wird im folgenden Abschnitt gezeigt.) Besser ist es daher, die Ketten aller Dateien zu sammeln und gesondert in einem eigenen Speicherbereich unterzubringen, der aus Sicherheitsgründen auch zweifach gespeichert werden kann. Das Betriebssystem MS-DOS verwendet diese Methode, wobei der Speicherbereich mit den Ketten auch noch dazu dient, um freie und fehlerhafte Blöcke zu markieren. Abb. 6.4 zeigt schematisch das Prinzip dieser Speicherverwaltung.

0	FFF7	4	7	0	FFF7	8	A	FFFF	B	FFFF
1	2	3	4	5	6	7	8	9	A	B

Abb. 6.4. Verkettung von Blöcken unter MS-DOS

MS-DOS legt auf jedem Datenträger eine Tabelle (File allocation table, FAT) an, in der die Verwendung jedes Blocks registriert wird. Der Index eines Eintrags in der Tabelle entspricht der Nummer des Blocks. Wenn der Block frei ist, so enthält der Eintrag eine Null. Schadhafte Blöcke sind durch den Tabelleneintrag $FFF7_{16}$ gekennzeichnet. Die Kette der Blöcke einer Datei beginnt im Dateiverzeichnis: Zum Namen der Datei ist dort die Nummer des ersten Datenblocks gespeichert. An der Stelle, die diesem Block entspricht, steht in der Tabelle die Nummer des nächsten Blocks. Der dem letzten Block entsprechende Eintrag enthält $FFFF_{16}$ als Zeichen für das Ende der Kette. Die Datei `PROG.EXE` besteht also aus den Blöcken 3, 4, 7, 8, A und B; `CONFIG.SYS` enthält nur den Block mit der Nummer 9. Die Größe einer Datei bestimmt also die Länge der Kette. Das begründet auch die Nachteile dieses Verfahrens: Jeder direkte Zugriff erfordert immer ein Durchlaufen der Kette vom Beginn an; und die Kette muß Datenblöcke auch dann enthalten, wenn sie nie mit Daten beschrieben wurden.

Diese Datenstruktur ist Rückgrat und Achillesferse der Speicherverwaltung. Ein Fehler in einem Eintrag würde zum Abreißen der Kette und zum Verlust des Restes der Datei führen. Der falsche Eintrag könnte an irgendeiner Stelle in die Kette einer anderen Datei führen, sodaß einige Datenblöcke gleichzeitig zu zwei Dateien gehören. Um derlei unangenehme Effekte möglichst zu vermeiden, wird die FAT auf jedem Datenträger zweimal aufgezeichnet.

Die Information in einer FAT reicht sogar dazu aus, gewisse Fehler beheben zu können. Die Menge der freien und schadhaften Blöcke zusammen mit der Menge der belegten Blöcke wird auf einem Datenträger, auf dem alles in Ordnung ist, immer die Menge aller Blöcke ergeben. Sind einige Blöcke nirgends eingeordnet, dann sind sie der Speicherverwaltung irgendwann einmal verlorengegangen; unter Umständen enthalten sie sogar noch brauchbare Daten. Eine vollständige Kette, zu der nur der Anfang fehlt — etwa nach der Zerstörung eines Dateiverzeichnisses —, kann vollkommen rekonstruiert werden. Ein MS-DOS-Dienstprogramm (**chkdsk**) führt eine entsprechende Analyse durch und kann aus verlorenen Ketten wieder Dateien machen. Auch das plötzliche Auftreten eines schadhaften Sektors in einer Datei führt noch nicht zum vollständigen Verlust. Das Dienstprogramm **recover** ist in der Lage, die Datei bis auf den schadhaften Sektor wiederherzustellen. Natürlich ist das nur bei bestimmten Datei-Inhalten sinnvoll: Ein Text läßt sich mit dem Editor wieder ergänzen, aber ein übersetztes Programm wird unbrauchbar.

Ein ganz anderes Verfahren entsteht, wenn ein Index der verwendeten Blöcke aufgebaut wird. Ein Index ist eine Datenstruktur, die mit Hilfe eines Suchbegriffs — in diesem Fall die Blocknummer — das Auffinden der entsprechenden Daten ermöglicht. Das Betriebssystem UNIX verwendet einen solchen Index, der in einem eigenen Speicherbereich, dem Indexblock (Index node, Inode), gespeichert wird. Neben dem Index sind im Indexblock auch der Eigentümer der Datei, Zugriffsberechtigungen und andere Attribute eingetragen. Da ein Indexblock eine feste Größe hat, kann nur eine beschränkte Anzahl von Blocknummern eingetragen werden. Weitere Blocknummern müssen indirekt adressiert werden, wie Abb. 6.5 zeigt.

Die ersten zehn Einträge im Indexblock zeigen direkt auf Datenblöcke. Da UNIX den Indexblock im Arbeitsspeicher hält, können diese Datenblöcke ohne zusätzliche Plattenzugriffe erreicht werden. Der elfte Eintrag zeigt auf einen Block, in dem Adressen weiterer Datenblöcke stehen. Reicht dieser Block nicht aus, so wird im zwölften Eintrag die Adresse eines Blocks gespeichert, der Adressen von Blöcken mit Adressen von Datenblöcken enthält. Der dreizehnte Eintrag führt nach dreifach indi-

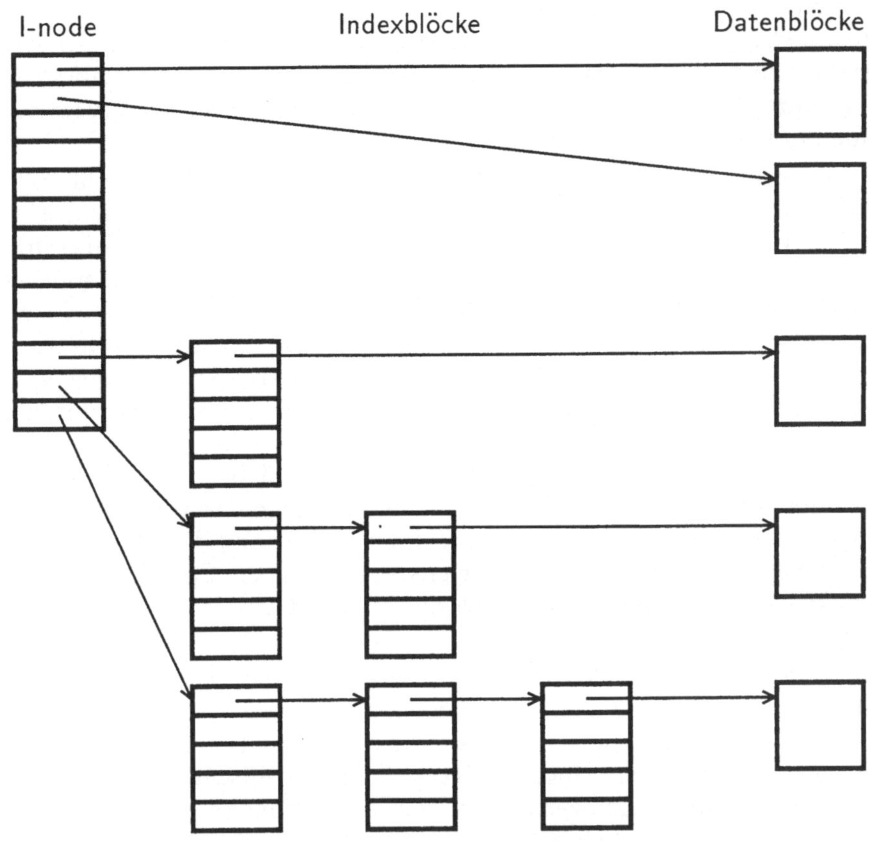

Abb. 6.5. Indexblöcke und Datenblöcke unter UNIX

rekter Adressierung zu den Daten. Bei einer Blockgröße von 1024 Bytes
kann auf Dateien bis zu 10 KByte ohne zusätzlichen Aufwand zugegriffen
werden. Größere Dateien erfordern ein bis drei zusätzliche Zugriffe, bis
die Daten erreicht werden. Die Effizienz des Verfahrens hängt offensichtlich von der durchschnittlichen Länge der Dateien in einem System ab.
Untersuchungen zeigen aber, daß ein großer Prozentsatz der Dateien so
klein ist, daß sie nur direkt adressierte Datenblöcke benötigen.

Da die Information der Speicherverwaltung nicht zentral gespeichert
wird, hat ein Fehler an einer Stelle nicht so dramatische Auswirkungen
wie in MS-DOS. Die Zerstörung eines Indexblocks führt zum Verlust einer einzigen Datei. Wenn durch Zerstörung eines Dateiverzeichnisses
der letzte Verweis auf einen Indexblock gelöscht wird, bleibt die Datei
intakt, kann aber nicht mehr gefunden werden. Auch bei dieser Methode ist die zur Verfügung stehende Information redundant, sodaß eine
„Erholung" einer beschädigten Speicherverwaltung möglich ist. Da UNIX

Blöcke aus Effizienzgründen nicht sofort aus dem Speicher auf die Magnetplatte schreibt, sind Fehler nach plötzlichem Ausschalten des Systems nicht ausgeschlossen. Ein Programm zur Untersuchung des Dateisystems wird daher routinemäßig nach dem Laden des Betriebssystems ausgeführt. Gefundene Dateien werden in einem eigenen Dateiverzeichnis namens /lost+found abgelegt.

Die bisher vorgestellten Verfahren nehmen keine Rücksicht auf die tatsächliche Anordnung der Blöcke einer Datei auf der Magnetplatte; jeder Block muß daher einzeln adressiert werden. Wenn Vergabeeinheiten nicht einzeln, sondern in zusammenhängenden Bereichen zugeteilt werden, genügt pro Bereich eine Adresse und die Länge. Hier erheben sich allerdings sofort die Fragen, wie groß diese Bereiche zu dimensionieren sind und wie viele vorzusehen sind. Manche Dateien werden angelegt und wachsen dann nicht mehr, andere Dateien dagegen müssen mit einem kontinuierlichen Wachstum über Jahre hinweg rechnen. Eine mögliche Strategie der Speicherzuteilung sieht so aus, daß bei jeder Erweiterung der Datei progressiv wachsende Bereiche vergeben werden, z.B. in den Längen 1, 2, 4 usw. Beim Abschluß der Bearbeitung der Datei kann der nicht belegte Teil des letzten Bereichs wieder an die Speicherverwaltung zurückgegeben werden (sofern sich das auszahlt).

Am flexibelsten sind Systeme, die einerseits die Vorgabe einer bestimmten Einheit für die Zuteilung zulassen, andererseits auf Wunsch eine Datei auch in möglichst wenigen zusammenhängenden Bereichen unterzubringen versuchen, wobei auch ein einziger Bereich gefordert werden kann. Ziel dieser Methode ist es, die Zugriffszeit zu den Blöcken einer Datei dadurch zu verkürzen, daß sie in möglichst wenigen Zylindern und der Reihe nach zu liegen kommen. Der freie Speicher auf der Platte muß allerdings so verwaltet werden, daß das Auffinden zusammenhängender Bereiche rasch möglich ist. Ein Betriebssystem, das diese Technik verwendet, ist VAX/VMS. Dort wird eine Datei durch einen File-Header beschrieben, in dem — ähnlich wie im Indexblock in UNIX — der Eigentümer, Zugriffsberechtigungen, die Zeitpunkte des Anlegens und des letzten Zugriffs und ähnliches eingetragen werden. Jeder zusammenhängende Bereich von Datenblöcken ist im File-Header eingetragen. Wenn die Datei in so viele Bereiche zersplittert ist, daß die Einträge eines Headers nicht ausreichen, dann wird ein zweiter Header zu dieser Datei angelegt, der Platz für weitere Bereichseinträge bietet.

Besonders vorteilhaft wirkt sich die zusammenhängende Lage einer Datei dann aus, wenn die ganze Datei — oder zumindest große Teile davon — auf einmal gelesen werden. Das kommt vor allem beim Laden von Programmen vor, aber auch wenn Texte von einem Editor zur Bearbeitung eingelesen werden. Auf Systemen, die Dateien nicht systematisch in zusammenhängenden Speicherbereichen unterzubringen versuchen, wird daher vorgeschlagen, von Zeit zu Zeit die Dateien auf der Magnetplatte umzuordnen, sodaß die Blöcke der einzelnen Dateien nicht mehr verstreut liegen. Ein einfacher Kopiervorgang ist dazu nur dann ausreichend, wenn gleichzeitig verlangt werden kann, daß die Kopie in einem einzigen Bereich anzulegen ist. Für MS-DOS gibt es daher spezielle Dienstprogramme, die die Magnetplatte entsprechend reorganisieren, wobei aber Sektoren der Magnetplatte zeitweise nur im Arbeitsspeicher gehalten werden; ein Stromausfall während dieser Reorganisation hat dann unweigerlich den Verlust sämtlicher Daten zur Folge!

6.2 Dateisysteme

Ein Dateisystem ist eine vom Betriebssystem verwaltete Datenstruktur auf der Magnetplatte, die das Auffinden von Dateien über einen Namen ermöglicht und Information zur Beschreibung der Attribute einer Datei enthält. Wichtigster Teil dieser Datenstruktur ist der *Katalog*, ein Verzeichnis aller Dateien. Alle Programme, die über Namen auf Plattendateien zugreifen, sind den damit zusammenhängenden Regeln unterworfen. Sogar Benutzer von Anwendungsprogrammen, die Funktionen des Betriebssystems nur indirekt benützen, werden mit diesen Regeln konfrontiert: Texte, Zeichnungen, Rechenblätter, Briefe — alles, was als Datei gespeichert wird, muß nach den Regeln des Betriebssystems benannt werden.

Dateinamen

In vielen Betriebssystemen (z.B. MS-DOS, OS/2, VAX/VMS, nicht aber in UNIX) besteht ein Dateiname aus zwei Feldern: dem Namen-Feld und dem Typ-Feld. Dahinter steckt die Idee, Inhalt und Verwandtschaft von Dateien am Namen kenntlich zu machen, und zwar in einer systematischen Form, die von allen Benutzern und dem Betriebssystem selbst einheitlich eingehalten wird. Das folgende Beispiel zeigt eine solche Gruppe von Dateien:

```
SCHACH.PAS      ein Pascal-Programm
SCHACH.OBJ      das übersetzte Objektprogramm
SCHACH.LIS      die bei der Übersetzung entstandene Liste
SCHACH.EXE      das gebundene, ausführbare Programm
```

Unter VAX/VMS wird das Einhalten dieser Regelung besonders leicht gemacht, da der Dateityp durch die Art der Verwendung impliziert wird, also nicht angegeben werden muß. Als Eingabe für den Pascal-Compiler wird eine .PAS-Datei erwartet, eine Datei, die gedruckt werden soll, hat den Typ .LIS usw. Der Benutzer kann diese Konventionen bei Bedarf durchbrechen, indem er den Typ explizit angibt.

Hilfreich für den Benutzer ist eine Unterstützung beim Speichern einer Reihe von Versionen einer Datei. Natürlich kann ein Benutzer auch ohne

Unterstützung durch das Betriebssystem mehrere Versionen einer Datei unter verschiedenen Namen speichern. Programme wie Editoren, die normalerweise eine neue Version erzeugen, können routinemäßig die Eingabedatei umbenennen, bevor sie die Ausgabedatei unter dem ursprünglichen Namen anlegen. So macht z.B. ein Editor unter MS-DOS aus der Eingabedatei SCHACH.PAS die Datei SCHACH.BAK, während der geänderte Text wieder auf eine Datei SCHACH.PAS geschrieben wird. Wenn zuvor schon eine Datei namens SCHACH.BAK existiert hatte, dann wird diese überschrieben. Damit ist nur ein geringes Maß an Sicherheit gegeben, da gerade weniger routinierten Benutzern sehr leicht der Fehler unterläuft, eine irrtümlich beschädigte Datei mit dem Editor zu betrachten: Wenn X.BAK die letzte korrekte Version enthält, dann geht ausgerechnet beim Zugriff auf X.PAS dieses X.BAK verloren...

Einfacher und sicherer ist es, wenn das Betriebssystem automatisch mehrere Versionen einer Datei verwaltet. Das geschieht unter VAX/VMS so, daß eine Versionsnummer als weiteres Feld eines Dateinamens geführt wird. Beim Anlegen einer völlig neuen Datei wird die Versionsnummer 1 vergeben. Wird eine Datei mit demselben Namen und Typ als Ausgabedatei eröffnet, so legt das Betriebssystem eine neue Datei mit einer Versionsnummer an, die um eins höher ist als die bisher höchste Versionsnummer. Zugegriffen wird automatisch immer auf die Version mit der höchsten Nummer. Mit expliziter Angabe einer Versionsnummer kann auch auf ältere Versionen zurückgegriffen werden. Nützlich ist auch die Angabe relativer Versionsnummern, wobei mit $0, -1, -2\ldots$ die Versionen in umgekehrter Reihenfolge von der letzten an bezeichnet werden. Dem uferlosen Ansammeln von Versionen einer Datei wird dadurch begegnet, daß eine maximale Anzahl für die Versionen einer Datei definiert wird. Wenn durch das Anlegen einer neuen Version das Maximum überschritten wird, löscht das System die Version mit der niedrigsten Nummer. Leider gibt es noch ein zweites Problem: Mehrfache Versionen werden für alle Arten von Dateien erzeugt, also auch für Objektprogramme, Listen und ähnliche Hilfsdateien. Hier bleibt es dem Benutzer überlassen, mit Hilfe geeigneter Befehle seine Datenbestände regelmäßig zu „entrümpeln".

In UNIX sind Dateinamen nicht strukturiert. Da der Punkt Bestandteil des Namens sein kann, ist es in UNIX üblich, den Namen mit einem Suffix zur Bezeichnung des Inhalts der Datei zu versehen, z.B. .c für ein C-Programm oder .txt für einen Text.

Der Punkt hat in UNIX übrigens eine ganz besondere Bedeutung, wenn er an erster Stelle des Namens eingesetzt wird: Eine solche Datei wird dem Benutzer beim Listen eines Dateiverzeichnisses nur auf ausdrücklichen Wunsch angezeigt. Mit dieser scheinbar paradoxen Einrichtung soll es dem Benutzer erspart bleiben, immer vorhandene Dateien jedesmal vorgeführt zu bekommen (was wohl seinerzeit, auf einem drukkenden Terminal, sehr ärgerlich war). Die Idee der „versteckten" Datei wurde auch in MS-DOS und OS/2 realisiert. Dort werden standardmäßig bestimmte Systemdateien mit diesem Attribut versehen, das die betreffende Datei für alle Befehle unsichtbar macht.

Die Notwendigkeit, jeder Datei einen Namen geben zu müssen, ist dann lästig, wenn es sich um eine sogenannte temporäre Datei handelt, die während der Ausführung eines Programms angelegt und wieder gelöscht wird. Der Name muß dabei vom Programm gewählt werden, und zwar unterschiedlich zu allen anderen Dateinamen. Auf Systemen, die hinreichend lange Dateinamen zulassen, wird der Name zusammengesetzt aus einer eindeutigen Prozeß-Identifikation und einer aus Datum und Uhrzeit gebildeten Zeichenkette. Die in UNIX gewählte Lösung sieht ein eigenes Dateiverzeichnis (/tmp) vor, in dem jeder Benutzer Dateien anlegen darf, wobei Kollisionen wieder mit Hilfe der Prozeß-Identifikation vermieden werden können. Vergessene Dateien in /tmp werden regelmäßig vom Systemadministrator gelöscht.

Der Katalog

Aus dem Verzeichnis der Dateien auf einem einzelnen Datenträger hat sich im Lauf der Zeit der Katalog entwickelt, ein Verzeichnis, in dem alle Dateien eines Systems eingetragen sind. Neben dem Wunsch nach mehr Sicherheit und Komfort beim Zugriff auf Dateien löste diesen Schritt vor allem die Automatisierung der Speichervergabe aus, wobei der Benutzer ja gar nicht mehr weiß, auf welchem Datenträger eine Datei angelegt wird.

Manche Betriebssysteme führen den Katalog als eine einzige, lange Liste, in der alle Dateien auf allen Datenträgern erfaßt sind. Das ist für den Benutzer auch dann unübersichtlich, wenn dieser nur seine eigenen Dateien betrachtet. Flexibler und übersichtlicher ist eine Katalog-Organisation, bei der jeder Benutzer zusätzliche Unter-Dateiverzeichnisse anlegen kann, die wie Dateien in das Dateiverzeichnis des Datenträgers eingetragen werden. Diese Unterverzeichnisse können ebenfalls neben Dateien weitere Unterverzeichnisse aufnehmen. Auf diese Weise entsteht eine Baumstruktur, deren Wurzel und Knoten Dateiverzeichnisse sind; den Blättern entsprechen Dateien.

Abb. 6.6 zeigt einen typischen Baum aus einem MS-DOS-System, der auf jedem Datenträger mit dem Wurzelverzeichnis \ beginnt. In diesem Dateiverzeichnis sind hier die Dateien COMMAND.COM, CONFIG.SYS und AUTOEXEC.BAT sowie die Verzeichnisse UTIL, BATCH und SCRATCH eingetragen. Die Wurzel des Baumes entsteht automatisch beim Formatieren des Datenträgers. Die Unterverzeichnisse legt sich der Benutzer mit dem Kommando **mkdir** selbst an, um Dateien ihrem Verwendungszweck und ihrer logischen Zusammengehörigkeit entsprechend gemeinsam speichern zu können.

Zur Bezeichnung einer Datei reicht der Name allein nicht mehr aus, da derselbe Name in verschiedenen Verzeichnissen verwendet werden kann. Dateien werden daher mit einem *Pfadnamen* (Path name) bezeichnet,

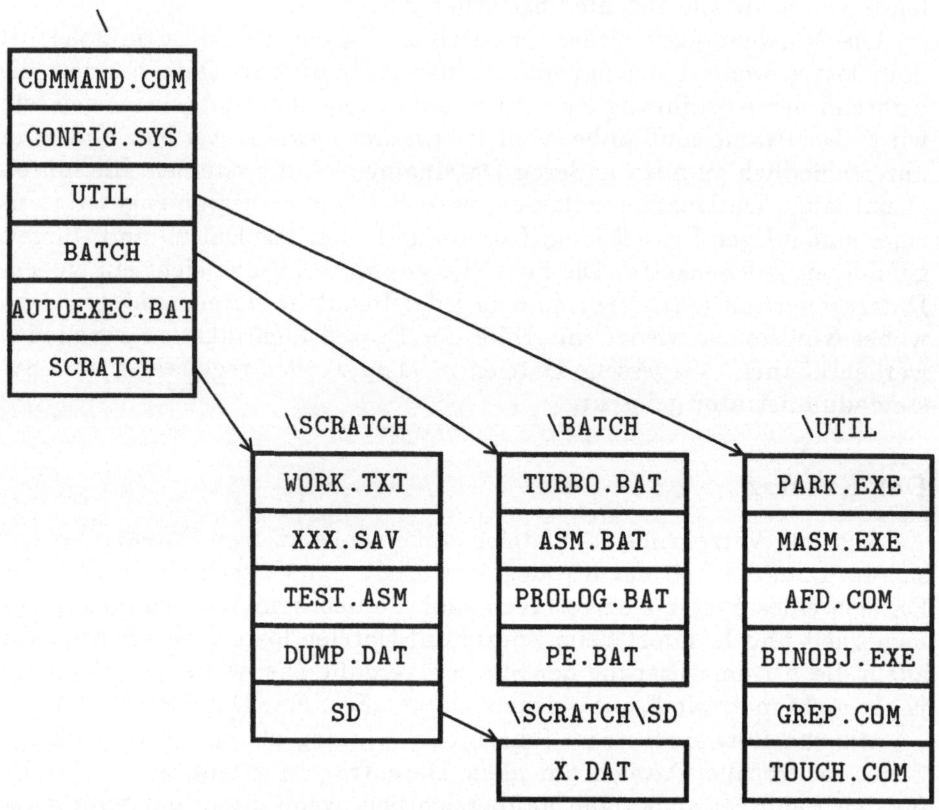

Abb. 6.6. Ein Verzeichnis-Baum in MS-DOS

der der Reihe nach die Namen aller Verzeichnisse enthält, die auf dem
Weg von der Wurzel zur Datei liegen. Den Abschluß bildet der Name der
Datei selbst. Diese Teile des Pfadnamens werden durch ein geeignetes
Sonderzeichen (in MS-DOS ist es \), das im Dateinamen selbst nicht
vorkommen kann, voneinander getrennt. Die Datei `X.DAT` wird also über
folgenden Pfadnamen erreicht:

`\SCRATCH\SD\X.DAT`

Ein Pfadname kann sowohl eine Datei als auch ein Dateiverzeichnis bezeichnen. Für das eigentlich namenlose Wurzelverzeichnis wird der Pfadname \ verwendet, der nur aus dem Trennzeichen besteht. Da durch
die Stelle, an der ein Pfadname verwendet wird, (fast) immer klar ist,
was der Pfadname bezeichnen soll, besteht kein Grund, unterschiedliche
Namen für Verzeichnisse und Dateien vergeben zu müssen. (Daß Dateiverzeichnisse in MS-DOS im Gegensatz zu Dateien Namen mit leerem
Typ-Feld erhalten, wird vom Betriebssystem nicht gefordert, sondern hilft

nur dem Benutzer, die Namen leichter auseinanderzuhalten. Ähnlich ist in VAX/VMS der Typ DIR für Verzeichnisse zwar allgemein üblich, aber nicht zwingend erforderlich.)

Da in MS-DOS jeder Datenträger ein Wurzeldateiverzeichnis bekommt, gibt es zunächst keinen Katalog für das gesamte System; jeder Datenträger muß mit dem Namen des Laufwerks angesprochen werden. Zum Aufbau eines einzigen Baums kann der Baum eines Datenträgers jedoch zeitweise in den Baum auf einem anderen Datenträger eingehängt werden:

```
C:\> mkdir fda
C:\> join a: c:\fda
```

Nach diesen beiden Befehlen ist der Katalog der Platte im Laufwerk A: zum Teilbaum C:\FDA geworden. Die Datei A:X.DAT ist jetzt mit der Bezeichnung C:\FDA\X.DAT ansprechbar.

Das Konzept des hierarchisch strukturierten Katalogs wurde vor allem durch UNIX populär. Dort ist ein Teil der Hierarchie durch die in Dienstprogrammen gemachten Annahmen fest vorgegeben, aber der Systemadministrator und die Benutzer können diesen Baum beliebig erweitern. Die folgende Tabelle zeigt einige Pfadnamen aus einem UNIX-System.

```
/                          root directory
    /bin                   Systemprogramme
    /etc                   verschiedene Dateien
        /etc/passwd        Liste der Benutzer
    /usr                   Benutzer-Verzeichnisse
        /usr/anton         Verzeichnis für Benutzer Anton
        /usr/anton/test.c  Antons Datei test.c
        /usr/anton/mail    Antons Unterverzeichnis mail
        /usr/berta         Verzeichnis für Benutzer Berta
```

In UNIX ist die Hierarchie der Verzeichnisse perfekt in einem einzigen Baum organisiert. Welche Datenträger es gibt und wo die einzelnen Dateien liegen, ist für den Benutzer nicht unmittelbar erkennbar. Nach dem Start eines UNIX-Systems sorgt eine vom Administrator des Systems zusammengestellte Folge von **mount**-Befehlen dafür, daß die auf den einzelnen Datenträgern liegenden Dateisysteme zu einer einzigen Hierarchie zusammengebaut werden.

(Dem aufmerksamen Leser wird nicht entgangen sein, daß in MS-DOS und UNIX unterschiedliche Schrägstriche als Trennzeichen zwischen den Namensteilen verwendet werden — sehr zur „Freude" jener Benutzer, die abwechselnd auf beiden Systemen arbeiten. Andere Betriebssysteme verwenden wieder andere Trennzeichen...)

Logische Datenträger

Ein *logischer Datenträger* (Logical volume) entsteht, wenn die Systemsoftware den auf einer Magnetplatte zur Verfügung stehenden Platz aufteilt und in jedem dieser Unterbereiche eine unabhängige Speicherverwaltung installiert. Das erscheint angesichts der Bemühungen, zu einer einzigen Hierarchie aller Dateiverzeichnisse zu kommen, geradezu paradox, aber es gibt eine Reihe guter Gründe für die Einrichtung logischer Datenträger.

So lassen sich beispielsweise die Magnetplatten der PCs in MS-DOS durch das Dienstprogramm **fdisk** in mehrere Unterbereiche (Partitions) aufteilen. Nur mit diesem Trick ist es möglich, Magnetplatten mit einer Kapazität von mehr als 32 MByte unter älteren Versionen von MS-DOS voll auszunützen. Die Unterbereiche einer PC-Platte können sogar verschiedenen Betriebssystemen zugeordnet werden. Zum Starten eines bestimmten Systems wird vom aktuellen System aus ein Unterbereich als „boot partition" ausgewählt; nach erneutem Start des Systems wird das gewünschte System geladen.

Eine andere Art der Unterteilung in logische Laufwerke kann mit dem Kommando **subst** von MS-DOS durchgeführt werden. Dabei wird ein beliebiges Verzeichnis einer Magnetplatte zum Wurzelverzeichnis eines virtuellen Laufwerks gemacht. So kann beispielsweise nach dem Kommando

```
C:\> subst z: \texte\buch
```

mit dem Befehl

```
C:\> dir z:
```

der Inhalt des Verzeichnisses \texte\buch gelistet werden.

Einen ganz anderen Zweck erfüllen logische Datenträger in Mehrbenutzer-Systemen. Wenn der freie Speicherplatz ohne Einschränkung allen Benutzern gleichermaßen zur Verfügung steht, dann kann ein einzelner Benutzer durch Belegen des gesamten freien Platzes die Arbeit im System lahmlegen. Das Betriebssystem könnte das Problem so lösen, daß dem einzelnen Benutzer ein bestimmtes Kontingent an Speicherplatz zur Verfügung gestellt wird, aber das erschwert einem Rechenzentrum die Verwaltung der Benutzer erheblich. Besser ist es, dieses Limit für eine Gruppe zusammengehöriger Benutzer festsetzen zu können, die sich die Aufteilung dieses Platzes untereinander ausmachen können. Das Problem, eine Gruppe von Benutzern auf einen bestimmten Bereich des zur Verfügung stehenden Massenspeichers einschränken zu können, wird so gelöst, daß ein logischer Datenträger der gewünschten Größe eingerichtet wird. Durch entsprechende Zugriffsrechte wird den Mitgliedern der Gruppe das Anlegen von Dateien nur in diesem Bereich gestattet.

Ein logischer Datenträger kann auch mehr als einen physischen Datenträger umfassen. Dadurch wird das Anlegen sehr großer Dateien ermöglicht, die mehr Platz benötigen, als auf einem einzigen physischen Datenträger zur Verfügung steht. Wenn die Vergabeeinheit für jeden logischen Datenträger individuell gewählt werden kann, sind mit diesem Konzept praktisch beliebig große Dateien realisierbar. Die in der Speicherverwaltung verwendete Adressierung muß dann allerdings zweistufig sein, um sowohl Datenträger als auch Vergabeeinheit enthalten zu können.

Inhalt eines Katalog-Eintrags

Auf den vorangehenden Seiten ist dargelegt worden, wie ein Betriebssystem mit Hilfe des Katalogs Ordnung und System in die Menge der Dateien bringt. Außer dem Namen und der Information, die zum Auffinden der Datenblöcke erforderlich ist, enthält ein Katalog-Eintrag noch weitere Felder. Ob eine bestimmte Information im Katalog eingetragen wird oder nicht, hat oft weitreichende Konsequenzen. Die folgende Übersicht soll vor allem zeigen, welche Möglichkeiten sich aufgrund der einzelnen Daten für das System oder den Benutzer ergeben.

- Dateigröße in Byte: Es gibt zwei gute Gründe, die Größe einer Datei genau im Katalog zu vermerken. Erstens wäre es wohl zu kostspielig, diese Information, die häufig gewünscht wird, aufgrund der Speicherbelegung zu errechnen. Zweitens ist es für das Betriebssystem selbst erforderlich, zu wissen, an welcher Stelle im letzten Block die Datei endet. Das Speichern eines Ende-Zeichens ist keine gute Lösung.

- Dateityp: Das Betriebssystem muß auf jeden Fall unterscheiden können, ob es sich um ein Dateiverzeichnis oder um eine gewöhnliche Datei handelt. Manche Betriebssysteme — so z.B. UNIX — kennen noch eine Reihe weiterer Dateitypen, die unbedingt im Katalog eingetragen werden müssen, weil sie nicht wie gewöhnliche Dateien verarbeitet werden können. Bei einer gewöhnlichen Datei kann zusätzlich registriert werden, mit welcher Organisationsform und mit welchem Satzformat sie angelegt wurde. Wenn ein Betriebssystem diese Information im Katalog einträgt, so kann es sicherstellen, daß auf eine Datei immer nur die richtigen Zugriffsfunktionen angewendet werden; Programme, die eine abweichende Organisationsform oder ein anderes Satzformat angeben, werden abgewiesen. Das bedeutet aber auch, daß das Betriebssystem eine ausreichende Auswahl an Organisationsformen und Satzformaten bereitstellen muß. MS-DOS, OS/2 und UNIX verlagern diese Problematik völlig aus dem Bereich des Betriebssystems.

- Datum und Uhrzeit der letzten Änderung: Ohne diese Information findet sich der Benutzer bald in der Rolle eines Archäologen wieder, der verzweifelt versucht, seine Fundstücke chronologisch einzuordnen. Das Erfassen des Zeitpunkts der letzten Änderung ist außerdem Grundlage für ein systematisches Sichern der Daten, bei dem nur die seit der letzten Sicherung veränderten Dateien und nicht der komplette Datenbestand erfaßt werden sollen. Auch in der Programmentwicklung eingesetzte Dienstprogramme (üblich ist der Programmname make) verwenden diese Information, um z.B. zu entscheiden, ob ein Objektprogramm auf dem neuesten Stand ist.

- Zeitpunkte des Anlegens, der letzten Sicherung, des letzten Zugriffs: Das Speichern weiterer, für das Schicksal einer Datei wichtiger Zeitpunkte erlaubt dem System noch bessere Unterstützung des Benutzers. Der Zeitpunkt des letzten Zugriffs wird gerne verwendet, um die Aktualität der Daten eines Benutzers zu überwachen. Seit Monaten oder gar Jahren nicht mehr benützte Dateien können so erkannt und gelöscht oder auf Magnetband ausgelagert werden.

- Eigentümer, Gruppe des Eigentümers: Diese Information ist für die Kontrolle der Zugriffsberechtigung wichtig. Außerdem wird der Eigentümer mit den Kosten für den belegten Speicherplatz belastet.

- Information zur Speicherbelegung: Wenn die Speicherverwaltung auf der Magnetplatte zusammenhängende Bereiche anlegt, ist außer der Netto-Größe der Datei in Bytes auch die Anzahl der belegten Blöcke interessant. Wenn eine größere Anzahl von Blöcken im letzten Bereich nicht benützt wird, so kann sich eine Verkleinerung dieses Bereichs auszahlen.

- Zugriffsberechtigung: In Einbenutzersystemen ist ein Schutz gegen irrtümliches Löschen wünschenswert. In Mehrbenutzer-Systemen ist es unbedingt erforderlich, daß Benutzer nur dann Dateien anderer Benutzer lesen, verändern oder löschen dürfen, wenn das vom Eigentümer erlaubt wird.

Listen und Abkürzungen

Bei vielen Kommandos ist es sinnvoll, mehrere Dateinamen auf einmal als Parameter nennen zu können. Üblicherweise sind die Programme, durch die Kommandos implementiert werden, auch so geschrieben, daß eine Liste von Dateinamen angegeben werden kann. Das folgende Beispiel zeigt ein Beispiel aus UNIX, bei dem 4 Dateien (text.1 bis text.4) mit dem interaktiven Programm more auf dem Terminal ausgegeben werden.

```
$ more text.1 text.2 text.3 text.4
```

Noch einfacher geht es, wenn die Dateinamen — so wie im obigen
Beispiel — einander ähnlich sind. Dann kann nämlich von *Kürzelzeichen*
(Wild card characters) Gebrauch gemacht werden. Dabei sind Sonder-
zeichen, die in Dateinamen nicht vorkommen können, mit besonderer
Bedeutung belegt. Besonders gut sind diese Kürzelzeichen in UNIX im-
plementiert, wo es die in Tabelle 6.1 dargestellten Möglichkeiten gibt.

Tabelle 6.1. *Kürzelzeichen in UNIX*

Zeichen	Bedeutung
*	null oder mehrere beliebige Zeichen
?	genau ein beliebiges Zeichen (nicht das Leerzeichen)
[ ]	genau eines der Zeichen in der Klammer, wobei Abkür-zungen wie a-z statt abc...z möglich sind

Mit einem * werden alle Dateinamen im aktuellen Verzeichnis bezeichnet; ein ? steht für alle Dateinamen der Länge eins. Das Kommando aus
dem letzten Beispiel kann daher einfacher so geschrieben werden:

```
$ more text.[1-4]
```

Tabelle 6.2 zeigt weitere Möglichkeiten für die Verwendung von Kürzelzeichen in UNIX.

Tabelle 6.2. *Kürzelzeichen und passende Dateinamen*

Name	mögliche Bedeutungen
A*	A, Aa, Ab,... Aaa, Aab,... A14.xyz,...
A	A, Aa, Ab,... aA, bA,... aAa, aAb,... aaA,... aaAaa,... BANANE,...
A*B	AB, AaB, AbB,... AaaB, AabB,... Ausgabe_B,...
?*	a, b,... aa, ab,... zzzzzz.old,...
???	aaa, aab, aac,... d13,...
A[a-c]	Aa, Ab, Ac

Kürzelzeichen helfen, sind aber auch nicht ohne Tücken. Sehr leicht
kann es geschehen, daß von einer nicht sorgfältig genug geschriebenen
Bezeichnung eine Datei erfaßt wird, die nicht gemeint ist. Besonders bei
Kommandos, die zum Löschen oder Überschreiben von Dateien führen,
ist Vorsicht geboten.

Benutzer von MS-DOS können ebenfalls die Kürzelzeichen * und ? verwenden. Dabei ist aber zu berücksichtigen, daß die beiden Felder des Dateinamens unabhängig voneinander angegeben werden und die Kürzelzeichen nur für Zeichenfolgen innerhalb der Namensteile eingesetzt werden können. Außerdem läßt sich * nur einmal pro Feld einsetzen; die Bezeichnung A*B.OBJ wird daher (ohne Warnung) für Dateinamen A.OBJ, AA.OBJ usw. angewendet. Das Zeichen ? erfaßt auch das Leerzeichen, sodaß z.B. mit ??? alle Namen gemeint sind, die nicht länger als drei Zeichen sind.

Nicht ohne Bedeutung für den Anwender ist die Methode, mit der Kürzelzeichen in Dateinamen umgesetzt werden. In MS-DOS wird die Zeichenkette unverändert dem Programm übergeben, das dann mit Hilfe der Systemaufrufe „Find First File" und „Find Next File" alle passenden Namen aus dem Dateiverzeichnis findet. Damit sind die möglichen Kürzelzeichen und ihre Bedeutung fest im Betriebssystem verankert. Ganz anders ist die Situation in UNIX, wo der Kommando-Interpreter (die „Shell") die Expansion der Kürzelzeichen übernimmt. Das Betriebssystem ermöglicht lediglich sequentiellen Zugriff auf alle Einträge in einem Dateiverzeichnis. Die Shell wählt alle passenden Einträge aus, sortiert sie und bildet daraus eine Liste von Dateinamen, die für die weitere Bearbeitung der Kommandozeile an der Stelle eingesetzt wird, an der ursprünglich der Name mit den Kürzelzeichen stand. Das bedeutet, daß Kürzelzeichen völlig unabhängig vom Betriebssystemkern sind. Es hat aber auch zur Folge, daß die Expansion unabhängig von der Stelle der Verwendung ist und als Ergebnis nur existierende Dateinamen liefern kann. Was das für den Benutzer bedeutet, soll an einem Beispiel demonstriert werden. Das Kommando

```
C:\> copy datei1 datei2
```

in MS-DOS kopiert eine oder mehrere Dateien. Wenn Kürzelzeichen im ersten Parameter angegeben werden, kopiert **copy** mehrere Dateien, wobei das Ergebnis vom zweiten Parameter abhängt: Ist das ein Verzeichnis, werden Dateien einzeln in das Verzeichnis kopiert und behalten ihre Namen; ist der zweite Parameter ein Dateiname ohne Kürzelzeichen, so werden die Quell-Dateien zu einer einzigen Ziel-Datei verkettet, die mit dem Namen des zweiten Parameters bezeichnet wird. Wenn der zweite Parameter aber Kürzel enthält, dann werden wieder einzelne Dateien kopiert, wobei versucht wird, zu jedem Namen, der aus dem ersten Parameter stammt, einen Namen aus dem zweiten Parameter zu bilden: Wo der zweite Parameter Kürzelzeichen enthält, wird der entsprechende Teil des ersten Namens eingesetzt.

```
C:\TEXTE\TEST> dir
  ...
AAAA      YYY        21   12-15-88    6:23p
```

```
XXXX        YYY         46  12-15-88     6:24p
    ...
C:\TEXTE\TEST> copy *.yyy ???.zzz
AAAA.YYY
XXXX.YYY
        2 File(s) copied

C:\TEXTE\TEST> dir
    ...
AAAA        YYY         21  12-15-88     6:23p
XXXX        YYY         46  12-15-88     6:24p
AAA         ZZZ         21  12-15-88     6:23p
XXX         ZZZ         46  12-15-88     6:24p
    ...
```

Ein entsprechendes Kommando kann in UNIX gar nicht ohne weiteres geschrieben werden, da ja Kürzelzeichen nur zu bereits existierenden Namen expandiert werden können.

Vorsicht ist auch dann angebracht, wenn eine bei einem Kommando neu entstehende Datei durch einen Parameter mit einem Kürzelzeichen erfaßt wird: Die gewünschte Ausgabedatei wird dann unerwartet zu einer der Eingabedateien! Das folgende Beispiel zeigt ein unvorsichtiges **copy**-Kommando:

```
C:\TEXTE\TEST> copy *.* alle
AAAA.YYY
XXXX.YYY
ALLE
Content of destination lost before copy
Content of destination lost before copy
        1 File(s) copied
```

Zunächst wird die Datei `alle` angelegt, danach beginnt die Suche nach Eingabedateien, wobei auch schon die neue Datei gefunden wird.

6.3 Das Arbeiten mit Dateiverzeichnissen

Dateiverzeichnisse sind ein wirksames Hilfsmittel, um Ordnung und Übersicht in den eigenen Dateien zu bewahren. Für die angemessene Planung der Verzeichnisse und die passende Aufteilung der Dateien muß jeder Benutzer selbst sorgen. Das Betriebssystem stellt eine Reihe von Kommandos und Hilfsmittel zur Verfügung, die den Umgang mit Dateiverzeichnissen erleichtern. Die damit verbundenen Konzepte sind in allen Betriebssystemen mit hierarchischer Struktur in Dateiverzeichnissen ziemlich ähnlich.

Das aktuelle Dateiverzeichnis

Pfadnamen von Dateien sind naturgemäß ziemlich lang und es wäre
doch recht umständlich, müßte immer diese vollständige Bezeichnung angegeben werden. Auf allen Betriebssystemen mit hierarchischen Dateiverzeichnissen gibt es daher das Konzept des *aktuellen Verzeichnisses*
(Current directory, Working directory). Ein Benutzer kann mit einem
Kommando — in UNIX und MS-DOS ist es **cd** (Change directory) —
ein beliebiges Verzeichnis zum aktuellen Verzeichnis machen. Ein weiteres
Kommando (UNIX: **pwd**) zeigt den Namen des aktuellen Verzeichnisses
an, z.B.:

```
$ cd /usr/laun/student
$ pwd
/usr/laun/student
```

Danach können Dateien in diesem Verzeichnis einfach mit ihrem Namen
angesprochen werden. Das Betriebssystem stellt jedem Namen, der nicht
mit der Wurzel des Verzeichnis-Baumes beginnt, den Pfadnamen des aktuellen Verzeichnisses voran. Sinnvollerweise beziehen sich außerdem einige Kommandos auf das aktuelle Dateiverzeichnis, wenn kein anderer
Parameter angegeben wird. Der Inhalt des aktuellen Dateiverzeichnisses
wird in UNIX daher einfach mit folgendem Kommando angezeigt:

```
$ ls
anna       boris      christa    dieter     erika
franz      gerda      heinz      ida
```

Diese Abkürzung ist nicht nur für Dateien wirksam, die in diesem Verzeichnis selbst eingetragen sind, sondern auch für den gesamten Teilbaum,
dessen Wurzel das aktuelle Verzeichnis ist. Das folgende Kommando
greift auf eine Datei aus einem Unterverzeichnis des aktuellen Verzeichnisses zu:

```
$ vi anna/bsp1.c  # = vi /usr/laun/student/anna/bsp1.c
```

(Der auf # folgende Teil einer Kommandozeile ist Kommentar.)

Auf Betriebssystemen mit parallel laufenden Prozessen wird jedem Prozeß ein aktuelles Dateiverzeichnis zugeordnet. Diese selbstverständlich anmutende Tatsache führt besonders bei Neulingen auf
UNIX-Systemen immer wieder zu Erstaunen, weil es ihnen nicht gelingt, mit Hilfe einer Kommandoprozedur das aktuelle Dateiverzeichnis
zu wechseln, z.B.:

```
$ cat cdtest
#
# Wechsel des aktuellen Verzeichnisses
#
```

```
pwd                      # urspruengliches Verzeichnis
cd /usr/neuling/test
pwd                      # neues Verzeichnis
ls
$ cdtest  ##### Fehler beim Aufruf #####
/usr/neuling
/usr/neuling/test
proga.c    a.out       abtlg.dat
$ pwd
/usr/neuling
```

Bei der Ausführung ist anscheinend alles in Ordnung, denn der Inhalt des gewünschten Verzeichnisses wird aufgelistet. Nach dem Ende der Prozedur ist jedoch das aktuelle Verzeichnis wieder auf dem ursprünglichen Stand. Was ist geschehen? Die Erklärung ist darin zu suchen, daß die Ausführung der Kommandoprozedur im Rahmen eines eigenen Prozesses geschieht. Dieser Prozeß ändert mit Erfolg sein aktuelles Verzeichnis, aber der ursprüngliche Prozeß behält sein aktuelles Verzeichnis. Mit einer anderen Form des Aufrufs erfüllt die Prozedur jedoch ihre Aufgabe.

```
$ . cdtest               # richtiger Aufruf
/usr/neuling
/usr/neuling/test
proga.c    a.out       abtlg.dat
$ pwd
/usr/neuling/test
```

Das Kommando . (Punkt) weist den Kommando-Interpreter an, weitere Befehle von der angegebenen Datei zu lesen, ohne dafür einen eigenen Prozeß zu starten. Wird das Ende der Datei erreicht, können weitere Kommandos wieder über das Terminal eingegeben werden.

Unter MS-DOS gibt es keine parallel laufenden Prozesse, die individuelle aktuelle Verzeichnisse erfordern würden. Dennoch gibt es mehr als ein aktuelles Verzeichnis: Die Dateiverzeichnisse eines Datenträgers bilden jeweils einen eigenen Teilbaum, und daher hat dort jedes Laufwerk ein aktuelles Dateiverzeichnis. Zusätzlich wird vom Betriebssystem ein Laufwerk als *aktuelles Laufwerk* registriert. Wird nur ein Laufwerk explizit angegeben, ist das aktuelle Dateiverzeichnis auf diesem Laufwerk gemeint. Außerdem kann ein vollständiger Pfadname ohne Laufwerk oder ein Laufwerk mit einem relativen Pfadnamen angegeben werden — was fehlt, wird vom Betriebssystem ergänzt. Die folgenden Zeilen zeigen, wie das aktuelle Verzeichnis auf verschiedenen Laufwerken mit Hilfe des Kommandos **cd** ausgegeben werden kann.

```
D:\TEXTE> cd a:
A:\MICHL
```

```
D:\TEXTE> cd c:
C:\BATCH
```

Das aktuelle Laufwerk wechselt der Benutzer einfach durch Eingabe einer
Laufwerksbezeichnung:

```
D:\TEXTE> c:
C:\BATCH>
```

Nur zu leicht verliert man bei mehreren Laufwerken die Übersicht über
die aktuellen Verzeichnisse. Hilfreich ist es daher, das aktuelle Dateiverzeichnis in der Eingabeaufforderung des Kommandoprozessors angezeigt
zu bekommen. Diese kann sich der Benutzer mit Hilfe des Kommandos
prompt nach Wunsch selbst definieren.

Das Heim-Verzeichnis

Auf Mehrbenutzer-Systemen wird für jeden Benutzer beim Registrieren im System standardmäßig ein neues Dateiverzeichnis eingerichtet,
das ihm gehört und in dem er alle Rechte besitzt. Nach dem Login ist
dieses *Heim-Verzeichnis* (Home directory) das aktuelle Verzeichnis. In
andere Dateiverzeichnisse kann ein Benutzer nur dann schreiben, wenn
ihm das vom Eigentümer ausdrücklich erlaubt wird. Das hat naturgemäß
zur Folge, daß ein Benutzer Dateien und alle weiteren Dateiverzeichnisse
in diesem Heim-Verzeichnis und in Unterverzeichnissen davon anlegt und
sich so seinen eigenen Teilbaum der Verzeichnis-Hierarchie erzeugt, dessen Wurzel das Heim-Verzeichnis bildet.

Suchpfad

Beim Arbeiten in einer Hierarchie von Dateiverzeichnissen ist häufig
auch der Zugriff auf Dateien außerhalb des aktuellen Verzeichnisses erforderlich. Zwar kann dazu immer der volle Pfadname angegeben werden,
aber es wäre lästig, würde sich das allzu oft als notwendig herausstellen.
Das Nennen der Bezeichnung einer Datei ist aber immer dann erforderlich, wenn ein Programm ausgeführt werden soll. Das kommt recht oft
vor, da auch die meisten Kommandos des Betriebssystems die Ausführung
eines Programms erfordern. (Nur die sogenannten internen Kommandos
werden vom Kommando-Interpreter selbst erledigt.) Da die Datei mit
dem gewünschten Programm nur in seltenen Fällen im aktuellen Dateiverzeichnis eingetragen ist, wäre also häufig ein Programmaufruf in der
im folgenden Beispiel gezeigten Form erforderlich:

```
D:\TEXTE> c:\util\progx glossar.txt
```

Dem Benutzer wird dies durch das Konzept des *Suchpfades* (Search path) erspart. Ein Suchpfad ist eine geordnete Liste von Dateiverzeichnissen. Wenn der Kommando-Interpreter erkennt, daß ein Programm auszuführen ist, und nur der Name der Programmdatei (ohne Dateiverzeichnis) angegeben wird, so versucht er, die angegebene Datei zuerst im aktuellen Verzeichnis und dann der Reihe nach in den Verzeichnissen des Suchpfades zu finden.

In den Betriebssystemen MS-DOS, OS/2 und UNIX ist der Suchpfad eine vom Kommando-Interpreter zur Verfügung gestellte Einrichtung. Der Benutzer kann sich den Suchpfad selbst definieren, z.B. in MS-DOS mit dem Kommando **path**:

```
C:\> path c:\system;c:\util;c:\batch
```

Abkürzungen für Dateiverzeichnisse

Die Kürzelzeichen, die in Dateinamen eingesetzt werden können, sind auch in Namen von Verzeichnissen und damit in Pfadnamen anwendbar. Ausgenommen ist immer das Trennzeichen zwischen aufeinanderfolgenden Teilen des Pfads; der Name

```
/usr/*/bin
```

bezeichnet daher Einträge bin in allen Unterverzeichnissen von /usr, aber nicht in Unter-Unterverzeichnissen. Die Dienstprogramme von MS-DOS verstehen derartige Bezeichnungen leider nicht. Hier zeigt sich deutlich der Vorteil der UNIX-Methode, die Expansion an einer Stelle durchzuführen und alle anderen Programme von dieser lästigen Aufgabe zu befreien.

Andere Abkürzungen dienen der einfachen Bezeichnung des aktuellen Verzeichnisses und des Verzeichnisses, in dem das aktuelle Verzeichnis eingetragen ist. Diese Bezeichnungen (. und ..) sind in MS-DOS, OS/2 und UNIX in jedem Verzeichnis vorhanden und können deswegen auch an beliebiger Stelle in Pfadnamen eingebaut werden. Ein Pfadname kann somit auch ein paar Stufen zur Wurzel zurückgehen, um dann in einen anderen Zweig des Baums zu führen. Tabelle 6.3 zeigt Beispiele aus einem UNIX-System.

Im Betriebssystem VAX/VMS ist der Teil des Namens, der die Dateiverzeichnisse benennt, in eckige Klammern einzuschließen; ein Punkt trennt aufeinanderfolgende Verzeichnisnamen. Schreibt man jedoch drei unmittelbar aufeinanderfolgende Punkte, so ist das eine Abkürzung für „alle Dateiverzeichnisse im unterhalb gelegenen Teilbaum". Weitere Namensteile können wieder explizit angegeben werden, wie es Tabelle 6.4 zeigt.

Tabelle 6.3. *Kürzelzeichen für Dateiverzeichnisse in UNIX*

Name	Bedeutung
.	das aktuelle Verzeichnis
./*	alle Einträge in Unterverzeichnissen des aktuellen Verzeichnisses
../*	alle „Brüder" des aktuellen Verzeichnisses, d.h. alle Einträge in dem Verzeichnis, in dem das aktuelle Verzeichnis eingetragen ist
../../*/*	alle „Vettern" des aktuellen Verzeichnisses

Tabelle 6.4. *Kürzelzeichen für Dateiverzeichnisse in VAX/VMS*

Name	Bedeutung
[maier...text]	alle Dateiverzeichnisse namens `text` unterhalb von [maier]
[...]*.pas	alle Dateien mit dem Typ .pas in allen Verzeichnissen unterhalb des aktuellen Verzeichnisses

Bearbeitung eines Verzeichnis-Baums

Mit dem Kürzel [...] in VAX/VMS wird ein Problem im Zusammenhang mit Dateiverzeichnissen gelöst, nämlich die Anwendung eines Kommandos auf einen ganzen Teilbaum der Dateiverzeichnisse. Das ist gar nicht so selten, denn schon die Frage „Wo ist eine Datei x.y?" führt zu genau dieser Aufgabe.

In UNIX wird die Lösung dieser Aufgabe den einzelnen Kommandos überlassen, die fallweise eine eigene Option vorsehen, um das Kommando rekursiv auf einen Teilbaum anwendbar zu machen. Das hat leider auch zu inkonsequenten Aufrufen geführt, z.B.

```
$ ls -R     # alle Verzeichnisse unter . listen
$ rm -r     # alle Verzeichniseintraege unter . loeschen
```

Zusätzlich gibt es noch das Kommando **find**, das einen Baum durchläuft und mit jedem Eintrag eine beliebige Folge von Tests und Kommandos durchführen kann. Typisch ist folgender Aufruf von **find**, mit dem die Namen aller Dateien ausgegeben werden, die mehr als 100 Blöcke belegen und länger als 30 Tage nicht verwendet wurden:

```
$ find . -type f -size +100 -atime +30 -print
```

Wenn es — wie in MS-DOS — solche Werkzeuge nicht gibt oder keines
der vorhandenen Hilfsmittel ausreicht, wird dem Benutzer wohl nichts
anderes übrigbleiben, als diese selbst zu programmieren. Die folgende
Pascal-Prozedur zeigt, daß das (zumindest unter MS-DOS) nicht besonders schwer ist. (Die Unterprogramme FindFirst und FindNext aus
der Bibliothek von Turbo-Pascal verbergen nur unwesentliche technische
Details.)

```
{ MS-DOS 3.x, Turbo-Pascal }
uses DOS;

procedure ScanDir (path: string);
var
   sr: SearchRec        { vordefinierter Typ zum Zugriff }
                        { auf Dateiverzeichnisse          }
                        { = record                        }
                        {    ...                          }
                        {    attr: byte;                  }
                        {    time: longint;               }
                        {    size: longint;               }
                        {    name: string[12] end };      }
begin
   { Suche den ersten Eintrag im Verzeichnis "path".    }
   { Dabei sind auch Verzeichnisse zu beruecksichtigen }
   FindFirst (path+'\*.*',Directory,sr);

   { DosError = 0 ... noch ein Eintrag vorhanden }
   while DosError = 0 do begin
     if sr.name[1] <> '.' then
        { Es handelt sich nicht um . oder .. }
        if (sr.Attr and Directory) <> 0 then
           { Es ist ein Unter-Verzeichnis. }
           ScanDir (path+'\'+sr.name+'\')
        else
           { Es ist eine Datei. }
           ProcessFile (path+'\'+sr.name);

     { Suche den naechsten passenden Eintrag. }
     FindNext (sr);
     end;

end { ScanDir };
```

Die Prozedur ruft FindFirst auf, um den ersten Eintrag im angegebenen
Verzeichnis (Parameter path) zu erhalten, wobei auch Unterverzeichnisse
gefunden werden sollen. In der While-Anweisung wird zunächst geprüft,

ob nicht einer der Einträge . oder .. vorliegt, die natürlich nicht weiterverfolgt werden dürfen. Bei einem Dateiverzeichnis wird dann die Prozedur `ScanDir` mit entsprechend verlängertem Pfadnamen aufgerufen, während eine gefundene Datei beliebig verarbeitet wird (`ProcessFile`). Ein Aufruf von `FindNext` liefert den nächsten passenden Eintrag. Die globale Variable `DosError` enthält den Rückmelde-Code des letzten Systemaufrufs, wobei 0 einen fehlerfreien Aufruf anzeigt.

Kopieren und Verketten

Der Unterschied zwischen einer Datei und einem Dateiverzeichnis ist in manchen Betriebssystemen nicht am Namen erkennbar. Das verwirrt Neulinge, und manchmal führt diese Verwirrung zum Verlust von Daten, vor allem beim Kopieren von Dateien. Die Autoren der Dienstprogramme für das Kopieren sind offensichtlich der Meinung, daß sowohl das Kopieren einzelner Dateien als auch das Verketten mehrerer Dateien zu einer einzigen Datei mit demselben Programm möglich sein muß, wobei die Art der durchgeführten Operation auf subtile Weise von den angegebenen Parametern abhängt. Tabelle 6.5 zeigt, welche Kombinationen von Parametern beim Kommando **copy** von MS-DOS zu Kopieren oder Verketten führt.

Tabelle 6.5. *Wirkung von* **copy** *in MS-DOS*

Parameter		Wirkung
Quelle	Ziel	
Datei	Name/Datei	Kopieren
Dateien	Name/Datei	Verketten
Dateien	Name mit Kürzel	Kopieren
Datei(en)	Verzeichnis	Kopieren
Verzeichnis	Name/Datei	Verketten
Verzeichnis	Verzeichnis	Kopieren

Wenn als Ziel ein Name ohne Kürzel angegeben wird, so ist das Ziel eine Datei, sofern dieses Ziel nicht existiert oder eine existierende Datei bezeichnet. Besteht die Ziel-Datei bereits, wird sie auf vielen Betriebssystemen ohne Warnung oder Rückfrage überschrieben. (Unter VAX/VMS wird man gegen solche Verluste dadurch geschützt, daß eine neue Version der Ziel-Datei angelegt wird, wodurch die ursprüngliche Datei noch erhalten bleibt.)

Ein Verzeichnis wird im allgemeinen nicht automatisch angelegt. Wenn das Ziel ein Verzeichnis ist, erhalten die Kopien denselben Namen wie im ursprünglichen Verzeichnis; existieren dort bereits gleichnamige Dateien, so werden sie (wieder sehr oft ohne Warnung) überschrieben.

Wird als Quelle eine Gruppe von Dateien angegeben, dann ist besondere Vorsicht geboten: Es hängt dann vom Ziel ab, ob verkettet oder einzeln kopiert wird. Einen besonderen Fall stellt dabei ein Ziel dar, das als Pfadname mit Kürzelzeichen im letzten Teil angegeben ist. (Wie an anderer Stelle ausgeführt wurde, ist das in UNIX nicht möglich.) Dabei werden Dateien einzeln kopiert und erhalten neue Namen, die aus einer Kombination des Ziel-Namens mit dem jeweiligen Quell-Namen gebildet werden. Hier kann es zu Fehlern kommen, wenn mehrere Quell-Namen den gleichen Ziel-Namen ergeben, z.B. bei folgendem MS-DOS-Kommando:

```
C:\> copy  *.*  \x\*.sav
```

Existieren etwa zwei Dateien mit gleichem Namensfeld (`A.PAS`, `A.OBJ`), so wird zu beiden derselbe Name (`A.SAV`) gebildet. Das führt — manchmal unbemerkt vom nichts Böses ahnenden Benutzer — dazu, daß beim Kopieren der zweiten Datei die erste überschrieben wird.

Gelegentlich ist auch das Kopieren eines Dateiverzeichnisses mit allen Dateien und Unter-Verzeichnissen erforderlich, wofür ein eigenes Dienstprogramm zur Verfügung stehen sollte. Vor der Verwendung ist es ratsam, sich zu vergewissern, ob das Quell-Verzeichnis als Unterverzeichnis in das Ziel-Verzeichnis kopiert oder alle Einträge des Quell-Verzeichnisses einzeln in das Ziel-Verzeichnis gebracht werden. Ein gutes Kriterium für die Qualität der Dienstprogramme eines Betriebssystems ist der (mit Vorsicht ausgeführte) Versuch, ein Verzeichnis mit allen Unterverzeichnissen in ein Unterverzeichnis dieses Teilbaums zu kopieren. Im schlimmsten Fall führt das zu einer (theoretisch) unendlichen Rekursion, weil der schon kopierte Teilbaum beim Lesen erreicht und dann erneut in eine tiefere Ebene der Verzeichnis-Hierarchie kopiert wird. Das unglückliche Ende dieser Operation wird erreicht, wenn der freie Platz auf der Magnetplatte aufgebraucht ist oder eine Grenze wie z.B. die maximale Länge von Pfadnamen überschritten wird. Eine bessere Reaktion wäre eine Fehlermeldung, aber mit etwas Umsicht beim Entwurf des Programms ist auch eine erfolgreiche Ausführung möglich: Das Ziel-Verzeichnis wird zuerst an einer neutralen Stelle neu angelegt und erst nach dem Abschluß des Kopierens durch Umbenennen an der richtigen Stelle „eingehängt".

6.4 Decknamen und logische Namen

Decknamen dienen im täglichen Leben dem Verheimlichen einer Identität. Das wird in Betriebssystemen sicher nicht angestrebt, aber diese Bezeichnung trifft den Kern der Sache am besten: Decknamen und logische Namen sind nämlich neue Namen für bereits existierende Objekte im System, die von Benutzern zusätzlich zu den ursprünglichen Namen angelegt und verwendet werden können. Es gibt keine einhellige Auffassung unter den Betriebssystem-Designern, welcher der möglichen Mechanismen den Vorzug verdient; dementsprechend unterschiedlich fallen die Implementierungen aus.

Decknamen

Ein *Deckname* (Alias) wird dann eingesetzt, wenn ein Objekt im Dateisystem nicht nur mit seinem ursprünglichen Namen angesprochen werden soll. Benutzer können eigene Namen für vorhandene Dateien und Dateiverzeichnisse verwenden, um alte Gewohnheiten beizubehalten oder um Abkürzungen für unhandlich lange Namen zu schaffen. Decknamen sind mit dem Dateisystem verbunden und gelten nach ihrer Definition für alle Prozesse in gleicher Weise.

Sehr konsequent sind Decknamen in UNIX implementiert. Ein „Link" ist ein Eintrag in einem Dateiverzeichnis, der einen Namen mit einer Datei in Verbindung setzt. Eine Datei kann beliebig viele Links haben und somit mit unterschiedlichen Pfadnamen — auch von verschiedenen Dateiverzeichnissen aus — erreicht werden (Abb. 6.7). Alle Links sind

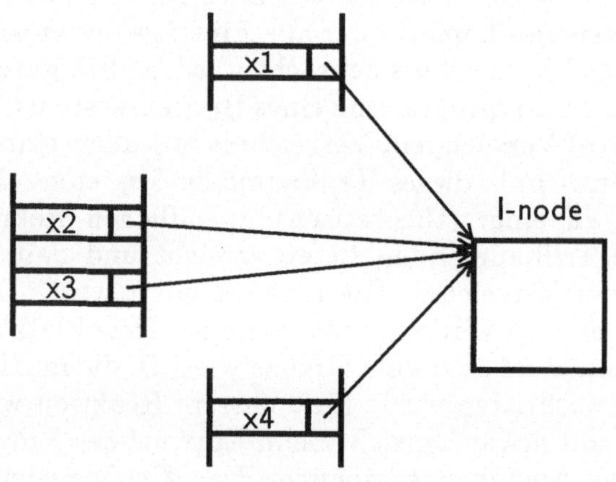

Abb. 6.7. Links in UNIX

gleichberechtigt; die Reihenfolge, in der sie angelegt und entfernt werden, spielt keine Rolle. Ein Zähler bei der Datei registriert die vorhandene Anzahl der Links. Eine Datei wird dann gelöscht, wenn es keine Links zu der Datei mehr gibt.

Mit Links lassen sich mitunter überraschende Effekte erzielen, was auch dadurch ermöglicht wird, daß ein C-Programm den Namen derjenigen Datei als Parameter übergeben bekommt, von der es geladen wurde. Nützt das Programm diese Information aus, so kann es sich je nach dem für den Aufruf verwendeten Link unterschiedlich verhalten. Davon wird z.B. in XENIX Gebrauch gemacht, wo das Programm ls über sechs verschiedene Links im Verzeichnis /bin aufgerufen werden kann. Wird zum Beispiel lc verwendet, dann verhält sich das Programm wie bei einem Aufruf mit ls -C, l bedeutet ls -lgo, usw.

Das an sich sehr einfache Konzept der Links bringt einige Probleme mit sich. Erstens sind mehrfache Links auf Dateiverzeichnisse nicht möglich, da damit die Baumstruktur der Verzeichnisse durcheinandergebracht würde: Ein Verzeichnis könnte in verschiedenen Teilbäumen vorkommen oder sogar — ein geradezu paradoxer Zustand — sein eigenes Unterverzeichnis sein. Das zweite Problem hängt mit der Verrechnung von Speicherplatz auf Magnetplatte zusammen. Da der Eigentümer im Indexblock eingetragen ist, werden ihm auch dann noch die Kosten für den belegten Speicherplatz verrechnet, wenn er alle seine Links auf die Datei längst gelöscht hat, solange noch mindestens ein anderer Benutzer ein Link auf die Datei in irgendeinem Verzeichnis hat. Ein drittes Problem entsteht dadurch, daß Links nicht von einem Datenträger auf einen anderen führen können, da ja ein Link durch die Nummer des Indexblocks dargestellt wird, und diese Nummer ist nur innerhalb eines Datenträgers eindeutig.

In UNIX sind zur Lösung dieser Probleme *symbolische Links* vorgeschlagen worden. Symbolische Links bilden eine eigene Kategorie von Objekten im Datei-System. Jedem symbolischen Link ist ein Wert zugeordnet: ein Pfadname, der auf ein beliebiges Objekt im Datei-System zeigt. Führt ein Pfadname auf ein symbolisches Link, so ersetzt das System den Pfadnamen durch den Wert des symbolischen Links und versucht, auf dieses Objekt zuzugreifen. Da dieses wieder ein symbolisches Link sein kann, muß dieser Vorgang möglicherweise mehrmals hintereinander durchgeführt werden, bis ein echtes Objekt erreicht wird.

Aber auch symbolische Links sind nicht ohne Nachteile. Zunächst sieht man einem symbolischen Link nicht an, auf welche Art von Objekt es zeigt. Der einem symbolischen Link entsprechende Pfadname kann sogar ein nicht existierendes Objekt benennen, was bei echten Links ausgeschlossen ist. Außerdem läßt sich mit symbolischen Links ein Teufelskreis konstruieren, indem in einer Folge von aufeinander verweisenden Links das letzte symbolische Link auf das erste Link gesetzt wird. Durch ein Limit bei der Anzahl der Link-Ersetzungen werden die Auswirkungen dieser Fälle vermieden. Symbolische Links sind aufwendiger im Zugriff, da zunächst der Wert des symbolischen Links aus dem Indexblock gelesen werden muß.

Links und symbolischen Links gemeinsam ist das Problem, daß bei Programmen, die Gruppen von Dateien bearbeiten sollen, gegebenenfalls darauf geachtet werden muß, Dateien, die über verschiedene Links erreichbar sind, nicht mehrfach zu verwenden. Werden etwa alle Dateien eines Verzeichnisses samt allen Unterverzeichnissen kopiert, dann sollten Dateien, auf die mehrere Links verweisen, dabei nicht vervielfältigt

werden. Eine mögliche Lösung dieses Problems besteht darin, von allen
bearbeiteten Dateien die Nummer des Indexblocks zu speichern. Da diese
Größe (innerhalb eines Datenträgers) eindeutig ist, kann durch Vergleich
dieser Nummern die mehrfache Bearbeitung von Dateien vermieden werden.

Logische Namen

Anders als symbolische Links funktionieren *logische Namen* (Logical
name), wie sie z.B. in VAX/VMS implementiert sind. Logische Namen
lassen sich sowohl für das ganze System als auch individuell für Benutzer
oder sogar für einzelne Prozesse definieren, und sie werden getrennt vom
Datei-System in eigenen Tabellen (Logical name tables) aufbewahrt. Ein
logischer Name erhält durch ein Kommando (**assign** oder **define**) einen
Wert zugewiesen. Dieser Wert in Form einer Zeichenkette kann ein beliebiges Objekt im System bezeichnen: Datei, Dateiverzeichnis, Gerät
usw. Mit Hilfe von logischen Namen werden in erster Linie einfachere
Bezeichnungen für solche Objekte geschaffen. Gleichzeitig verbergen logische Namen die ursprünglichen Bezeichnungen, da die Ersetzung des
logischen Namens transparent für den Benutzer erfolgt. Das hilft ganz
wesentlich bei der einheitlichen Gestaltung der Namen in einem System,
unabhängig von der konkreten Konfiguration.

Logische Namen lassen sich auch vorteilhaft in Programmen einsetzen. Wird nämlich der Zugriff auf eine Datei über die Verwendung eines
logischen Namens programmiert, so wird das Programm flexibler: Ohne
Änderung kann dasselbe Programm bei wiederholten Ausführungen auf
unterschiedliche Objekte zugreifen, wofür lediglich eine Neudefinition des
logischen Namens erforderlich ist.

Auch die Benützung verschiedener gleichzeitig im System installierter Versionen eines Programms kann mit logischen Namen vereinfacht
werden, indem die Programme jeder Version jeweils in einem eigenen
Verzeichnis abgelegt werden; ein bestimmter logischer Name dient zum
Zugriff auf die gewünschte Version. So können z.B. zwei Versionen eines
Pascal-Systems in den Verzeichnissen mit den (logischen) Namen PASOLD
und PASNEW liegen. Der Aufruf eines Programms davon erfolgt immer
über einen weiteren logischen Namen, etwa PASEXE. Normalerweise führt
dieser Name auf die aktuelle Version PASNEW, kann aber bei Bedarf auf das
andere Verzeichnis umgelegt werden, wodurch ohne weitere Änderungen
in Programmen die ältere Version verwendet wird.

Wie das vorangehende Beispiel zeigt, kann ein logischer Name auch zu
einem anderen logischen Namen führen. Das bedeutet, daß die Ersetzung
eines logischen Namens durch seinen Wert iterativ ausgeführt werden
muß. Die in VAX/VMS verwendete Regel lautet: Solange der Anfangsteil
einer Objekt-Bezeichnung ein logischer Name ist, wird er durch seinen
Wert ersetzt. Auch hier sind Zyklen konstruierbar, sodaß die Anzahl der

Schritte bei der Übersetzung beschränkt werden muß.

6.5 Datei-Organisation und Satzformat

Nicht alle Betriebssysteme folgen der Philosophie von UNIX oder MS-DOS, Dateien als eine nicht weiter strukturierte Folge von Bytes anzusehen. Besonders in der „klassischen" kommerziellen EDV haben sich Betriebssysteme bewährt, die verschiedene Datei-Organisationen zur Verfügung stellen und auch unterschiedliche Formate für die Sätze selbst anbieten.

Die Entwicklung der verschiedenen Organisationen und Satzformate ist unter anderem durch die Anforderungen der Programmiersprache CO-BOL geprägt worden, die die Organisationen „sequential", „direct" und „indexed" verlangt. Neben Organisationsformen für Dateien mit fixen Datensätzen hat sich zum Speichern von Texten ein eigenes Format entwickelt, das durch sequentielle Organisation mit variabler Satzlänge geprägt ist.

Betriebssysteme ohne Datei-Organisationsformen

In den Betriebssystemen MS-DOS oder UNIX können Dateien sequentiell gelesen und geschrieben werden; außerdem ist das Positionieren auf ein bestimmtes Byte möglich. Zugriffe, die vom Inhalt der Daten abhängen, werden nicht unterstützt, und ebensowenig registriert das Betriebssystem bestimmte Satzformate für eine Datei.

Diese Vorgangsweise besticht durch ihre Einfachheit. Für den Programmierer, der auf einem solchen System eine höhere Programmiersprache wie COBOL verwendet, ergibt sich daraus kein Nachteil, weil ja bei der Implementierung der Programmiersprache die fehlenden Organisationsformen dazugebaut werden. Problematisch wird es erst dann, wenn Software verschiedener Hersteller zum Zugriff auf dieselben Daten verwendet werden soll: Die Organisationsformen in den Produkten der einzelnen Hersteller sind im allgemeinen nicht kompatibel.

Die Verwendung von Dateien mit besonderer Organisation erübrigt sich weitgehend, wenn eine Applikation auf der Basis eines Datenbanksystems entwickelt wird. Ein Datenbanksystem bietet nämlich gewöhnlich eine Schnittstelle in Form von Zugriffsroutinen an, die von Hochsprachen aus aufgerufen werden können. Zusätzlich erforderliche Hilfsdateien sind im allgemeinen sequentiell organisiert. Die zunehmende Verbreitung von Datenbank-Systemen ist sicherlich ein Grund dafür, daß das Vorhandensein raffinierter Organisationsformen nicht unbedingt Voraussetzung für den kommerziellen Erfolg eines Systems ist.

Für einfache Aufgaben mit kleinen Datenmengen erscheint der Einsatz eines Datenbanksystems zu aufwendig. Hier bietet UNIX eine Lösung an, die für solche Probleme und auch zur Entwicklung von Prototypen hervorragend geeignet ist. In UNIX gehen nämlich einige Kommandos von der Einteilung der Zeilen einer Textdatei in *Felder* aus. Die Sätze und Felder können variabel lang sein, da die Felder durch ein vom Benutzer bestimmbares Sonderzeichen voneinander getrennt werden. Die wesentlichen Kommandos, die mit dieser „Organisationsform" arbeiten, sind:

- **sort**: Die Sätze einer Datei werden aufgrund einer Reihe von Sortierbegriffen geordnet, wobei ein einzelner Sortierbegriff ein Feld oder ein Teil davon ist. Der Inhalt eines Feldes kann als Zeichenkette oder als Zahl interpretiert werden.

- **awk**: Mit awk können beliebige Texte verarbeitet werden, insbesondere solche mit Feldeinteilung. Die Art der Verarbeitung wird durch ein (interpretiertes) Programm bestimmt. Typische Anwendungen sind die Auswahl bestimmter Sätze, das Eliminieren oder Umordnen von Spalten, Berechnungen mit Feldern in ausgewählten oder allen Sätzen, das Hinzufügen weiterer Felder in allen Zeilen und das Aufteilen einer Eingabedatei in mehrere Ausgabedateien.

- **join**: Aus zwei nach dem gleichen Sortierbegriff geordneten Dateien wird eine Ausgabedatei erzeugt, wobei alle möglichen Kombinationen aus Sätzen mit demselben Schlüsselwert gebildet werden.

- **uniq**: Von aufeinanderfolgenden Sätzen mit gleichem Inhalt in einem oder mehreren Feldern wird nur einer in die Ausgabe weitergeleitet.

Diese wenigen Kommandos bilden die Basis für die oben angedeutete Technik zur Lösung von Aufgaben mit kleinen Datenmengen. Das folgende Beispiel zeigt eine typische Anwendung: Mit Hilfe einer Kundendatei soll festgestellt werden, in welchen Orten (gegeben durch die Postleitzahl) Kunden wohnen. Die Kundendatei hat folgenden Aufbau, wobei ':' als Trennzeichen zwischen den Feldern dient:

```
Kunden-Nr. : Name : PLZ : Ort : ...
```

Die Lösung geschieht in drei Schritten, wobei zuerst die Spalte mit der Postleitzahl ausgewählt wird; danach wird sortiert und abschließend erfolgt die Elimination der Wiederholungen.

```
awk '{ print $3 }' kunden.dat | sort | uniq >PLZ.dat
```

Integrierte Datei-Organisationsformen

Die Integration von Datei-Organisationsformen im Betriebssystem bringt zwei Vorteile mit sich. Erstens sind die zur Implementierung einer Organisationsform erforderlichen Routinen für alle im System vorhandenen Programmiersprachen identisch; der Zugriff auf Datenbestände wird damit unabhängig von der gewählten Sprache. Zweitens kann die Beschreibung der Organisation mit allen dazugehörenden Parametern im Katalog oder bei der Datei selbst abgelegt werden. Das verhindert vor allem die Anwendung falscher Zugriffsroutinen auf eine Datei, was beim Lesen zu fehlerhaften Ergebnissen und beim Verändern einer Datei sogar zur Zerstörung des Datenbestandes führen kann. Beim Zugriff zu einer existierenden Datei wird diese Information verwendet, um automatisch die erforderlichen Zugriffsroutinen auszuwählen und die dabei erforderlichen Parameter wie z.B. die Satzlänge festzulegen. Dienstprogramme, z.B. zum unformatierten Ausgeben des Inhalts einer Datei („Dump"), können sich ebenfalls an dieser Information orientieren.

Die am häufigsten verfügbaren Organisationsformen sind:

- Sequentielle Organisation. Die Sätze der Datei werden hintereinander in der Reihenfolge ihrer Entstehung gespeichert. Diese Reihenfolge muß auch später beim Lesen der Datei eingehalten werden. — Daten, auf die nur sequentieller Zugriff erforderlich ist, werden so am effizientesten gespeichert.

- Relative Organisation. Die Sätze werden mit Angabe einer Satznummer geschrieben und gelesen. Der Zugriff ist wahlfrei möglich, das heißt, daß Sätze in beliebiger Reihenfolge gelesen und geschrieben werden können. — Diese Art des Zugriffs wird dadurch ermöglicht, daß die Sätze in Abschnitten gleicher Länge gespeichert werden, deren jeweilige Anfangsadresse relativ zum Beginn der Datei sich leicht ausrechnen läßt.

- Indexsequentielle Organisation. Ein Teil des Satzinhaltes (der Schlüssel) soll zum Auffinden des Satzes dienen; die Sätze sollen aber auch jederzeit sofort in der Sortierreihenfolge dieses Schlüssels verarbeitet werden können. Mit den Werten der Schlüssel wird ein sortierter Schlüsselbaum, der *Index*, erzeugt. Mit dessen Hilfe ist sowohl der wahlfreie Zugriff als auch ein sequentielles Weitergehen von einem Satz zum nächsten in der Ordnung der Schlüsselwerte möglich. Zu einer Datei können auch zusätzliche Indizes angelegt werden. — Zwar ist diese Organisationsform aufgrund der zahlreichen Möglichkeiten vielseitig einsetzbar, aber dafür muß in Kauf genommen werden, daß indexsequentielle Dateien je nach der Anzahl der Indizes zusätzlichen Speicherplatz benötigen und auch mehr Plattenzugriffe erforderlich machen.

Die Wahl der Organisationsform ergibt sich aus den Anforderungen der Programme, die auf die Datei zugreifen. Das ist aber der Schwachpunkt der Vorgangsweise: Verlagern sich (z.B. durch das Hinzukommen neuer Programme) die Anforderungen, muß oft die Organisation der Datei geändert werden. Dabei ist das Umwandeln der Datei noch die geringste Arbeit, weil dafür gewöhnlich Dienstprogramme zur Verfügung stehen. Keine Hilfe gibt es jedoch bei der Umstellung der alten Programme selbst.

Die Organisationsformen können zum Teil mit diversen *Satzformaten* kombiniert werden. Unterschiedliche Satzformate entstehen aus dem Wunsch, die Sätze einer Datei möglichst effizient speichern zu können. Fixe Satzlänge wird dann eingesetzt, wenn die Sätze konstanten Aufbau haben; sie ist auch dann erforderlich, wenn auf die Sätze direkt aufgrund der Satznummer zugegriffen werden soll (relative Organisation). Eine fixe, ausreichend groß gewählte Satzlänge wäre im Prinzip immer einsetzbar, führt aber bei variabel langen Satzinhalten zu erheblicher Platzverschwendung. Im Gegenteil, auch in Dateien mit identisch strukturierten Sätzen bemüht man sich, durch *Komprimierung* der Daten Platz zu sparen, was auch hier zu variabel langen Speicherstücken führt. Bei der Implementierung von Sätzen variabler Länge werden entweder Längenfelder oder Begrenzer verwendet. Ein Längenfeld kann entweder vor oder vor und nach dem Satz stehen (Abb. 6.8).

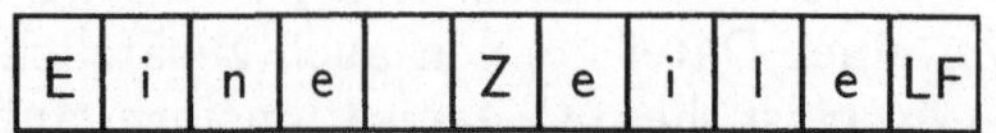

Abb. 6.8. Variabel lange Sätze mit Längenfeld an beiden Enden

Das Längenfeld am Ende des Satzes ermöglicht das Lesen in umgekehrter Richtung und kann auch zur Konsistenzprüfung dienen. Als Begrenzer werden Steuerzeichen verwendet, also solche Zeichen des Zeichensatzes, die als Inhalte von Textdateien nicht in Frage kommen. (Dateien mit variabel langen Sätzen und beliebigem binären Inhalt sind dann ausgeschlossen.) In UNIX wird das ASCII-Zeichen LF (Line feed) als Begrenzer eingesetzt (Abb. 6.9).

Abb. 6.9. Variabel lange Sätze mit Begrenzer-Zeichen

Weitere Satzformate sind entstanden, weil es wichtig schien, jede in höheren Programmiersprachen vorkommende Satzform optimal auf eine entsprechende Struktur des Betriebssystems abbilden zu können. Typisch dafür ist das in Abb. 6.10 dargestellte Format, das sich auf eine

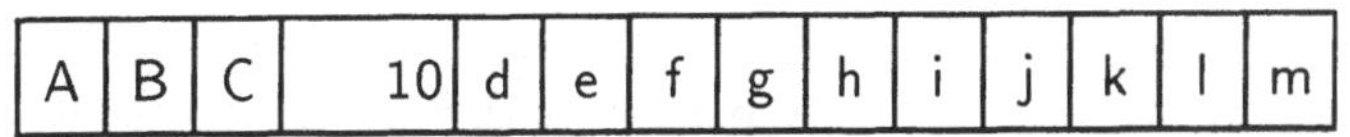

Abb. 6.10. Variabel lange Sätze mit Länge als Teil des Satzes

bestimmte Form einer COBOL-Struktur zurückführen läßt. Ein Satz
dieses Satzformats besteht aus einem fixen Teil, einer Längenangabe und
einem variablen Teil; das Längenfeld ist dabei Bestandteil des Satzes. Die
Länge des fixen Teils ist ein Parameter der Satzform.

6.6 Bibliotheken

Relativ oft wird es notwendig, eine Reihe von Datenbeständen gesammelt zur gemeinsamen Benützung bereitzuhalten, z.B. die nach der
getrennten Übersetzung einzelner Unterprogramme anfallenden Objektprogramme. Ein eigenes Dateiverzeichnis ist dafür prinzipiell geeignet,
bringt aber Nachteile mit sich: Auf jeden einzelnen der Datenbestände
müßte als eigene Datei zugegriffen werden, was bei vielen kleinen Dateien
doch einige Zeit kostet. Auch der Speicherplatz wird durch viele kleine
Dateien wegen des Verschnitts im letzten Block nicht gut ausgenützt. Aus
diesen Gründen werden *Bibliotheken* eingesetzt. Das sind strukturierte
Dateien, wobei jede Einheit (oder „Buch") einen eigenen Datenbestand
ähnlich einer sequentiellen Datei darstellt. Mit Hilfe eines entsprechenden Dienstprogramms kann eine Datei als Buch gespeichert und ein Buch
aus der Bibliothek kopiert werden. Weitere elementare Funktionen sind
das Anlegen einer Bibliothek, das Listen des Inhaltsverzeichnisses, sowie
Ersetzen und Löschen einzelner Bücher. Wo Objektprogramme in Bibliotheken gespeichert werden, greift auch der *Binder* darauf zu, um ein
übersetztes Programm mit Unterprogrammen zu vervollständigen.

6.7 Datensicherheit

Wie zuverlässig ist ein Computersystem bei der Aufzeichnung von Daten? Wie gut schützt es vor Verlust von Daten? Die Antwort auf diese
Fragen ist für den Benutzer von entscheidender Bedeutung. Eines muß
von vornherein klargestellt werden: Ohne aktive Mitarbeit des Benutzers ist kein System sicher; der vielzitierte „Blitz aus heiterem Himmel"
kann auch fehlertolerante Systeme so treffen, daß kein Bit übrig bleibt.
Die Organisation im Rahmen des Betriebs eines Rechenzentrums muß re-
gelmäßige Aktionen zur Datensicherung durch Kopieren auf auslagerbare
Datenträger vornehmen, die dann an sicherer Stelle aufbewahrt werden,
und auch der Benutzer eines PCs wird entsprechende Maßnahmen ergrei-

fen, wenn ihm seine Daten lieb sind.

Nichtsdestoweniger kann ein Betriebssystem erheblich dazu beitragen, die Sicherheit im laufenden Betrieb zu gewährleisten. Es sind ja nicht so sehr die Katastrophen, sondern die häufig vorkommenden kleinen Widrigkeiten des Alltags, die zum Verlust von Daten führen: der Stromausfall, die schlechte Stelle auf der Magnetplatte oder die irrtümlich gelöschte Datei...

Das Sichern von Dateien einer Magnetplatte hilft dann nicht, wenn bereits vorher Unstimmigkeiten auf dem Datenträger aufgetreten sind. Fehler dieser Art können aber durch eine Analyse der Information der Speicherverwaltung auf der Magnetplatte erkannt und teilweise sogar behoben werden.

Konsistenzprüfungen

Konsistenzprüfungen der Dateiverwaltung sind deswegen möglich, weil die Information der Speicherverwaltung redundant ist. Ein Prüfprogramm kann daher folgendermaßen vorgehen:

- Alle Dateien einer Magnetplatte werden untersucht, wobei jeder darin enthaltene Block als „belegt" registriert wird. Dabei kann festgestellt werden, ob ein Datenblock in mehr als einer Datei vorkommt; zumindest eine der Dateien ist dann inkonsistent. Eine Kopie des mehrfach verwendeten Blocks kann in die zweite Datei eingefügt werden. Es obliegt dem Benutzer, zu entscheiden, welche Datei noch brauchbar ist.

- Alle freien Blöcke werden untersucht; diese Blöcke dürfen nicht schon in einer der Dateien vorgekommen sein und auch nicht mehrfach als „frei" registriert sein. (Das ist theoretisch immer dann möglich, wenn freie Blöcke in einem Index registriert sind.)

- Nach den ersten beiden Schritten muß jeder Block irgendwo vorgekommen sein, sonst ist er der Speicherverwaltung irgendwann einmal verlorengegangen. Solche Blöcke können zu Dateien zusammengefaßt oder einfach in die Freispeicherliste eingefügt werden.

Eine Prüfung nach diesem Algorithmus entdeckt inkonsistente Zustände in der Speicherverwaltung. Andere Prüfungen sind erforderlich, um Fehler in der Struktur der Dateiverzeichnisse und Link-Verbindungen entdecken zu können. In UNIX sind dabei folgende Schritte durchzuführen:

- Alle Dateiverzeichnisse werden aufgesucht; dabei wird gezählt, wie oft jeder Indexblock über Einträge in den Verzeichnissen erreicht wird.

- Nach Abschluß des Durchlaufs werden die Zähler mit den tatsächlichen Werten in den Indexblöcken verglichen. Ist der gezählte Wert ungleich dem eingetragenen Wert, so wird der Wert im Indexblock korrigiert.

Wenn die Links zwischen Dateiverzeichnissen diese nicht baumartig verbinden, kann das ebenfalls zu Problemen führen, auch wenn die Anzahl der Links richtig ist. Dagegen hilft eine Prüfung nach folgendem Algorithmus:

- Der Link-Zähler eines Dateiverzeichnisses muß um eins größer sein als die Anzahl der eingetragenen Dateiverzeichnisse, wobei das Verzeichnis selbst (.) mitzählt, das übergeordneten Verzeichnis (..) jedoch nicht.

- Das zu .. eingetragene Link muß auf den Vater des untersuchten Verzeichnisses zeigen. (Ausnahme: Wurzelverzeichnis.)

- Der Algorithmus ist rekursiv auf alle Unterverzeichnisse anzuwenden.

Datensicherung

Sichern der Daten durch Kopieren auf andere Datenträger (Backup) ist die wichtigste Methode zum Schutz vor Datenverlusten. Am einfachsten ist das Kopieren ganzer Magnetplatten auf identische Datenträger, was aber voraussetzt, daß entsprechende Laufwerke mit auswechselbaren Datenträgern im System zur Verfügung stehen, um eine exakte Kopie des Originals herstellen zu können. Ein solcher Kopiervorgang ist besonders schnell, da ganze Zylinder ohne Armbewegung gelesen und geschrieben werden; allerdings werden auch nicht belegte Blöcke kopiert. Während des Kopierens muß das Original selbstverständlich gegen Schreiben geschützt werden, da sonst auf der Kopie ein inkonsistenter Zustand erzeugt wird. Eine Kopie des gesamten Datenträgers kann auch auf ein anderes Medium (Magnetband) aufgezeichnet werden, indem Block für Block gelesen und geschrieben wird. Dieses Verfahren ist ebenfalls schnell, hat aber einen Nachteil: Gezieltes Wiederherstellen einzelner Dateien von einer solchen Kopie ist nicht möglich. Die Wiederherstellung kann nur so durchgeführt werden, daß das ursprüngliche Original zunächst einmal komplett rekonstruiert wird; erst danach kann auf die gewünschten Dateien zugegriffen werden. Auf Systemen ohne auswechselbare Platten ist das Verfahren schon deshalb nicht möglich, weil für die Rekonstruktion keine Magnetplatte freigemacht werden kann.

Bei anderen Verfahren werden daher Dateien einzeln auf dem Backup-Medium aufgezeichnet; man spricht vom „logischen Sichern" im Gegensatz zum vorher beschriebenen „physischen Sichern". Dateien von kleinen Magnetplatten können auf Disketten gerettet werden, bei größerer Kapazität kommen aber nur mehr Magnetbänder in Frage.

Bei großen Magnetplatten mit einigen hundert Megabytes ist sogar das Kopieren auf Magnetband umständlich und zeitaufwendig. Da nicht jeden Tag alle Dateien auf einer Magnetplatte geändert werden, liegt es nahe, jeweils nur die Dateien zu retten, die sich seit dem letzten Sicherungslauf geändert haben oder neu hinzugekommen sind (inkrementelle Sicherung). In größeren Abständen — vielleicht einmal pro Woche — wird eine komplette Sicherung aller Daten durchgeführt. Um das Verfahren implementieren zu können, muß bei jeder Datei das Datum der letzten Sicherung vermerkt werden. Eine andere Methode besteht darin, vom System ein Bit mit der Bedeutung „Datei neu oder verändert" verwalten zu lassen, das bei Zugriffen auf die Datei vom System gesetzt und vom Archivierungsprogramm wieder gelöscht wird. Das geschieht z.B. in MS-DOS, wo das folgende **backup**-Kommando aufgrund der Option /m nur diejenigen Dateien der Magnetplatte C: kopiert, die seit dem letzten Sicherungslauf verändert oder angelegt wurden:

```
C:\> backup c:\ a: /m /s
```

(Der Schalter /s bringt **backup** dazu, auch alle Unterverzeichnisse zu retten.) Da MS-DOS bei der Datei auch das Datum der letzten Änderung einträgt, ist auch eine Sicherung derjenigen Dateien möglich, die seit einem bestimmten Zeitpunkt verändert wurden:

```
C:\> backup c:\ a: /d:12-31-88 /s
```

Der Nachteil beim inkrementellen Sichern liegt darin, daß das Wiederherstellen einer verlorengegangenen Datei nicht so einfach wie bei einer kompletten Sicherung ist. Inkrementelle Sicherungen müssen in umgekehrter chronologischer Reihenfolge nach der gewünschten Datei durchforscht werden, bis diese gefunden werden kann.

Die Auswahl von Dateien beim Sichern kann nicht nur vom Datum der letzten Veränderung abhängen. Andere Kriterien sind: Teile des Dateinamens, Eigentümer oder Gruppe des Eigentümers und Datum des letzten Zugriffs. Ein Sichern aufgrund des Datums des letzten Zugriffs wird oft mit dem Löschen der betroffenen Dateien verbunden, um lange nicht mehr benötigte Dateien auszulagern.

Das Sichern von Dateien kann im allgemeinen nicht einfach durch Kopieren der gewünschten Dateien erfolgen. Beim Kopieren von der Magnetplatte auf Magnetband geht nämlich Information aus dem Katalog-Eintrag der Datei verloren. Für das Wiederherstellen ist aber diese Information in zweifacher Hinsicht wichtig: Einerseits kann die Datei nur mit Hilfe dieser Information gefunden werden; andererseits ist sie erforderlich, um auch den ursprünglichen Katalog-Eintrag wiederherstellen zu können. Kopieren geht auch dann nicht, wenn eine Datei-Organisation bei der Implementierung absolute Block-Adressen verwendet. Das Kopieren einer Datei auf Diskette mißlingt, wenn die Kapazität einer Diskette nicht ausreicht. Backup-Programme dagegen können auch die Information aus dem Katalog retten und große Dateien auf mehrere Datenträger aufteilen.

Sofortiges Schreiben

Ein Programm, das einen Satz auf eine Datei schreibt, kann im allgemeinen nicht davon ausgehen, daß die Daten nach korrektem Abschluß des Ausgabebefehls auch tatsächlich auf der Magnetplatte aufgezeichnet wurden. Der Grund dafür liegt darin, daß die Sätze einer Datei vom Betriebssystem zunächst zu Blöcken zusammengefaßt werden, ein kompletter Block aber erst zu einem späteren Zeitpunkt geschrieben wird. Das kann beim Erzeugen einer sequentiellen Datei nach dem Vollwerden eines Blocks geschehen oder — wenn das Betriebssystem versucht, Plattenzugriffe zu optimieren — sogar noch später. Aus der Sicht eines Programms bedeutet das übrigens, daß eine Reihe von Ausgabebefehlen zunächst fehlerfrei ausgeführt werden kann, obwohl dann das tatsächliche Schreiben mißlingt.

Eine vernünftige Lösung erfordert Unterstützung durch das Betriebssystem: Ein Attribut mit der Bedeutung „sofortiges Schreiben", das beim Eröffnen der Datei gewählt werden kann, zeigt dem Betriebssystem an, daß ein Block sofort nach jeder Veränderung wirklich auf die Magnetplatte übertragen werden muß.

Atomare Schreiboperationen

Nicht immer ist das erfolgreiche Gelingen des Schreibens eines einzelnen Blocks Garantie für korrekte Aufzeichnung. Komplexe Formen der Dateiorganisation erfordern in der Regel das korrekte Schreiben einer Reihe von Blöcken, um eine einzige logische Veränderung herbeizuführen. Besonders schwerwiegend ist das Problem bei Dateien mit Indexbäumen oder Verkettungen der Datenblöcke, da hier ein Fehler im Index oder in einem Kettfeld gewöhnlich dazu führt, daß sich die Daten regulär nicht mehr lesen lassen. Wenn in einer solchen Datei eine Veränderung nicht vollständig und korrekt durchgeführt werden kann, muß zumindest der alte Zustand wiederherstellbar sein. Diese Forderung führt dazu, daß Schreiboperationen auf einer Reihe von Blöcken als „atomar" — also unteilbar — anzusehen sind.

Atomares Schreiben kann dadurch erreicht werden, daß vor jeder Veränderung der aktuelle Zustand der Datei durch Kopieren der betroffenen Blöcke gerettet wird. Wenn die Änderung nicht komplett durchführbar ist, läßt sich mit dieser Information der alte Zustand wieder herstellen. Systeme, die diese Methode anwenden, sehen vor, daß eine entsprechende Kontrolle der betreffenden Dateien standardmäßig beim Starten des System durchgeführt wird. Gibt es unvollständig durchgeführte Veränderungen, so werden sie dabei rückgängig gemacht. Diese Sicherheit hat allerdings ihren Preis, da sich die Anzahl der Plattenzugriffe deutlich erhöht.

Das Problem läßt sich übrigens gänzlich dadurch vermeiden, daß Dateien nach dem ersten Erzeugen nicht mehr verändert werden. Die klassische Datenverarbeitung, in der auf einer Datei gesammelte Änderungen auf eine sequentielle Stammdatei angewendet wurden, um eine neue Version der Stammdatei zu erzeugen, hat dieses Problem gar nicht erst entstehen lassen: Bei Fehlern irgendwelcher Art war ja die alte Stammdatei noch vorhanden und konnte bei einem neuerlichen Versuch eingesetzt werden. Interaktive Datenverarbeitung erfordert jedoch stellenweises Verändern einer bestehenden Datei.

Rekonstruktion von Dateien

Die Rekonstruktion einer defekten oder verlorengegangenen Datei (Recovery) gelingt auch dadurch, daß alle Veränderungen einer Datei auf einem Protokoll mitgeschrieben werden. Mit einer Kopie der Datei in korrektem Zustand und den Aufzeichnungen des Protokolls kann Schritt für Schritt jede Änderung nachvollzogen werden. Da das Protokoll einfach als sequentielle Datei geführt wird, ist das Verfahren nicht einmal besonders aufwendig. Sichergestellt werden muß allerdings, daß ein Satz der Protokoll-Datei prompt und zuverlässig aufgezeichnet wird. Außer einer Plattendatei mit dem Attribut „sofortiges Schreiben" kommt dafür auch ein Magnetband in Frage.

Ein Protokoll, mit dessen Hilfe alle Veränderungen auf Dateien aufgezeichnet werden sollen, muß folgende Informationen enthalten:

- Datum und Uhrzeit. Unter Umständen ist der Zeitpunkt einer Störung bekannt, die die Integrität der Daten gefährdet. Mit Hilfe der Zeitangabe können alle Veränderungen nachvollzogen werden, die vor diesem Zeitpunkt liegen.

- Dateiname. Das Protokoll kann für mehrere Dateien gemeinsam geführt werden.

- Operation. Jede Veränderung muß aufgezeichnet werden, aber auch solche Operationen sind zu registrieren, die die aktuelle Position in der Datei beeinflussen.

- Schlüssel oder Satznummer. Der Schlüssel kann Bestandteil des Satzinhaltes sein.

- Daten.

Ein solches Protokoll kann von Anwendungsprogrammen explizit geführt werden; insbesondere Text-Editoren bewahren so den Benutzer vor dem Verlust der Arbeit von Stunden. Allerdings erschwert dies die Programmierung einigermaßen, ganz abgesehen davon, daß dabei immer die Gefahr besteht, daß etwas übersehen wird. Mit Unterstützung des Betriebssystems reicht es, beim Eröffnen einer Datei das Führen einer Protokoll-Datei zu verlangen.

Inkonsistenz durch parallelen Zugriff auf Dateien

Der gleichzeitige Zugriff zweier Prozesse auf eine Datei ist in vielen Fällen gefährlich. Ohne besondere Vorsichtsmaßnahmen können fehlerhafte Ergebnisse produziert oder sogar Daten zerstört werden. Absolut ohne Risiko ist nur gleichzeitiges Lesen.

Eine Schutzmaßnahme sieht vor, weitere Prozesse vom Zugriff auf die Datei ganz auszuschließen (Dateisperre). Ein abgewiesener Prozeß kann dann entscheiden, ob er aufgibt oder nach einer angemessenen Ruhepause einen erneuten Zugriff versucht. Da beim Eröffnen einer Datei anzugeben ist, ob die Datei gelesen oder geschrieben werden soll, wäre das Betriebssystem mit dieser Angabe in der Lage zu entscheiden, ob der Zugriff erlaubt werden kann. Eine Entscheidungsmatrix mit den Bearbeitungsarten „Lesen" und „Schreiben" ist in Tabelle 6.6 angegeben.

Tabelle 6.6. *Einfache Schutz-Strategie für Dateien*

	2. Prozeß	
1. Prozeß	Lesen	Schreiben
Lesen	ja	nein
Schreiben	nein	nein

Mit dieser einfachen Strategie werden allerdings auch Fälle verhindert, die nicht notwendig zu Fehlern führen. So ist z.B. gleichzeitiges Lesen und Schreiben auf derselben Datei in manchen Fällen gefahrlos möglich. Oft hängt es von der Anwendung ab, ob ein solches Zusammentreffen gestattet werden kann: Eine Liste aller Kontoinhaber kann ohne weiteres erzeugt werden, während von einem anderen Programm aus Zugänge und Abgänge verbucht werden; wenn aber die exakte Summe der Kontostände zu berechnen ist, dürfen parallel dazu keine Umbuchungen durchgeführt werden.

Mit zusätzlichen Angaben seitens des Benutzers kann das Betriebssystem die Entscheidung, ob eine Dateisperre erforderlich ist, besser begründen. Tabelle 6.7 enthält daher zusätzliche Bearbeitungsarten, wobei zwischen Schreiben und Erweitern einer Datei unterschieden wird.

Beim Lesen kann jetzt angegeben werden, ob gleichzeitig zum Lesen durchgeführtes Erweitern oder Schreiben zugelassen wird.

Tabelle 6.7. *Erweiterte Schutz-Strategie für Dateien*

	2. Prozeß				
1. Prozeß	Lesen	Lesen/ Schreiben	Lesen/ Erweitern	Schreiben	Erweitern
Lesen	ja	ja	ja	nein	nein
Lesen/Schreiben	ja	ja	ja	ja	nein
Lesen/Erweitern	ja	ja	ja	nein	ja
Schreiben	nein	ja	nein	nein	nein
Erweitern	nein	nein	ja	nein	nein

Tabelle 6.7 zeigt, daß gleichzeitiges Ändern einer Datei von verschiedenen Prozessen aus nicht gestattet wird. Diese Einschränkung ist immer noch zu stark, da es vor allem in Echtzeit-Anwendungen erforderlich ist, von parallel laufenden Programmen aus Veränderungen derselben Datei durchzuführen. Ein Betriebssystem darf also gleichzeitiges Schreiben auf einer Datei von verschiedenen Prozessen aus nicht prinzipiell ausschließen. Dann aber kann der klassische Fall einer Inkonsistenz beim Ändern auftreten.

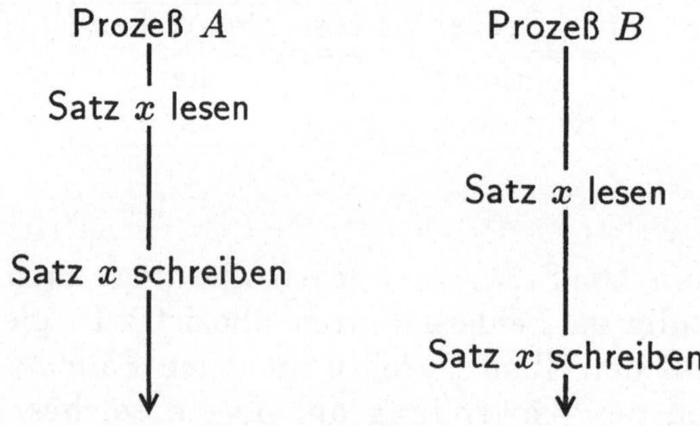

Abb. 6.11. Inkonsistenz durch parallelen Zugriff

Das in Abb. 6.11 dargestellte Szenar beschreibt den Fall, daß zwei Prozesse nahezu gleichzeitig denselben Satz verändern wollen. Dieses Zusammentreffen wirkt sich so aus, daß die durch den einen Prozeß (hier: Prozeß A) angestrebte Änderung zunichte gemacht wird, da der andere Prozeß seine Änderung vom selben Satzinhalt ausgehend vornimmt.

Die beteiligten Prozesse müssen offensichtlich synchronisiert werden. Methoden mit Semaphoren oder Monitoren sind nicht anwendbar, da die Konflikte nicht vorhersehbar und die zu schützenden Objekte nicht fest vorgegeben sind. Eine Lösung des Problems besteht im *Sperren* von Sätzen (Record locking). Mit der Operation **Lock** sperrt ein Prozeß einen Satz gegen Zugriffe durch andere Prozesse, bis er mit der **Unlock**-Operation die Sperre wieder aufhebt. Sperren werden außerdem automatisch vom System aufgehoben, wenn der sperrende Prozeß die Datei schließt oder seine Ausführung beendet. Um nicht unnötig Verzögerungen anderer Prozesse zu verursachen, soll die Sperre so minimal wie möglich wirken. Das betrifft nicht nur die Dauer, sondern auch den Umfang und die Art der Sperre: Der Umfang der Sperre läßt sich in manchen Systemen auch auf Teile von Sätzen einschränken, und eine Sperre kann entweder vollständig den Zugriff ausschließen oder nur das Schreiben des Satzes verbieten, Lesen aber weiterhin zulassen.

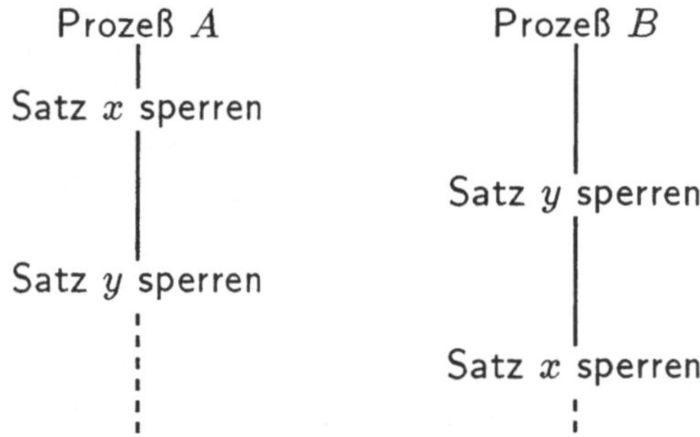

Abb. 6.12. Verklemmung durch Satzsperren

Die Satzsperre stellt zweifellos eine brauchbare Methode zur Sicherung der Konsistenz im Parallelbetrieb dar; sie bringt aber prompt neue Gefahren mit sich. Das Szenar in Abb. 6.12 zeigt den Versuch zweier Prozesse, jeweils zwei Sätze zu sperren. Prozeß A muß beim Versuch, Satz y zu sperren, warten, da dieser bereits vom Prozeß B gesperrt wurde. Prozeß B wird beim Zugriff auf Satz x blockiert, wodurch die klassische Situation der Verklemmung entsteht.

Eine nicht ganz so aussichtslose, aber in der Praxis recht unangenehme Situation entsteht, wenn ein Prozeß eine Satzsperre sehr lange ausdehnt (Abb. 6.13). Die entstandene Situation ist keine Verklemmung, da Prozeß A früher oder später wohl fortsetzen und Satz x freigeben wird. Wenn die Prozesse aber im Rahmen einer Echtzeit-Anwendung laufen, kommt es so zu Verzögerungen mit unbestimmter Dauer, was natürlich nicht akzeptabel ist. Sowohl die Gefahr der Verklemmung als auch die der Verzögerung werden ausgeschaltet, wenn beim Sperren eines Satzes nicht

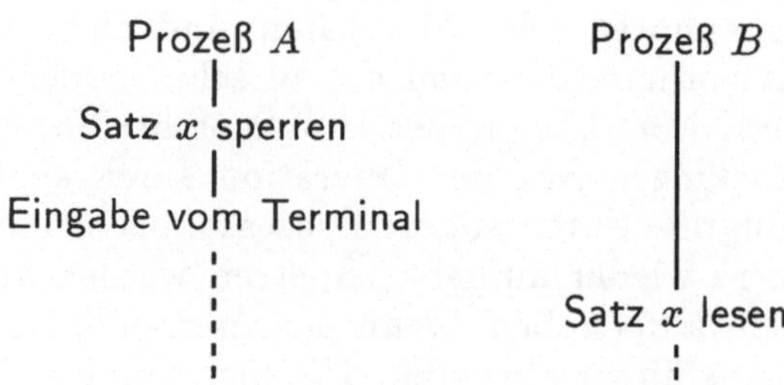

Abb. 6.13. Verzögerung durch Satzsperre

unbedingt auf das Freiwerden des Satzes gewartet werden muß. Nach
einem erfolglosen Versuch mit mehr oder weniger langem Warten kann
der Prozeß in einer der Anwendung angepaßten Weise reagieren.

Transaktionen

Auch mit der Einrichtung des befristeten Wartens ist die Satzsperre
als Einrichtung im Betriebssystem nicht unumstritten. Einige Betriebssysteme wie z.B. UNIX und OS/MVS (IBM) enthalten diese Funktion
nicht im Kern, sondern erwarten, daß Datenbanksysteme oder andere
zentrale Module für den Datenzugriff die erforderliche Synchronisation
wahrnehmen. Ein wesentliches Argument gegen Satzsperren im Kern
eines Betriebssystems ist die Tatsache, daß sowohl Synchronisation der
Zugriffe als auch atomares Schreiben erforderlich sind, um Konsistenz bei
Veränderungen in Datenbeständen zu erzielen. Die Satzsperre allein garantiert nur dann Integrität, wenn Veränderungen atomar durchführbar
sind. Da dabei die logische Integrität der Daten auch dann gewahrt bleiben soll, wenn diese auf mehrere Dateien verteilt sind, ergibt sich daraus
die Notwendigkeit, eine Reihe von Veränderungen in mehreren Dateien
atomar durchführen zu können. Dieses Konzept wird als *Transaktions-
verarbeitung* (Transaction processing, TP) bezeichnet.

Eine Transaktion ist ein logisch in sich abgeschlossener Vorgang beim
Ablauf einer Applikation, der normalerweise auch Ein- und Ausgabe-
Operationen auf Dateien umfaßt. Ziel bei der Verarbeitung einer Transaktion ist es, alle angestrebten Veränderungen auf Dateien entweder
vollständig und korrekt oder gar nicht durchzuführen. Der typische Ablauf einer Transaktion sieht so aus, daß zunächst an einem Terminal ein
Dialog mit einem Benutzer zur Auswahl einer Funktion und zur Eingabe
von Daten stattfindet. Der Dialogprozeß übergibt (gewöhnlich nach einigen Plausibilitätskontrollen) den Auftrag an eine zentrale Instanz, die als
Server-Prozeß bezeichnet wird. Der Server sorgt für die Durchführung
der erforderlichen Dateizugriffe und meldet die Ergebnisse an seinen Auftraggeber zurück, der sie dem Benutzer am Bildschirm anzeigt.

Für den Programmierer ergibt sich die (eigentlich recht angenehme) Notwendigkeit, sein Problem zu teilen und Dialog und Dateizugriffe in zwei kooperierenden Prozessen unterzubringen, die miteinander mit Hilfe von Nachrichten in Verbindung stehen.

Abgesehen davon sind aus der Sicht des Programmierers noch folgende Änderungen gegenüber einem herkömmlichen Programm notwendig:

- Die sensiblen Dateien müssen besonders gekennzeichnet werden.

- Für das Zwischenspeichern von Transaktionen ist entsprechender Speicherplatz auf der Magnetplatte anzulegen.

- Beginn und Ende einer Transaktion sind durch spezielle Aufrufe (z.B. Start transaction, Commit transaction) zu markieren.

- Zusätzlich steht ein Aufruf zum Abbrechen einer Transaktion (Abort transaction) zur Verfügung, mit dem alle bisher im Verlauf der Transaktion durchgeführten Veränderungen wieder rückgängig gemacht werden. Entsprechendes gilt für den Fall, daß eine Transaktion vom System abgebrochen wird.

- Dialog-Prozesse und Server-Prozeß übergeben einander die Kontrolle über die Transaktion durch Senden von Nachrichten.

Die im Zug einer Transaktion anfallenden Ausgaben auf Dateien werden vom TP-System im Transaktions-Speicherbereich auf Magnetplatte abgelegt. Gelesene Sätze werden automatisch gesperrt. Wenn Lesen oder Schreiben eines Satzes mißlingt (z.B. weil ein Satz gesperrt ist), wird die Transaktion vom TP-System abgebrochen. Erst beim normalen Abschluß der Transaktion werden die Veränderungen auf den Dateien selbst durchgeführt. Eine Transaktion durchläuft zwei Phasen, was ebenfalls im TP-Bereich registriert wird. Diese Phasen sind durch folgende Zeitpunkte begrenzt:

- Beginn Phase 1: Die Transaktion ist gestartet (Start Transaction).

- Ende Phase 1, Beginn Phase 2: Die Transaktion ist logisch beendet (Commit Transaction) oder sie wird abgebrochen (Abort Transaction).

- Ende Phase 2: Die Transaktion ist abgeschlossen.

Der Inhalt des TP-Bereichs muß jederzeit so beschaffen sein, daß er entweder eine unvollständige Transaktion ausweist (Phase 1) oder die vollständige Durchführung einer Transaktion ermöglicht (Phase 2). Bei einer Unterbrechung in Phase 1 ist die Transaktion nicht durchführbar, und die aufgezeichneten Veränderungen werden einfach gelöscht. Wird nach einem Absturz des Systems eine Transaktion in Phase 2 gefunden, so müssen die dort gespeicherten Veränderungen sämtlich wiederholt werden, da ja unklar ist, wie viele davon vor dem Absturz noch durchgeführt werden konnten. Das bedeutet freilich auch, daß Veränderungen so aufgezeichnet werden müssen, daß sie beliebig oft auf das Original angewendet werden können. Diese Forderung wird z.B. dadurch erfüllt, daß veränderte Blöcke im TP-Bereich gespeichert und weitere Zugriffe auf diese Blöcke dorthin umgeleitet werden. Das Vollziehen der Änderungen auf den Dateien erfordert das Kopieren aller dieser Blöcke auf ihren ursprünglichen Platz, was beliebig wiederholbar ist.

7. Datenschutz

Eine wichtige Aufgabe des Betriebssystems besteht darin, die Daten
der Benutzer vor unberechtigten Zugriffen zu schützen. Grundsätzlich gilt
für Schutzmechanismen in Computern dasselbe wie für andere Sperren
und Sicherheitsanlagen: Kein Schutz ist so vollkommen, daß er nicht
überwunden oder umgangen werden könnte — es ist nur eine Frage der
Mittel und der Zeit, die der Einbrecher einsetzen muß. Auch das beste
Schloß hilft nichts, wenn der Schlüssel unachtsam verwahrt wird.

Der Schutz elektronisch gespeicherter Daten muß daher gemeinsam
mit dem Umfeld einer Datenverarbeitungsanlage betrachtet werden. Folgende Aspekte des Betriebs müssen berücksichtigt werden:

- Welcher Personenkreis hat Zugang zu Datenendgeräten, die mit der
  Anlage direkt, über Netze oder über Wählleitungen in Verbindung
  stehen?

- Welche Personen sind berechtigt, das System zu benützen?

- Welche dieser Personen haben besondere Rechte, z.B. als Systemprogrammierer?

- Welche Personen haben Zugang zur Rechenanlage selbst?

- Welche Personen haben Zugriff auf Datenträger mit Daten aus dem
  System?

- Welche Personen haben Zugang zu Schlüsseln irgendwelcher Art,
  die als Sperren in diesem System eingesetzt werden?

Offensichtlich kann das Betriebssystem nur soweit eine Schutzfunktion
erfüllen, als das System selbst und die darin gespeicherten Daten betroffen
sind. Die Absicherung des Systems gegenüber unberechtigtem Zugang ist
somit ein wesentlicher Punkt. Der zweite betrifft den Schutz der Daten
im System gegen unberechtige Zugriffe durch andere legitime Benutzer.

Leider ist die Mehrzahl der Betriebssysteme in dieser Hinsicht ver-
wundbar. Schuld daran sind hauptsächlich zwei Gründe: Erstens kann
in Systeme, die ohne konsequentes Sicherheitsdenken entworfen wurden,
Sicherheit nicht einfach nachträglich eingebaut werden. Zweitens bringt
die laufende Weiterentwicklung eines Betriebssystems die Gefahr mit sich,
daß neue Sicherheitsmängel entstehen. Allerdings ist der überwiegende

Teil der Schadensfälle auf Fehler im Umfeld des Systems, auf mangelhafte Anwendung der Sicherheitseinrichtungen im System oder auf Datendiebstahl durch solche Benutzer, die aufgrund ihrer Arbeit zum Zugriff berechtigt sind, zurückzuführen.

Die Motive der Eindringlinge zeigen ein breites Spektrum, das von Neugierde bis zur professionellen Kriminalität reicht. Die folgende Liste bietet eine Auswahl.

- Neugierde. Hinter so manchem Versuch, fremde Daten zu lesen, steckt nichts anderes als der Wunsch, zu wissen, was ein anderer verdient oder was sich in seinem (elektronischen) Briefkasten befindet. Auch technisches Interesse an Software-Lösungen fällt in diese Kategorie.

- Hacker-Ehrgeiz. Schon seit dem Paradies reizt besonders das Verbotene. Da der erfolgreiche Einbruch in ein System außerdem Einfallsreichtum, technisches Können und Ausdauer beweist, ist es erklärlich, warum immer wieder versucht wird, einfach zum Spaß in ein System einzubrechen.

- Gewinnsucht. Sowohl durch Kopieren von Daten als auch durch gezielte Manipulation läßt sich Geld machen. In den vergangenen Jahren sind beispielsweise folgende Fälle bekannt geworden: der Verkauf von Kundenadressen an die Konkurrenz, das Abzweigen von Rundungsbeträgen auf das eigene Konto und das Einschleusen fingierter Geldüberweisungen.

- Rache. Dieses Motiv ist oft der Anlaß für Sabotage. Direktes Löschen der Daten eines Systems ist noch die relativ harmloseste Form. Durch Veränderungen in der Software eines Systems kann der Betrieb eines Systems gänzlich lahmgelegt werden. Selbstreproduzierende Veränderungen an Programmen (*Viren*), die als intellektuelle Spielerei begonnen wurden, haben mit bösartigen Formen durch unkontrolliertes Löschen von Daten bereits Millionenschäden verursacht.

- Spionage. Sowohl industrielle als auch militärische Spionage kommt in Frage. In einem einzelnen aufgedeckten Fall (Stoll 1988) ist es einem deutschen Hacker in den USA gelungen, (unter anderem) in neun militärische Rechner und in vier Rechner von Zulieferfirmen einzudringen.

7.1 Zugang zum System

Eine wesentliche Aufgabe des Datenschutzes ist es, nicht berechtigten Personen die Benützung der EDV-Anlage zu verwehren und sicherzustellen, daß die legitimen Benutzer nicht „unter fremder Flagge segeln".

Daß es hier für die Betreiber von Rechenzentren sehr ernstzunehmende Probleme gibt, wird gerne ignoriert — bis es zu spät ist.

Losungswort

Das am häufigsten verwendete System zum Sichern eines Systems gegen Benützung durch Unbefugte sind *Losungswörter* (Password). Jeder Benutzer bestimmt sein eigenes Losungswort, und das Betriebssystem verlangt beim Login die Eingabe dieses Wortes. Das gewählte Losungswort wird z.B. in UNIX mit einem nicht umkehrbaren Algorithmus verschlüsselt in einer Datei gespeichert. Damit wird sichergestellt, daß auch bei Kenntnis der Methode der Verschlüsselung und des codierten Wortes das ursprüngliche Wort nicht ohne weiteres eruiert werden kann.

Das Verfahren ist einfach, hat aber eine Reihe von Schwachstellen. Diese beginnt mit der Wahl des Losungswortes: Allzu gerne verwenden Benutzer Namen oder Zahlen mit persönlichem Bezug, die auch anderen bekannt sind. Die nächste Chance, einen Losungswort-Schutz zu durchbrechen, besteht darin, Benutzer beim Login aufmerksam zu beobachten. Zwar wird das Losungswort bei der Eingabe am Bildschirm nicht angezeigt, aber schon die Beobachtung der Finger auf der Tastatur reicht aus. Auch sehr häufig zum Erfolg führt ein Versuch, einen Benutzernamen samt Losungswort zu versuchen, der standardmäßig vom Hersteller mitgeliefert wird, damit das System nach der Installation in Betrieb genommen werden kann. Auch der für Wartungstechniker vorgesehene Benutzername ist vielversprechend.

Andere Mängel, die das Durchbrechen einer Sperre mit Losungswort ermöglichen, entstehen durch Programmierfehler im Betriebssystem. Typische Beispiele aus dieser Kategorie sind:

- Der Login-Prozeß läßt sich nach Eingabe des Benutzernamens vor oder während der Verifizierung des Losungswortes abbrechen, aber der Zugang zum System wird trotzdem freigegeben.

- Das Losungswort wird in nicht verschlüsselter Form gespeichert, oder die Verschlüsselung kann durch systematische Versuche mit häufig verwendeten Wörtern durchschaut werden.

- Ein geeignetes Systemprogramm, das mit Zugriffsberechtigung auf alle Dateien — also auch auf die Datei mit den Losungswörtern — ausgestattet ist, wird dazu gebracht, die Losungswort-Datei durch eine entsprechend modifizierte Datei zu ersetzen.

- Die Prüfung eines Losungswortes wird vom Betriebssystem nicht in einem Zug durchgeführt, sodaß der Benutzer irgendwie erkennen kann, ob ein Teil des Losungswortes richtig ist. Durch systematisches Probieren kann damit ein Zeichen nach dem anderen erforscht werden.

Die prinzipiellen Mängel des Schutzes mit Losungswort haben zu einigen Zusatzeinrichtungen geführt. Manche Systeme verlangen mehr als ein Losungswort oder beschränken die maximale Gültigkeitsdauer eines Losungswortes, um bekannt gewordene Losungswörter nicht unbeschränkt zum Mißbrauch freizugeben. Ebenfalls üblich ist die Vorgabe einer Mindestlänge, um nicht allzu leicht abschaubare Wörter zuzulassen. Vom Computer erzeugte zufällige, aber „fast natürliche" Losungswörter helfen, Begriffe mit Bezug auf die eigene Person zu vermeiden. Da sieht unter VAX/VMS z.B. so aus:

```
VMS$ set password/generate=8
Old password:
apsjawpha         aps-jaw-pha
oorsoult          oor-soult
guamixexab        gu-a-mix-ex-ab
impsapoc          imps-a-poc
ukchafgoy         uk-chaf-goy
Choose a password from this list or
press RETURN to get a new list
New password:
Verification:
VMS$
```

Die extremste Variation der Losungswort-Technik besteht darin, ein Losungswort nur einmal zu verwenden. Ein Benutzer erhält eine Liste von Losungswörtern, die er in der angegebenen Reihenfolge benützen muß.

Eine zuverlässigere Identifizierung eines Benutzers erfordert spezielle Hardware-Einrichtungen in Verbindung mit dem Terminal. Ein Magnetkartenleser kann eine Plastikkarte mit Magnetstreifen lesen. In Kombination mit einem Losungswort kann damit sichergestellt werden, daß nur der rechtmäßige Besitzer der Karte Login macht. (Das gleiche Prinzip wird bei Geldausgabeautomaten eingesetzt.) Noch sicherer sind Geräte, die direkt bestimmte Persönlichkeitsmerkmale erfassen können: Fingerabdrücke, das Frequenz-Spektrum der Stimme oder das Muster der Retina sind solche unverwechselbaren Merkmale. Die entsprechenden Geräte zum Erfassen dieser Muster sind aber zum Teil recht aufwendig.

Ein ganz spezielles Problem stellen Personal-Computer dar: Sie stehen meistens in allgemein zugänglichen Räumen und sind leicht in Betrieb zu nehmen. In manchen Modellen wird die Prüfung einer Zugangsberechtigung vor dem Laden eines Betriebssystems mit Hilfe eines im CMOS-Speicher abgelegten Losungswortes durchgeführt. Da diese Prüfung aber mit einem Schalter im Rechner ausgeschaltet werden kann, stellt sie keinen Schutz vor entschlossenen Angreifern dar, sondern hält nur „Gelegenheitsdiebe" ab. Andere Maßnahmen sind der Einbau eines mit einem Schloß kombinierten Netzschalters, die Verwendung einer herausnehmbaren Magnetplatteneinheit oder sogar das Einsperren des ganzen Computers in einen Tresor.

Einschränkungen des Zugangs

Der Mißbrauch von Benutzernamen kann ziemlich erschwert werden, wenn der Zugang zum System eingeschränkt wird. Eine zeitliche Einschränkung auf bestimmte Wochentage und Tageszeiten, die individuell nach Benutzer festgelegt wird, kann beispielsweise den Mißbrauch des Benutzernamens verhindern helfen. Ebenfalls wirkungsvoll gegen gewisse Mißbräuche ist die Bindung eines bestimmten Terminal-Anschlusses an einen bestimmten Benutzer, sodaß dieser nur von seinem Arbeitsplatz aus Login machen kann.

7.2 Schutz für Dateien

In einem Mehrbenutzer-System ist nicht nur der Zugang zum System überhaupt zu schützen. Ein Benutzer des Systems erwartet, daß seine Dateien vor Zugriffen durch andere legitime Benutzer geschützt werden, aber er erwartet auch, daß Ausnahmen möglich sind, etwa wenn mehrere Benutzer bestimmte Daten gemeinsam benützen sollen. Die möglichen Beziehungen der Benutzer zueinander bilden den Ausgangspunkt für den Wunsch nach entsprechend anpaßbaren *Zugriffsrechten*, die auch nach der Art der Verwendung abgestuft sein sollen. Typische Konstellationen dabei sind etwa das Programmierer-Team oder die Lehrer-Schüler-Gruppe.

Zugriffs-Kategorien und Losungswörter

Ein einfaches Verfahren des Zugriffsschutzes besteht darin, daß der Benutzer Dateien entweder als „privat" oder als „öffentlich" klassifizieren kann. Jeder Benutzer, der Zugang zum System hat, darf eine öffentliche Datei verwenden. Eine Verfeinerung dieses Verfahrens sieht vor, daß bei privaten Dateien gewissen Benutzern explizit der Zugang zur Datei gestattet wird und bei öffentlichen Dateien einzelne Benutzer gezielt vom Zugriff auf die Datei ausgeschlossen werden. Ein so simples System ist in der Praxis natürlich nicht ausreichend. Erstens ist es viel zu umständlich, und zweitens läßt es außer acht, daß Zugriffsberechtigungen unbedingt nach der Art der Verwendung abgestuft werden müssen.

Eine andere Technik besteht in der Vergabe von Losungswörtern für einzelne Dateien. Beim Zugriff zu einer Datei ist das Losungswort anzugeben. Wenn das System die Vergabe von unterschiedlichen Losungswörtern je nach Art des Zugriffs (Lesen, Schreiben, Hinzufügen, Löschen) vorsieht, kann damit ein gut abgestufter Schutz der Datei erzielt werden.

Die Verwendung von Losungswörtern zum Schutz einer Datei weist jedoch eine Reihe erheblicher Nachteile auf. Zunächst einmal muß sich der Benutzer eine Reihe von Losungswörtern merken, da er ja nicht allen Dateien dasselbe Losungswort geben kann. Benötigt er außerdem differenzierte Zugriffsrechte, übersteigt die Anzahl der Losungswörter wohl rasch sein Merkvermögen, sodaß er Aufzeichnungen führen muß, was wieder der Sicherheit abträglich ist. Zweitens gibt ein Benutzer durch die Weitergabe des Losungswortes auch die Kontrolle über den Zugriffsschutz weiter, da ein Losungswort leicht weitergesagt werden kann. Drittens erfordert der Ausschluß eines Benutzers vom Zugriff zu einer Datei, daß das Losungswort geändert werden muß, wovon alle anderen Benutzer zu informieren sind. Viertens taucht ein Losungswort häufig auch in einem Programm auf, in dem auf eine so geschützte Datei zugegriffen wird. Auch wenn das Programm selbst gut geschützt ist, wird es von diesem Programm Listen geben, die dann das Losungswort im Klartext enthalten. Losungswörter sind offensichtlich kein guter Mechanismus zum Schutz von Dateien.

Verschlüsseln

Eine ganz anders geartetes Verfahren, das zusätzlich zu allen übrigen Methoden angewendet werden kann, ist das Verschlüsseln der gespeicherten Daten. Selbst wenn ein Unbefugter sich der Daten bemächtigen kann, bleibt immer noch das Problem, den Code zu knacken. Moderne Verschlüsselungstechniken machen dieses Problem für Amateure unlösbar und selbst für Spezialisten mit allen Hilfsmitteln nahezu aussichtslos. Zugriffe zu den Daten erfordern allerdings zusätzliche Codierungs- und Decodierungsschritte.

Schutzcodes

In Betriebssystemen, die Benutzer in *Benutzer-Gruppen* zusammenfassen (z.B. VAX/VMS oder UNIX), lassen sich Files einfach und effektiv mit *Schutzcodes* (File permission, Protection code) absichern. Solche Schutzcodes berücksichtigen zwei Kriterien: das Verhältnis des Eigentümers der Datei zum zugreifenden Benutzer sowie die gewünschte Zugriffsart. Ein Benutzer, der auf eine Datei zugreifen möchte, kann zum Eigentümer in einem der vier folgenden Verhältnisse stehen:

1. System: Der Benutzer gehört einer besonders privilegierten Gruppe von Benutzern an.

2. Owner: Der Benutzer ist gleichzeitig der Eigentümer.

3. Group: Der Benutzer ist ein Mitglied der Gruppe des Besitzers, aber nicht der Besitzer selbst.

4. World: Der Benutzer gehört keiner der zuvor genannten Gruppen an.

Bei der Zugriffsart werden (in VAX/VMS) folgende Möglichkeiten unterschieden:

1. Execute: Ausführen einer Programmdatei

2. Read: Lesen

3. Write: Schreiben

4. Delete: Löschen

Dem Besitzer einer Datei wird in bezug auf seine eigenen Dateien noch ein weiteres Recht eingeräumt, nämlich das Recht zum Setzen der Schutzcodes (Control). Ein Eigentümer kann sich den Zugang zu seinen eigenen Daten also nicht endgültig versperren, da er sich die fehlenden Berechtigungen immer wieder zurückholen kann. Dieses Control-Recht haben auch alle Mitglieder der System-Gruppen.

Schutzcodes sind auch Dateiverzeichnissen zugeordnet, wobei die hier an sich sinnlose Berechtigung zum „Ausführen" eine andere Interpretation erhält: Mit der Execute-Berechtigung allein darf ein Benutzer nur auf diejenigen Dateien im Verzeichnis zugreifen, deren Namen er genau kennt. Um den Inhalt eines Verzeichnisses zu erforschen, ist die Read-Berechtigung erforderlich.

Die Erlaubnis, eine Datei lesen zu dürfen, schließt in VMS automatisch auch die Berechtigung zu ihrer Ausführung als Programm mit ein. Das erscheint plausibel, weil ein Benutzer eine Kopie der Datei erzeugen und dann mit dieser selbstverständlich nach Belieben verfahren kann. Daß eine ausführbare Datei nicht automatisch lesbar ist, hat gute Gründe: Im Text des Programms können ja Informationen verborgen sein, die nicht zur allgemeinen Verbreitung bestimmt sind. Andererseits ist auch die UNIX-Lösung sinnvoll, Ausführen und Lesen unabhängig voneinander zuzulassen oder zu verbieten. Durch die Erlaubnis, eine Datei auszuführen, wird nämlich dem Betriebssystem angezeigt, daß die Datei überhaupt ausführbar ist. Das gilt auch für den Eigentümer der Datei selbst, der damit gegen die irrtümliche „Ausführung" eines Textes geschützt ist, was mitunter zu unliebsamen Überraschungen führen kann:

```
unix$ cat Protokoll    # Inhalt der Datei Protokoll
Protokoll der Sitzung vom 88-12-20
Anwesende:
...
unix$ Protokoll        # Aufruf von Protokoll ?!
```

Da die Datei einen Text und kein Binärprogramm enthält, versucht der
Kommando-Interpreter des Betriebssystems, die Datei `Protokoll` auszuführen. Da die erste Zeile der Datei an erster Stelle wieder den Namen
der Datei enthält, führt das zu einer (theoretisch) unendlichen Rekursion,
die erst durch Erreichen eines Limits wie z.B. der maximalen Anzahl von
Prozessen eines Benutzers ein Ende findet.

Die Unterscheidung der Berechtigungen Write und Delete in bezug
auf eine Datei ist nicht sehr gut begründet. Ein Benutzer, der mit einem
vorhandenen Programm eine Datei modifizieren darf, soll offensichtlich
daran gehindert werden, die Datei zu löschen. Allerdings hat er immer
noch die Möglichkeit, den Inhalt der Datei zu überschreiben. (Das kann
aber dadurch verhindert werden, daß man dem Benutzer nur ganz bestimmte Programme zur Ausführung freigibt.) In UNIX gibt es keine
eigene Delete-Berechtigung für eine Datei: Löschen eines Links erfordert
lediglich Write-Berechtigung im entsprechenden Dateiverzeichnis.

Es gibt übrigens eine bemerkenswerte Lücke in der Absicherung einer Datei, wenn ein Übeltäter im Dateiverzeichnis Read- und Write-
Berechtigung, aber keine Berechtigung in bezug auf die Datei selbst besitzt. Mit dem Kommando

```
VMS$ rename [good]file.dat [evil]x.y
```

verschwindet die Datei `file.dat` aus ihrem ursprünglichen Verzeichnis,
auch wenn sie nicht wirklich gelöscht werden kann.

Schutzcodes für Dateien und Dateiverzeichnisse werden beim Anlegen
aufgrund eines voreingestellten Wertes gesetzt und können nachträglich
vom Eigentümer der Datei verändert werden, z.B. mit

```
VMS$ SET PROTECTION=(OWNER=RWE,GROUP=RE,WORLD=R) XYZ.DAT
```

Es ist natürlich sinnvoll, daß sich der Eigentümer selbst das Löschen
oder Überschreiben einer Datei verbieten kann: Damit schützt er sich vor
dem irrtümlichen Zerstören seiner Daten.

Schutzcodes haben zweifellos den Vorteil, mit geringem Aufwand um-
fassenden Schutz bieten zu können. Eine ganze Reihe alltäglicher Situa-
tionen kann jedoch mit Schutzcodes allein nicht gelöst werden. Ein wesentlicher Mangel ist die Tatsache, daß die Gruppeneinteilung zu grob ist,
um den realen Bedürfnissen des Informationsflusses zwischen Benutzern
gerecht zu werden. Das zweite Problem entsteht dadurch, daß Mitglieder
der System-Gruppen uneingeschränkten Zugang zu allen Daten haben.

7.3   Schutz für beliebige Objekte im System

Dateien sind nicht die einzigen schutzwürdigen Objekte im System.
Ganz allgemein lassen sich in einem Betriebssystem Objekte identifizieren, auf die nicht jeder Benutzer jede beliebige mögliche Operation an-

wenden darf. So kann das Schutz-Konzept für Dateien beispielsweise auf Geräte, Datenträger oder Spool-Warteschlangen ausgedehnt werden.

Domänen

Die Rechte eines Prozesses in einem bestimmten Augenblick seiner Ausführung können durch eine Aufstellung der Rechte, die der Prozeß in bezug auf alle Objekte im System besitzt, vollständig beschrieben werden. Für eine solche Aufstellung, in der jeder Eintrag aus der Bezeichnung des Objekts und der Menge der zulässigen Operationen besteht, hat sich die Bezeichnung *Domäne* (Domain) eingebürgert. Eine bestimmte Domäne ist z.B. durch einen Benutzernamen gegeben; diese Domäne bestimmt die Rechte des Prozesses, der beim Login dieses Benutzers gestartet wird.

Unter bestimmten, vom jeweiligen Betriebssystem abhängigen Umständen kann ein Prozeß in eine andere Domäne eintreten, also seine Berechtigungen ändern. Beispiele dafür sind:

- Der Eintritt eines Prozesses in den Betriebssystemkern. Der Kern besitzt eine Domäne mit maximalen Rechten, wird diese im Auftrag eines Benutzers aber nur nach entsprechenden Kontrollen ausüben. (Auf Prozessoren mit Schutzeinrichtungen gibt es z.B. Instruktionen, mit deren Hilfe geprüft werden kann, ob ein Speicherzugriff in der Domäne eines bestimmten Prozesses liegt.)

- Der Wechsel der Benutzergruppe. UNIX ist eines der Betriebssysteme, in denen ein Benutzer mehreren Gruppen gleichzeitig angehören kann; ein Prozeß dieses Benutzers darf seine Gruppen-Identifikation entsprechend verändern.

- Der Aufruf eines Programms mit Domänenwechsel. In UNIX ist es möglich, ein Programm bei seiner Ausführung durch einen beliebigen Benutzer in eine bestimmte Domäne, nämlich die des Eigentümers der Datei, eintreten zu lassen.

	Datei1	Datei2	Datei3	Queue	Term1	Druck1
Domäne A	RWE	RWE		RWC	RW	W
Domäne B			R	RW		
Domäne C	E		R			

Abb. 7.1. Darstellung von Domänen als schwach besetzte Matrix

Alle Domänen eines Systems können als große, schwach besetzte Matrix dargestellt werden, wie es in Abb. 7.1 angedeutet wird. Diese Form eignet sich natürlich nicht zur Implementierung. Die Matrix wird daher entweder zeilenweise oder spaltenweise aufgeteilt. Im ersten Fall entstehen sogenannte Listen von *Berechtigungen* (Capability), also Listen von Objekten und zulässigen Operationen. Im zweiten Fall entsteht eine *Zugriffskontroll-Liste* (Access control list), in der zu Benutzern und Benutzergruppen die erlaubten Operationen in bezug auf das jeweilige Objekt erfaßt sind.

Für den erfolgreichen Einsatz des Domänen-Konzeptes ist es wichtig, eine Domäne selbst wieder als Objekt im System aufzufassen und mit der möglichen Operation „Betreten" in der Matrix einzutragen.

Zugriffskontroll-Listen

Zugriffskontroll-Listen gestatten eine platzsparende Darstellung der Rechte aller Benutzer in bezug auf ein Objekt. Durch die Gruppenbildung von Benutzern können gleiche Rechte aller Benutzer einer Gruppe mit einem einzigen Eintrag in der Liste erfaßt werden. Einzelne Benutzer betreffende Ausnahmen werden dem allgemeineren Eintrag für die ganze Gruppe vorangestellt. Beim Zugriff eines Benutzers zu einer Datei wird in der Zugriffskontroll-Liste in der angegebenen Reihenfolge nach einem passenden Eintrag gesucht. Da der letzte Eintrag stets auf „alle Gruppen, alle Benutzer" lautet, ist die Suche immer erfolgreich, und der so gefundene Eintrag bestimmt die Berechtigung.

Das folgende Beispiel zeigt eine typische Zugriffskontroll-Liste einer Datei. Benutzer sind durch Benutzer-Identifikation und Gruppe bezeichnet; die erlaubten Operationen sind durch eine Buchstabenkombination dargestellt.

```
[bx,g1]  RWED
[ *,g1]  RE
[by,g3]  E
[ *,g3]  RE
[ *, *]
```

Diese Liste sagt aus, daß Benutzer bx aus Gruppe g1 alle Rechte besitzt. Alle anderen Mitglieder seiner Gruppe sowie die der Gruppe g3 haben Read- und Execute-Erlaubnis, wobei aber Benutzer by nur Execute-Erlaubnis besitzt. Alle anderen Benutzer haben keine Berechtigung, auf die Datei zuzugreifen.

Einem Dateiverzeichnis kann — neben seiner eigenen Zugriffskontroll-Liste — eine sogenannte Default-Liste zugeordnet werden. Diese Default-Liste wird dann automatisch auf alle Dateien übertragen, die in diesem Dateiverzeichnis angelegt werden. Somit kann die Voreinstellung für den Schutz neuer Dateien vom Dateiverzeichnis abhängig gemacht werden, was zweckmäßiger und sicherer ist als eine generelle Voreinstellung für alle neu angelegten Dateien, wie es in VAX/VMS und UNIX bei Schutzcodes üblich ist.

Domänen sind nicht nur durch die Zugriffsberechtigungen einzelner Benutzer gegeben. In Zugriffskontroll-Listen kann dem entsprochen werden, indem nicht nur Benutzer-Identifikationen, sondern auch allgemeine, frei verwendbare Bezeichner zugelassen werden. Außerdem können Zugriffskontroll-Listen (wie in VAX/VMS) zusätzlich zu Schutzcodes eingesetzt werden. Die Schutzcodes mit den Abstufungen für Owner, Group und World stellen ja einen einfachen Fall einer solchen Liste dar. Durch entsprechende Einträge in Zugriffskontroll-Listen kann sogar den Mitgliedern der Systemgruppe das Kontroll-Recht genommen werden, sodaß sich damit der Schutz sensibler Daten erreichen läßt.

Privilegien

Listen von Berechtigungen werden seltener zur Implementierung von Domänen gewählt. Es ist anscheinend auch weniger sinnvoll, in einem System, in dem Prozesse dynamisch entstehen, immer wieder Listen von Berechtigungen in bezug auf diverse Objekte aufzubauen.

Ein Sonderfall in der Form einer Liste von Berechtigungen läßt sich jedoch ganz einfach implementieren, nämlich eine für alle Objekte übereinstimmende Berechtigung. In VAX/VMS werden solche Berechtigungen *Privilegien* genannt.

- System-Privileg. Für den Inhaber dieses Privilegs gelten dieselben Zugriffsrechte wie für ein Mitglied der System-Gruppen.

- Gruppen-Privileg. Für den Inhaber dieses Privilegs gelten in bezug auf Objekte, die den Mitgliedern seiner Benutzergruppe gehören, dieselben Zugriffsrechte wie für ein Mitglied der System-Gruppen.

- Bypass-Privileg. Ein Inhaber dieses Privilegs kann auf alle Objekte ohne Einschränkung zugreifen, da die Prüfung der Schutzcodes und Zugriffskontroll-Listen für ihn entfällt.

- Read-all-Privileg. Mit diesem Privileg hat ein Benutzer auf jeden Fall Lese- und Kontroll-Berechtigung zu allen Objekten im System.

Schutzringe

In vielen Fällen ist der Aufruf einer Systemfunktion mit einem Wechsel in eine andere Domäne verbunden. Diese Möglichkeit wird von vielen Prozessoren durch ein entsprechendes Schutzkonzept unterstützt. Dabei werden Programme und Daten im System in n Klassen oder Ebenen gruppiert, wobei in der Ebene 0 der Systemkern agiert und Benutzerprogramme normalerweise auf Ebene $n-1$ laufen. Da man sich diese Ebenen konzentrisch um den Kern angeordnet denkt, ist dafür auch die Bezeichnung *Schutzringe* gebräuchlich. Ring i ist natürlich nicht gegen alle Zugriffe aus den Ringen $i+1$ bis $n-1$ abgesichert, denn sonst wäre

er völlig unerreichbar. Ein Ring enthält daher Eingänge (Call gates),
die ein kontrolliertes Wechseln von weiter außen liegenden Ringen her
ermöglichen (Abb. 7.2).

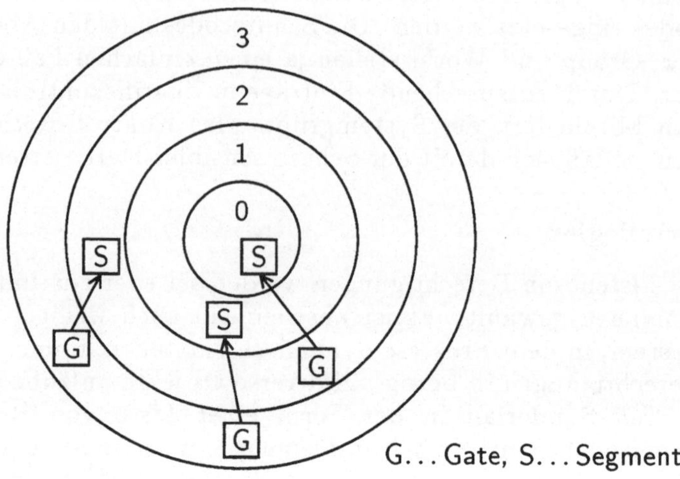

Abb. 7.2. Schutzringe mit Call gates

Software, die in inneren Ringen angesiedelt ist, muß entsprechend
sorgfältig programmiert werden. Wenn z.B. im Auftrag eines im Ring i
laufenden Prozesses Daten von einer Routine des Ringes $i - 1$ verändert
werden sollen, so muß diese Routine zuvor prüfen, ob der Auftraggeber
dazu berechtigt ist. Da solche Kontrollen häufig durchzuführen sind, gibt
es dafür gegebenenfalls sogar spezielle Maschinenbefehle.

7.4 Angriff und Abwehr

Die Methoden der „Datendiebe" sind erfinderisch und vielseitig. Ge-
genmaßnahmen sind teilweise aufwendig und verursachen schwer ab-
zuschätzende Kosten. Es ist damit zu rechnen, daß beim Einsatz
zusätzlicher Sicherheitsmaßnahmen im Betriebssystem der Zugriff zu
den Daten langsamer wird, zusätzlich Rechenzeit verbraucht wird und
Systembetreuer und -benutzer mehr Zeit aufwenden müssen. Dieser Abschnitt beschreibt kurz einige typische Methoden.

Trojanische Pferde und Viren

Einem Benutzer mit entsprechenden Berechtigungen wird ein nützliches Programm angeboten, das bei seiner Ausführung dem Autor heim-
lich gewisse Berechtigungen einräumt. Einmal im Besitz dieser Privi-

legien, kann sich der Benutzer z.B. Zugang zu allen Dateien im System verschaffen. Diese Methode wird nach dem klassischen Vorbild als „Trojanisches Pferd" bezeichnet.

Ebenfalls von der Neugier anderer hängt die erfolgreiche Verbreitung der Virus-Programme ab. Besonders für die Benutzer von Personal-Computern ist es verlockend, Spiele und andere Programme auszuprobieren. Trägt das Programm einen Virus, läuft ein Vorgang nach folgendem oder ähnlichem Schema ab:

```
loop
   finde ein ausführbares Programm P auf einem
      erreichbaren Datenträger;
   if nicht gefunden then exit; end;
   if P nicht befallen then
     Virus in P einsetzen;
   end;
end;
laufendes Programm rekonstruieren und ausführen;
```

Diese Methode sichert die rasche Verbreitung der Virus-Routine, ohne die Funktion eines angesteckten Programms zu ändern. Abgesehen vom erhöhten Speicherbedarf des veränderten Programms auf der Platte wird dadurch noch kein Schaden angerichtet, aber die Virus-Routine kann bösartige Zusätze enthalten: Anstatt andere Programme zu befallen, kann sie unter bestimmten Umständen Dateien löschen, das Betriebssystem überschreiben oder sogar Hardware-Komponenten zerstören.

Wer auf einem Personal-Computer nicht nur gekaufte und selbst geschriebene Programme laufen läßt, muß früher oder später mit einem Virus rechnen. Durch das Fehlen aller Schutzeinrichtungen auf den PCs ist es nicht einfach, dies zu verhindern. Zur Abwehr eingesetzte Programme können ja wieder von entsprechend konstruierten Viren außer Kraft gesetzt werden. Zumindest ein nachträgliches Erkennen eines Befalls kann jedoch leicht durchgeführt werden, indem z.B. bei jedem Systemstart alle ausführbaren Dateien systematisch daraufhin überprüft werden, ob sich ihre Länge und Prüfsummen seit der letzten Prüfung verändert haben.

Fallen und Probieren

Eine gezielte Methode zum Beschaffen eines Losungswortes eines anderen Benutzers verwendet ein Programm, das am Bildschirm die Aufforderung zum Login nachahmt. Wenn ein Benutzer nichtsahnend Name und Losungswort eingibt, registriert das „Mimikry-Programm" beides auf einer Datei und führt dann ein entsprechendes Login vom Programm aus durch, wonach der Benutzer ahnungslos weiterarbeiten kann. Auch das Mithorchen auf der Leitung zwischen Terminal und Rechner oder in einem Netz wie z.B. Ethernet liefert dieselbe Information.

Sehr oft werden Losungswörter durch Probieren entdeckt. Fehlgeschlagene und erfolgreiche Attacken können zumindest nachträglich erkannt werden, wenn entsprechende Überwachungsmechanismen in das System eingebaut werden. Eine einfache Methode besteht darin, dem Benutzer nach dem Login Datum und Uhrzeit des letzten erfolgreichen Login sowie die Anzahl der seither durchgeführten Fehlversuche mitzuteilen. Aufwendiger ist das Aufzeichnen aller vom System abgewiesenen Zugriffsversuche, was aber eine wirksames Mittel gegen „Probieren" darstellt.

Eine systematische Methode, Losungswörter zu entdecken, verschlüsselt einige hundert oder tausend beliebter Wörter mit dem auf einem System verwendeten Algorithmus und vergleicht die Resultate mit den gespeicherten Losungswörtern. Es ist wahrscheinlich, daß bei einer größeren Anzahl von Benutzern der eine oder andere „Treffer" dabei ist. Mit einem kleinen Trick wird diese Methode jedoch so gut wie aussichtslos: Beim Verschlüsseln des Originals wird eine zufällig gewählte Konstante eingesetzt, die mit dem Ergebnis gespeichert wird. Dadurch ergeben unterschiedliche Verschlüsselungen desselben Wortes verschiedene Ergebnisse. Um mit der systematischen Methode zum Erfolg zu kommen, wäre jetzt ein um mehr als das Zehntausendfache größerer Aufwand erforderlich.

Alarme

Eine potentiell sehr große Gefahr für die Sicherheit auf einem System stellen die zugelassenen Benutzer dar. Ein Benutzer, der eine Datei lesen darf, kann sie auch kopieren und weitergeben. Systeme, in welchen der Datenschutz einen hohen Stellenwert einnehmen muß, setzen daher *Alarme* im Zusammenhang mit Dateizugriffen ein. Dabei werden alle Zugriffe auf ausgewählte Dateien — wahlweise auch fehlgeschlagene Versuche — registriert. Es ist klar, daß Einrichtungen dieser Art allein durch ihre abschreckende Wirkung zum Datenschutz beitragen. Ob eine solche Maßnahme für den Benutzer der Rechenanlage noch angenehm ist, sei dahingestellt. Es darf aber nicht vergessen werden, daß auch Sicherheitsvorkehrungen, die nichts mit EDV zu tun haben, in vielen Fällen für die Betroffenen wenig erfreulich sind.

Der „elektronische Papierkorb"

Wie jeder Leser von Kriminal- oder Spionageromanen weiß, sind Papierkörbe eine unerschöpfliche Fundgrube für Detektive und Schurken. In ähnlicher Weise kann in einem Computersystem das Durchsuchen weggeworfener Information interessante Details zutage fördern. Es ist in diesem Zusammenhang bemerkenswert, daß die Schlüsselwörter der entsprechenden Kommandos dem Benutzer eine falsche Vorstellung vermitteln: „delete", „erase" und auch „löschen" fördern die Assoziation, daß die Daten mit diesem Kommando vernichtet werden. In Wirklichkeit wird gewöhnlich nur der belegte Speicherplatz an die Speicherverwaltung zurückgegeben; die aufgezeichnete Information selbst wird nicht verändert. Ein anderer Benutzer erhält durch das Anfordern von Speicherplatz für eine Datei solche freigewordenen Blöcke, die er nun ohne weiteres lesen kann. (In MS-DOS kann die Datei sogar vollkommen rekonstruiert werden, wenn der Eintrag im Dateiverzeichnis in der Zwischenzeit nicht anderweitig vergeben wurde.)

Eine Gegenmaßnahme ist das vollständige Überschreiben der freiwerdenden Blöcke mit einem Bitmuster. Aus Effizienzgründen kann das nicht routinemäßig gemacht werden, einige Betriebssysteme sehen aber eine entsprechende Option im Lösch-Kommando vor. Effizienter ist es, in jedem zugeteilten Bereich eine Grenze vorzusehen, die angibt, wie weit in diesem Bereich vom augenblicklichen Inhaber des Speicherplatzes tatsächlich Daten geschrieben wurden. Zugriffe jenseit dieser sogenannten „Hochwassermarke" werden unterbunden.

Ganze Datenträger auf einmal löscht ein spezielles Gerät, das ein hinreichend starkes Magnetfeld erzeugt und so (ohne Verwendung eines Computers) alle Aufzeichnungen auf Magnetbändern und Disketten wirklich löscht.

8. Benutzerschnittstellen

Die Dienste, die ein Betriebssystem seinen Benutzern zur Verfügung stellt, können an zwei Schnittstellen in Anspruch genommen werden. Mit der ersten Schnittstelle, der *Kommandosprache* des Betriebssystems, werden alle Benutzer konfrontiert, die nicht ausschließlich Anwendungsprogramme bedienen. Die zweite Schnittstelle ist die der *Systemaufrufe*, die Programmierern zur Verfügung steht. Dabei hängt es sowohl von der Aufgabe als auch von der benützten Programmiersprache ab, in welchem Umfang der Programmierer die Funktionen des Betriebssystems einsetzen muß. Höhere Programmiersprachen mit entsprechenden Befehlen oder einer umfangreichen Auswahl an Bibliotheksroutinen können es dem Programmierer weitgehend ersparen, sich mit den Besonderheiten eines Betriebssystems auseinandersetzen zu müssen. Beim Programmieren in Assembler ist dagegen die Verwendung von Systemaufrufen schon für einfache Ein- und Ausgabevorgänge erforderlich.

8.1 Systemaufrufe

Alle Funktionen, die ein Betriebssystem zur Verfügung stellt, sind über Systemaufrufe von Programmen aus abrufbar. Systemaufrufe sind sozusagen die Maschinenbefehle des Betriebssystems. Auch Befehle der Kommandosprache eines Betriebssystems müssen diese Schnittstelle benützen, um ihre Funktion ausführen zu können.

Bereits die für die Großrechner der dritten Generation entwickelten Betriebssysteme boten eine Vielzahl von Funktionen an. Lange Parameterlisten wurden über Datenstrukturen mit vorgegebenem Format, sogenannten Kontroll-Blöcken, übergeben. Der Aufruf war gewöhnlich nur von Assemblerprogrammen aus möglich; dabei wurden die Kontroll-Blöcke mit Hilfe von Makros angelegt und initialisiert, und Makros dienten auch der Durchführung der Aufrufe selbst. Programmierer, die das erforderliche Wissen besaßen, um unter diesen Voraussetzungen programmieren zu können, waren rar, was wohl den Nimbus der sogenannten Systemprogrammierer begründete.

Auf den Minicomputern der siebziger Jahre wurden Betriebssysteme eingesetzt, die weit weniger kompliziert als die der Großrechner waren, aber auch hier war Systemprogrammieren noch eine Aufgabe für Spezialisten. Am Beispiel von UNIX wurde jedoch zweierlei gezeigt: Erstens, daß die Funktionen des Betriebssystems einfach gestaltet werden können, ohne deswegen ein primitives System zu bekommen, und zweitens, daß sich diese Funktionen von einer höheren Programmiersprache (in diesem Fall C) aus aufrufen lassen, was Systemprogrammierung wesentlich vereinfacht.

Die Technik des Systemaufrufs

Die technische Durchführung eines Systemaufrufs hängt von den Möglichkeiten des Prozessors ab. Die folgende Aufstellung beschreibt die typischen Methoden des Aufrufs und der Parameterübergabe.

- Ein besonderer Maschinenbefehl (TRAP, INT, SVC) steht zur Verfügung, um einen besonderen indirekten Unterprogrammsprung durchzuführen. Als Operand wird bei diesem Befehl ein Index in eine Tabelle mit Unterprogrammadressen übergeben. In dieser Tabelle definiert das Betriebssystem Start-Adressen, bei der ihm die Kontrolle übergeben werden soll. Das Besondere an diesem Unterprogrammsprung ist, daß neben der Rückkehradresse auch der Status des Prozessors gerettet wird. Zur Übergabe der Parameter werden im allgemeinen Register benützt.

- Der Adreßraum des Betriebssystems kann (mit entsprechender Unterstützung der Hardware) in den Adreßraum des Programms abgebildet werden. Systemfunktionen lassen sich vom Programm aus mit entsprechenden Unterprogrammaufrufen aktivieren. Durch das Ausnützen von Schutz-Einrichtungen der Hardware wird garantiert, daß ein Programm nur durch die definierten Einsprungstellen in das Betriebssystem kommt.

- In Mehrprozessorsystemen kann ein Prozeß dem Betriebssystem einen Auftrag signalisieren, indem in einer bestimmten Speicherzelle ein Auftragscode und die Adresse eines Parameterblocks gespeichert werden. Ein anderer Prozessor überwacht ständig im Auftrag des Betriebssystems diese Zellen in allen laufenden Prozessen und sorgt gegebenenfalls für die Erledigung des Auftrags.

Unabhängig von der auf einem bestimmten System vorgegebenen Methode ist es wünschenswert, Systemaufrufe von Programmen in beliebigen höheren Programmiersprachen aus durchführen zu können. Das gelingt mit einem Paket von Unterprogrammen, die gemäß den Regeln der Programmiersprache aufgerufen werden und die jeweils den Aufruf an das Betriebssystem weiterleiten. Der Einsatz solcher Unterprogramme befreit den Programmierer von der Notwendigkeit, sich mit lästigen technischen Datails beschäftigen zu müssen. Es darf aber nicht übersehen werden, daß Programme, die derartige Aufrufe enthalten, nicht mehr portabel sind.

Portabilität und Systemaufrufe

Die Frage, wo die Grenzen der Funktionalität der Anweisungen einer Programmiersprache und in Bibliotheken bereitgestellter Standard-Unterprogramme zu ziehen sind, wird durch die Entwicklung der Sprachen C, Modula und Ada klar beantwortet: Alle Anweisungen von C und Modula lassen sich ohne Zuhilfenahme von Betriebssystemaufrufen vollständig in Maschinensprache übersetzen, bei Ada sind es nur die mit der Prozeßverwaltung im Zusammenhang stehenden Instruktionen, die eine Ausnahme machen. Alle Funktionen der Ein- und Ausgabe, Operationen mit Dateien und Steuerung von Geräten werden in Bibliotheksmodule verpackt, die opake (d.h. für den Benutzer uneinsehbare) Datentypen und dazugehörige Funktionen enthalten, also abstrakte Datentypen realisieren.

Die Tatsache, daß eine Programmiersprache nach diesem Prinzip um Funktionen eines Betriebssystems erweitert werden kann, bedeutet nicht, daß Programme portabel sind. Erst eine Normierung dieser Module garantiert die Verfügbarkeit identischer Aufrufe unabhängig vom jeweiligen Betriebssystem. Da der ANSI-Standard der Programmiersprache C außer der eigentlichen Sprache auch eine Reihe von Bibliotheksmodulen definiert, wird die Verfügbarkeit dieser Module zumindest auf allen jenen C-Systemen sichergestellt, die dem Standard entsprechen. Die Schnittstelle zum Betriebssystem betreffen folgende Funktionen und Definitionen:

- die Übernahme von Parametern beim Aufruf eines Programms

- die Rückmeldung eines Codes zur Unterscheidung einer erfolgreichen von einer fehlerhaften Programmausführung

- eine Programm-Umgebung (Environment), in der vom Betriebssystem Zeichenkettenvariablen gespeichert werden, die vom Programm aus erreichbar sind

- der Aufruf von Programmen von einem anderen Programm aus, mit der Übergabe von Parametern und einer Umgebung für das aufgerufene Programm

- eine dynamische Speicherverwaltung

- die Ein- und Ausgabe von Datenströmen, insbesondere auch von Textdateien

- das Anlegen, Löschen und Umbenennen von Dateien

- das Beschaffen von Datum und Uhrzeit

Weiterreichende Festlegungen sind nur dann möglich, wenn Voraussetzungen in bezug auf die Möglichkeiten eines Betriebssystems gemacht

werden. Solche Definitionen sollten daher nicht mehr Bestandteil einer
Sprachdefinition sein. Der Wunsch vieler Entwickler von Anwendungsprogrammen ist es aber, auch noch solche Funktionen in einer Schnittstel-
lenbeschreibung festgelegt zu sehen, die etwa das Dateisystem oder die
Ein- und Ausgabe am Bildschirm betreffen. Ein Versuch, diesem Wunsch
zu entsprechen, ist der sogenannte POSIX-Standard (IEEE 1986), der,
ausgehend von UNIX, ein Betriebssystem von der Schnittstelle für Anwendungsprogramme her definiert.

Systemaufrufe in MS-DOS

Die Funktionen des Betriebssystems MS-DOS werden über Software-
Interrupts des Prozessors 80x86 aufgerufen. Die meisten Funktionen werden mit Hilfe der Instruktion INT 21 angesprochen, wobei folgender Ablauf typisch ist:

```
Laden von Registern mit Parametern;
Register AH := Nummer der Funktion;
INT 21;
if Carry-Flag im Status-Register then
  Fehlerbehandlung, AX enthält Fehlercode;
else
  Aufruf erfolgreich,
  evtl. Ergebnis aus Registern übernehmen;
end;
```

Abweichungen von diesem Schema sind möglich, wenn es keine Parameter
gibt oder wenn der Aufruf — wie z.B. beim Abfragen des Datums —
immer erfolgreich verläuft.

Um eine entsprechende Schnittstelle von einer höheren Programmiersprache aus zu schaffen, ist lediglich ein Unterprogramm erforderlich,
dem als Parameter eine Datenstruktur übergeben wird, die ein Abbild
des Registersatzes darstellt. Diese Datenstruktur wird vor dem Aufruf
initialisiert und nach dem Aufruf zur Übernahme der Ergebnisse herangezogen. Das folgende Beispiel zeigt die Verwendung der Prozedur MSDOS
in Turbo-Pascal, um das aktuelle Dateiverzeichnis abzufragen.

```
program CurrDir;
{ aktuelles Verzeichnis anzeigen }

uses DOS;

var
  r: Registers;       { vordefinierter Typ fuer }
                      { Registersatz            }
  a: array [1..64]    { Pfadname                }
```

```
        of Char;
    i: Integer;

  begin
    r.dl := 0;              { Register DL: Laufwerk }
                            { 0 = Default-Laufwerk  }
    r.ds := Seg (a);        { DS:SI := Zeiger auf }
    r.si := Ofs (a);        { Platz für Ergebnis  }
    r.ah := $47;            { AH := Funktionscode }
    MSDOS (r);              { Register aus r laden,  }
                            { INT 21 = Systemaufruf, }
                            { Register in r speichern }
    { Wenn im Register FLAG Bit 0 (das Carry-Flag)      }
    { gesetzt ist: Fehler beim Aufruf, AX = Fehlercode }
    if Odd (r.flags) then
      if r.ax = 15 then Writeln('Invalid drive')
      else Writeln('Unknown error: ', r.ax)
    else begin
      Write('\');           { Ergebnis ausgeben }
      i := 1;
      while Ord(a[i]) > 0 do begin
        Write(a[i]);
        i := i + 1;
      end;
      Writeln;
    end;
  end.
```

Der vordefinierte Datentyp `Registers` ist eine Struktur, die dem Registersatz des Prozessors 80x86 entspricht, wobei als Feldnamen die üblichen Registerbezeichnungen (`ax`, `ds` usw.) verwendet werden. Die — ebenfalls vordefinierte — Prozedur `MSDOS` sorgt dafür, daß die Register des Prozessors mit den Werten des übergebenen Parameters vom Typ `Registers` geladen werden. Dann ruft sie (mit Hilfe einer INT 21-Instruktion) das Betriebssystem auf. Nach der Rückkehr vom Betriebssystem werden die Registerinhalte in den Parameter zurückgeschrieben, worauf die Rückkehr an die Aufrufstelle erfolgt.

Systemaufrufe in UNIX

Unter UNIX wird die Programmiersprache C zur Systemprogrammierung verwendet. Selbstverständlich wird in den verschiedenen UNIX-Implementierungen ein Mechanismus verwendet, der den Gegebenheiten der Hardware entspricht, da aber alle Systemaufrufe als Funktionsaufrufe zur Verfügung stehen, besteht kein Grund, sich mit dieser Schnittstelle auseinanderzusetzen. Das folgende Beispiel zeigt die Verwendung der Systemaufrufe **mktemp** und **creat** zum Anlegen temporärer Dateien.

```c
#include <stdio.h>

/* Deklaration von mktemp: create temporary file */
char *mktemp(char *template);

/*
 *  Anlegen temporaerer Dateien
 */

int main (int argc, char *argv[])
{
    int rc = 0, f;
    char *tname;
    while (argc-- > 1 )
    {
        /* uebergebenen Namen eindeutig machen */
        tname = mktemp (*++argv);

        /* Datei anlegen */
        if ((f = creat (tname, 0644)) < 0)
        {
            /* Fehler beim Anlegen */
            fprint (stderr,
                "mktemp: cannot create '%s'\n", tname);
            rc++;
        } else
        {
            /* Datei erfolgreich angelegt */
            fprint (stdout, "%s\n", tname);
            close (f);
        }
    }
    return (rc);
}
```

Der Systemaufruf **mktemp** erwartet als Parameter eine Zeichenkette, die einen gültigen Dateinamen darstellen und mit **XXXXXX** enden sollte. Diese sechs Zeichen werden durch eine eindeutige Zeichenfolge (z.B. die Prozeß-Identifikation und einen eindeutigen Buchstaben) ersetzt; das Funktionsergebnis ist ein Zeiger auf diese neue Zeichenkette.

Der Aufruf **creat** erwartet als Parameter eine Zeichenkette mit dem gewünschten Pfadnamen und eine Zahl zur Darstellung der Schutzcodes. Das Funktionsergebnis ist ein File-Deskriptor, eine Zahl, die (gemeinsam mit der Prozeßidentifikation) eine für das Betriebssystem eindeutige Kennung der Datei darstellt. Weitere Aufrufe (hier z.B. **close**) verwenden diesen File-Deskriptor, um sich auf eine bestimmte Datei beziehen zu können.

8.2 Kommandosprachen

Die Idee, eine Benutzeroberfläche für ein Betriebssystem ähnlich wie eine Programmiersprache zu gestalten, ist nicht von heute auf morgen entstanden. In den Systemen, die ausschließlich mit Stapelverarbeitung betrieben wurden, war es ausreichend, die Daten und Programme zu benennen, die in einem Job verwendet werden sollten. Wesentliche Elemente einer solchen Job-Steuer-Sprache (Job control language) sind daher Beschreibungen von Daten und Aufrufe von Programmen.

Eine der bekanntesten Job-Steuer-Sprachen ist die des IBM-Systems OS/360. In ihr werden nur drei verschiedene Anweisungen verwendet:

- Job-Anweisung. Diese Anweisung leitet einen Job ein und enthält Angaben über den Benutzer und benötigte Betriebsmittel.

- Data-Definition-Anweisung. Eine DD-Anweisung stellt die Verbindung zwischen dem Data-Control-Block (DCB), einer im Programm verwendeten Datenstruktur zur vollständigen Beschreibung einer Datei, und einem Datenbestand im System her. Im DCB fehlende Angaben können auch auf der DD-Anweisung gemacht werden, die deswegen zahlreiche Parameter und Optionen aufweist: Angaben zur Speicherbelegung, Organisation, Satzart usw.

- Exec-Anweisung. Mit ihr wird ein Programm aufgerufen. Durch Parameter kann dieser Aufruf abhängig vom Erfolg vorangehender Job-Schritte gemacht werden.

Für die Stapelverarbeitung ist ein solches Konzept durchaus ausreichend. Daß diese Steuersprache oft kritisiert wurde, liegt vor allem an einer Fehlentscheidung beim Design (Brooks 1975). Die Syntax der Anweisungen wurde nämlich entsprechend der des Makro-Assemblers im System OS/360 gewählt. Wie in Makro-Aufrufen werden Parameter sowohl mit Hilfe von Schlüsselwörtern als auch durch ihre Position identifiziert, und auch so unscheinbare Kleinigkeiten wie zusätzliche Leerzeichen nach Trennzeichen oder unmittelbar aufeinanderfolgende Trennzeichen haben daher spezielle Bedeutung. Daß unter solchen Umständen Fehler besonders leicht möglich sind, braucht wohl kaum betont zu werden. Wieviel Zeit und Arbeit mag wohl so verlorengegangen sein...

Mit dem Übergang zur interaktiven Betriebsform mußte ein neuer Weg bei der Gestaltung der Kommando-Ebene eingeschlagen werden. So sind z.B. mehrzeilige Anweisungen, die Angaben für alle möglichen Fälle bei der Verwendung einer Datei vorsehen, in dieser Betriebsform unsinnig; statt dessen sind kurze, präzise Befehle für die einzelnen Operationen mit der Datei erforderlich.

Ein weiterer Wandel vollzog sich in der Art der Implementierung der Kommandosprache. Die Erkenntnis, daß die Kommandosprache nicht zwingend zum Betriebssystem im engeren Sinn gehören muß, führte dazu, daß Interpreter für Kommandosprachen keine Sonderstellung im System einnehmen, sondern wie gewöhnliche Programme ablaufen. Die mit UNIX populär gewordene Bezeichnung „shell" (Schale) soll zum Ausdruck bringen, daß ein solches Programm zwar eine Schnittstelle zum Kern, aber nicht einen festen Bestandteil davon darstellt.

Eigenschaften von Kommandosprachen

Kommandosprachen haben trotz aller Unterschiede von System zu System eine Reihe charakteristischer Eigenschaften gemeinsam. Typisch ist die generelle Form eines Kommandos:

```
Verb Parameter...
```

Das „Verb" bezeichnet das gewünschte Kommando. Als Parameter werden Namen (z.B. von Dateien) und andere Zeichenketten verwendet, die für das Programm festgelegte Bedeutung haben; diese werden je nach System als „Schalter" (Switch), „Optionen" (Option) oder „Modifikatoren" (Qualifier) bezeichnet. Zur Unterscheidung von Namen und Optionen wird letzteren ein Sonderzeichen vorangestellt (z.B. in UNIX das Zeichen -).

Es sollte für einen Kommando-Interpreter prinzipiell keinen Unterschied machen, ob Kommandos interaktiv am Terminal eingegeben oder von einer Datei eingelesen werden. Damit läßt sich einerseits der für eine ganze Reihe von Anwendungen vorteilhafte Stapelbetrieb über dieselbe Schnittstelle abwickeln, andererseits kann eine auf einer Datei gespeicherte Befehlsfolge wiederholt aufgerufen werden. Der Benutzer erzeugt eine Textdatei mit den gewünschten Befehlen und übergibt sie dem System zur Bearbeitung im Hintergrund oder ruft sie zur Ausführung vom Terminal aus auf. In beiden Fällen ist üblicherweise ein Mechanismus zur Parameterübergabe vorgesehen. Da der Aufruf solcher *Kommandoprozeduren* ähnlich aussieht wie der eines vorhandenen Kommandos, stellen sie ein wertvolles Hilfsmittel zur Erweiterung der Kommandosprache dar.

Die Art der Ausführung von Kommandos durch einen Kommando-Interpreter führt zur Unterscheidung von *internen* und *externen* Kommandos. Interne Kommandos werden vom Kommando-Interpreter selbst erledigt, externe Kommandos führen zum Aufruf eines Programms durch den Kommando-Interpreter. Somit können weitere externe Kommandos jederzeit hinzugefügt oder vorhandene ersetzt werden. Die Entscheidung, ob ein Kommando intern oder extern sein soll, ist zum Teil eine Ermessensfrage. Ein Kommando kann natürlich schneller durchgeführt werden, wenn kein Programm zu seiner Ausführung geladen werden muß, aber ein Kommando-Interpreter mit vielen eingebauten Funktionen wäre ein sehr großes, aufwendiges Programm. Die Entscheidung zwischen „intern" oder „extern" hängt auf manchen Systemen davon ab, ob das Kommando Information verändert, die dem Prozeß des Kommando-Interpreters selbst zugeordnet ist; in einem solchen Fall muß das Kommando intern sein. Ein bekanntes Beispiel ist das Kommando **cd** in UNIX zum Setzen des aktuellen Verzeichnisses. Da jeder Prozeß sein eigenes aktuelles Verzeichnis hat, wäre ein externes Kommando **cd**, ausgeführt von einem Kind-Prozeß des Shell-Prozesses sinnlos, da die Veränderung ja nur den Kind-Prozeß beträfe.

Mit Hilfe weiterer interner Kommandos werden die *Variablen* der Kommandosprachen gesetzt. Solche Variablen können Zeichenketten als Werte erhalten, manche Systeme lassen als weiteren Datentyp auch Zahlen zu. Zuweisung und Verkettung sind als Operationen verfügbar, z.B. wie hier in MS-DOS oder OS/2:

```
C:\> set wrkdir=\turbo
C:\> set wrkdir=%wrkdir%\test
```

Das erste **set**-Kommando weist der Variablen `wrkdir` den Wert `\turbo` zu, das zweite verkettet den Wert von `wrkdir` mit der Zeichenkette `\test` und speichert das Ergebnis wieder in der Variablen `wrkdir`. Zur Verkettung ist hier kein eigener Operator erforderlich, aber der Zugriff auf den Wert einer Variablen muß durch eine spezielle Schreibweise — hier ist es das Einschließen in Prozentzeichen — kenntlich gemacht werden. (In MS-DOS ist das eigenartigerweise nur in Kommandoprozeduren möglich, andere Betriebssysteme machen jedoch keinen Unterschied zwischen der Eingabe vom Terminal und von einer Datei.) Der aktuelle Wert einer Variablen kann mit dem gleichen Mechanismus an beliebigen Stellen in Kommandos eingesetzt werden, z.B.

```
set message=echo Installation erfolgreich!
...
%message%
```

Auch die Parameter von Kommandoprozeduren werden auf ähnliche Weise in die Zeilen des Prozedur-Textes eingesetzt. In MS-DOS sind die Bezeichnungen %1, %2 usw. für die Parameter einer Prozedur vorgesehen. Das folgende Beispiel zeigt eine typische Anwendung.

```
masm %1,,%1;
link %1;
erase %1.obj
print %1.lst
```

Wird dieser Text in einer Datei namens `asmlnk.bat` gespeichert, so braucht beim Aufruf von `asmlnk` nur der Name der gewünschten `.ASM`-Datei (mit dem Assembler-Quelltext) angegeben zu werden, also z.B.

```
C:\PROG> asmlnk myprog
```

Mit der Verfügbarkeit von Variablen wird eine Voraussetzung geschaffen, um in der Kommandosprache regelrecht programmieren zu können. Es liegt daher der Wunsch nach Steuerbefehlen auf der Hand, um Fallunterscheidungen und Schleifen schreiben zu können. Nicht sehr elegant, aber ausreichend, sind ein **if**-Kommando und ein **goto**-Kommando. Das folgende Beispiel ist eine Erweiterung der Prozedur `asmlnk`, die jetzt eine Reihe von Dateien verarbeiten kann.

```
:next
if "%1"=="" goto nomore
masm %1,,%1;
link %1;
erase %1.obj
print %1.lst
shift
goto next
:nomore
```

Das **if**-Kommando vergleicht zwei Zeichenketten; vom Ergebnis hängt die Ausführung des darauffolgenden Befehls ab. Ein **goto** setzt mit dem Kommando fort, das auf die genannte Marke folgt, wobei eine Marke durch den vorangestellten Doppelpunkt gekennzeichnet ist. Eine besondere Einrichtung hilft beim Bearbeiten einer variabel langen Parameterliste: Das **shift**-Kommando verschiebt die gesamte Parameterliste um einen Schritt nach links, sodaß der zweite Parameter in `%1` verfügbar wird.

Wesentlich für die mit **if** und **goto** erreichbaren Möglichkeiten sind die im Ausdruck des **if**-Kommandos verfügbaren Operationen. Relativ wenig bieten hier MS-DOS und OS/2:

- Eine Abfrage, ob `errorlevel` größer oder gleich einem angegebenen Wert ist. Damit kann der Erfolg eines zuvor ausgeführten Kommandos getestet werden — allerdings unter der Voraussetzung, daß das Kommando bei seinem Ende eine entsprechende Rückmeldung an das Betriebssystem vorsieht. (Leider machen das in MS-DOS nur die Kommandos **backup**, **restore** und **xcopy**.)

- Ein Vergleich zweier Zeichenketten. Der Operator == prüft auf Gleichheit.

- Ein Test, ob eine Datei existiert.

Jeder Bedingung kann **not** vorangestellt werden. Eine Kombination von Bedingungen ist nur durch Schachteln von **if**-Kommandos möglich. Das folgende Beispiel zeigt einige Möglichkeiten.

```
@echo off
rem
rem  -- scopy: sicheres copy
rem
if "%2"=="" goto synterr
if exist %2 goto target
if not exist %1 goto nosource
copy %1 %2 >nul:
goto exit
:target
echo %0: Ziel existiert bereits
goto exit
:nosource
echo %0: Quelldatei existiert nicht
goto exit
:synterr
echo Aufruf: %0 path1 path2
:exit
```

In %0 wird der Name der Datei verfügbar gemacht, von der aus die Kommandoprozedur aufgerufen wurde. Das wird hier ausgenützt, um die Fehlermeldungen flexibel zu gestalten.

Neben der Bearbeitung aller Parameter einer Kommandoprozedur ist noch eine weitere Form der Schleife wichtig, nämlich eine solche, mit deren Hilfe eine Reihe von Dateien bearbeitet werden kann. Da das mit den bisher vorgestellten Methoden nicht möglich ist, gibt es dafür in MS-DOS das **for**-Kommando.

```
FOR %c IN (Name...) DO Kommando
```

Das nach DO angegebene Kommando wird für jede Datei ausgeführt, deren Name auf einen der in der Klammer angegebenen Namen paßt, wobei Kürzelzeichen entsprechend berücksichtigt werden. Wenn %c (statt c kann ein beliebiger Buchstabe geschrieben werden) im Kommando vorkommt, wird stattdessen der Name der jeweiligen Datei vor der Ausführung in das Kommando eingesetzt. Das folgende Beispiel zeigt eine typische Anwendung, bei der alle ausführbaren Dateien aus dem aktuellen Verzeichnis auf das Laufwerk A: kopiert werden.

```
for %f in (*.exe *.com *.bat) do copy %f a:
```

Da in **for** nur ein einzelnes Kommando geschrieben werden kann, muß eine Folge von Kommandos mit Hilfe einer eigenen Kommandoprozedur aufgerufen werden.

Eine wichtige Aufgabe jeder Kommandosprache ist die Vorbereitung der Ausführung von Programmen. Dazu gehört das Auffinden der Datei mit dem gewünschten Programm, das Bereitstellen von Standard-Dateien für die Ein- und Ausgabe sowie die Übergabe von Parametern. So erwartet z.B. UNIX im exec-Aufruf zum Laden eines Programms in den Adreßraum eines Prozesses die vollständige Angabe des Pfadnamens. Daß der Benutzer mit Hilfe der Shell-Variablen PATH eine Reihe von Dateiverzeichnissen vorgeben kann, die nach der genannten Datei durchsucht werden, ist lediglich eine Konvention, die von der Shell beachtet werden muß. Das geschieht so, daß die Shell der Reihe nach in den angegebenen Verzeichnissen nach einer passenden Datei sucht; erst dann, wenn der vollständige Name bekannt ist, wird das Betriebssystem aufgerufen.

Die Ein- und Ausgabeströme eines Prozesses können von der Aufrufstelle her nur dann beeinflußt werden, wenn ein Prozeß so programmiert ist, daß er bereitgestellte, schon eröffnete Ströme verwendet. Typisch für viele Programme ist das Lesen einer Eingabedatei, das Schreiben einer Ausgabedatei und die Ausgabe von Fehlermeldungen. Dementsprechend sehen UNIX und MS-DOS drei Standard-Ströme vor: Standardeingabe, Standardausgabe und Fehlerausgabe. Diese drei Ströme müssen von dem Prozeß eingerichtet werden, der das Programm startet, und werden dem gestarteten Prozeß einfach „vererbt". Wird ein Programm von einer interaktiv laufenden Shell aus gestartet, so liegt es nahe, diese Ströme dem Terminal zuzuordnen. Läßt man außerdem über die Shell die Möglichkeit zu, diese Ströme bei Bedarf auf andere Dateien oder Geräte umzuleiten, so werden alle Programme, die diese Standardströme verwenden, ohne den geringsten zusätzlichen Programmieraufwand flexibel, weil auf beliebige Dateien anwendbar. Das folgende Beispiel zeigt, wie das Programm **sort** in MS-DOS aufgerufen werden kann, um die Datei x.dat zu sortieren und das Ergebnis als y.dat abzuspeichern.

```
C:\DATEN> sort <x.dat >y.dat
```

Auf das Zeichen < folgt der Name der Datei, von der die Standardeingabe kommen soll. Analog wirkt > für die Standardausgabe. (Eine Variante dieser Form ist >>, was das Hinzufügen der Ausgabe am Ende einer bereits existierenden Datei bewirkt.)

Mit dem Symbol | zwischen zwei Kommandos in einer Zeile werden gleich zwei Umleitungen durchgeführt: Die Standardausgabe des ersten Kommandos wird in die Standardeingabe des zweiten Kommandos weitergeleitet, z.B.:

```
C:\> dir | sort >dirlist.dat
```

Der englische Ausdruck für diese Verbindung zweier Programme lautet „pipe", da die Daten hier wie in einem Rohr von einem Programm zum nächsten weitergeleitet werden. Weil in MS-DOS die Ausführung der beiden Kommandos hintereinander erfolgen muß, wird zur Implementierung eine Hilfsdatei benötigt, die vom Kommando-Interpreter angelegt und nachher wieder gelöscht wird. Für den Benutzer ist das jedoch transparent.

Ein Programm, das von der Standardeingabe liest und auf die Standardausgabe schreibt, wird als *Filter* bezeichnet. Bei Filtern kann sowohl die Eingabe als auch die Ausgabe umgeleitet werden, wobei natürlich auch Pipes verwendet werden dürfen. Damit ergibt sich die Möglichkeit, regelrechte „Rohrleitungen" (Pipeline) zusammenzusetzen. Das folgende Beispiel zeigt diese Technik mit UNIX-Kommandos, wobei die Aufgabe lautet, die zehn bei einer Wahl am häufigsten genannten Kandidaten zu finden. Die Datei `stimmen` enthält Zeilen mit jeweils einem Namen eines Kandidaten.

```
unix$ sort <stimmen | uniq -c | sort -n | tail
```

Mit **sort** wird die Datei `stimmen` sortiert. Das Ergebnis wird an das Kommando **uniq** weitergeleitet, das aufeinanderfolgende gleiche Zeilen der Eingabe zu einer einzigen Zeile komprimiert, der wiederum die Anzahl der gleichen Zeilen vorangestellt wird (Option `-c`). Ein erneuter Sortiervorgang ordnet die Zeilen ansteigend nach diesem Zähler, und **tail** filtert die letzten zehn Zeilen heraus.

Nachdem der Kommando-Interpreter die Umleitungs- und Pipe-Operatoren einer Kommando-Zeile verarbeitet hat, bleiben Verb und Parameter übrig. Der Rest der Kommandozeile nach dem Verb wird dem aufgerufenen Programm übergeben. In einem C-Programm ist die Übernahme dieser Parameter unabhängig vom jeweiligen Betriebssystem geregelt.

Die Bourne-Shell

Die meisten der oben erwähnten und mit Beispielen aus MS-DOS illustrierten Möglichkeiten wurden nach dem Vorbild der bekanntesten Shell von UNIX, der nach ihrem Autor benannten Bourne-Shell, gestaltet. Mit einigen zusätzlichen Einrichtungen, die im folgenden kurz beschrieben werden, wird die Bourne-Shell jedoch zu einem mächtigen Werkzeug zur Lösung von Programmieraufgaben.

Variablen können nicht nur mit einer Wertzuweisung gesetzt werden, sondern das **read**-Kommando gestattet auch die interaktive Eingabe von Werten, eine Möglichkeit, die in MS-DOS unverständlicherweise fehlt. In Kommandos können nicht nur die Werte von Variablen und Parametern eingesetzt werden, sondern es ist sogar möglich, die gesamte Ausgabe eines Programms in eine Shell-Prozedur einzufügen. Dazu wird ein Kommando in umgekehrte Apostrophe (`) eingeschlossen, z.B.:

```
olddir='pwd'
...
cd $olddir
```

In der ersten Zeile wird die Ausgabe von **pwd**, also der Name des aktuellen Dateiverzeichnisses, in die Zuweisung an die Variable `olddir` eingesetzt. Die letzte Zeile zeigt die Verwendung des Wertes der Variablen.

Weitere Veränderungen des Textes einer Shell-Prozedur bei der Ausführung ergeben sich durch die Expansion von Kürzelzeichen in Dateinamen. Für das Programm ist nicht mehr zu erkennen, wie diese Dateinamen zustandegekommen sind. Wenn es doch einmal erforderlich ist, einem Programm den unveränderten Parameter zukommen zu lassen, sieht die Shell die Möglichkeit vor, die Expansion durch Einschließen in Anführungszeichen außer Kraft zu setzen.

Die Steuerkommandos der Bourne-Shell sind strukturiert, das heißt, sie können eine beliebige Folge anderer Kommandos enthalten. Da es **if**, **case**, **for**, **while** und **until** gibt, besteht keine Notwendigkeit für einen Sprungbefehl, noch dazu, wo es zum Ausstieg aus Schleifen ein **break**-Kommando gibt. Eine Besonderheit stellt das **case**-Kommando dar, das nicht nur einfache Vergleiche, sondern sogar Mustererkennung mit Zeichenketten ermöglicht: Ein Zeichenkettenwert wird dabei mit einer Reihe von „Mustern" verglichen, wobei ein Muster sowohl einfache Zeichen als auch Kürzelzeichen enthalten kann. Die Kürzelzeichen haben dieselbe Bedeutung wie in Dateinamen. Das folgende Beispiel zeigt ein typisches **case**-Kommando.

```
for name
do
   echo Delete $name?
   read reply
   case "$reply" in
   y*|Y*) rm $name;
          echo $name deleted ;;
   n*|N*) echo $name not deleted ;;
   q*|Q*) break ;;
       *) echo reply yes, no, or quit!
   esac
done
```

Grundlage für die Fallunterscheidung ist der Wert der Variablen `reply`, wobei nur das erste Zeichen berücksichtigt werden soll. Durch das Zeichen | werden Alternativen bei der Angabe eines Musters getrennt. Ein bloßer Stern stimmt mit jedem Wert überein.

Die vielseitigen Möglichkeiten des **case**-Kommandos machen das **if**-Kommando nahezu überflüssig, noch dazu, wo in der Bourne-Shell erstaunlicherweise keine Möglichkeiten vorgesehen sind, Ausdrücke irgendwelcher Art zu verwenden. Die einzige Bedingung, von der die Ausführung eines **if**-Kommandos abhängig gemacht werden kann, ist der Erfolg der Ausführung eines Kommandos. Deswegen gibt es das Kommando **test** zur Auswertung diverser Ausdrücke; mit ihm können Zeichenketten und Zahlen verglichen und Dateien auf ihre Existenz geprüft werden, wie das folgende Beispiel zeigt.

```
if test -f $2
then echo $2 already existing
fi
```

Ein ebenfalls sehr mächtiges Hilfsmittel stellt das **for**-Kommando dar, das die wiederholte Ausführung einer Kommando-Folge erlaubt, wobei eine Variable der Reihe nach Werte aus einer beliebig vorgebbaren Folge von Zeichenkettenwerten annimmt. Diese Zeichenkettenwerte können durch die Expansion von Dateinamen zustandekommen, aber auch das Durchlaufen aller Parameter ist einfach möglich, wie der folgende Ausschnitt aus einer Shell-Prozedur zeigt.

```
...
for i
do
    # Ausgabe des Anfangs und des Endes einer Datei
    head $i;    echo ...;    tail $i
done
...
```

Da im **for**-Kommando nichts anderes angegeben ist, bestimmt die Anzahl der Parameter der Shell-Prozedur die Anzahl der Wiederholungen, und die Variable (hier: i) nimmt der Reihe nach die Werte dieser Parameter an.

Die Bourne-Shell gestattet auch das Ausnützen der Möglichkeiten des Mehrprogramm-Betriebs. Bei der Verbindung zweier Kommandos durch einen Pipe-Operator werden zwei parallel laufende Prozesse zur Ausführung der beiden Programme gestartet, und die Daten werden mit Hilfe einer Pipe von einem Prozeß an den anderen weitergeleitet. Pipes werden mit denselben Befehlen geschrieben und gelesen wie Dateien, weswegen es für ein Programm völlig unerheblich ist, ob es Ein- und Ausgabe über Pipes oder Dateien abwickelt.

Auch nicht gekoppelte Prozesse können vom Benutzer parallel ausgeführt werden. Ein Kommando kann nämlich so aufgerufen werden, daß der Shell-Prozeß nicht auf das Ende wartet, sondern sofort bereit ist, eine weitere Eingabe entgegenzunehmen. Während das eine Programm im Hintergrund abläuft, nimmt die Shell im Vordergrund weitere Befehle entgegen. Für den Benutzer ist dabei wichtig zu wissen, daß der Prozeß im Hintergrund seine Standardeingabe nicht mehr vom Terminal her beziehen kann, weil ein Eingabegerät nicht ohne weiteres sinnvoll zwei Prozesse bedienen kann. Die naheliegende Lösung besteht darin, den Prozeß im Hintergrund die Eingabe von einer Datei lesen zu lassen.

Die letzte hier vorgestellte, aber nicht unwichtigste Shell-Einrichtung dient zur Behandlung „außergewöhnlicher Ereignisse" bei der Ausführung

von Shell-Programmen. UNIX übermittelt solche Ereignisse, die von
Hardware, Software oder dem Benutzer ausgelöst und vom Betriebssystem erkannt werden, über sogenannte Signale an den zuständigen
Prozeß; dieser kann Signale mit einer speziell dafür bereitgestellten Prozedur behandeln. In einem Shell-Programm sieht die Behandlung eines
Signals so aus, daß über das Kommando **trap** eine Liste von Kommandos
zur Behandlung bestimmter Signale bereitgestellt wird, z.B.

```
...
trap 'rm tmp*; exit 1' 2
...
```

Mit dieser Zeile erreicht das Shell-Programm, daß beim Abbruch durch
den Benutzer (Signal Nummer 2) temporäre Dateien gelöscht werden (`rm
tmp*`); erst dann endet das Programm (`exit`). Ohne `exit` würde die Shell
die Ausführung an der Stelle der Unterbrechung fortsetzen.

Es sind nur wenige, aber vielseitig einsetzbare und gut zusammen-
wirkende Konzepte, die die Bourne-Shell anzubieten hat. Sie bilden
gleichsam den Mörtel zu den vielen Kommando-Bausteinen, die UNIX
zur Verfügung stellt. Es gibt aber auch Anlaß zu Kritik an der Shell:
Die vielen Sonderzeichen mit spezieller Bedeutung sind nicht leicht auseinanderzuhalten; der Zeitpunkt, zu dem Variablen durch ihren Wert
ersetzt oder Dateinamen expandiert werden, muß genau beachtet werden; Ausdrücke können nur umständlich über den Aufruf von Kommandos ausgewertet werden; usw. Andere Betriebssysteme setzen Kommandosprachen ein, die sich mehr an herkömmlichen Programmiersprachen orientieren. Als Beispiel dafür soll hier die Kommandosprache von
VAX/VMS mit ihren wesentlichen Konzepten vorgestellt werden.

Die Digital Command Language

Die Digital Command Language (DCL) ist eine Kommandosprache,
die einfache Elemente einer Programmiersprache mit Makrotechniken
verbindet. Als Datentypen stehen ganze Zahlen und Zeichenketten zur
Verfügung, die mit Operatoren zu Ausdrücken verknüpfbar sind. Zahlreiche Funktionen vereinfachen die Verarbeitung von Zeichenketten und Dateinamen und machen besondere Systemfunktionen verfügbar. Ein- und
Ausgabebefehle ermöglichen den Zugriff auf Dateien aller Art. Werte
von Variablen können in Anweisungen eingesetzt werden. Mit diesem
reichhaltigen Repertoire können Lösungen für Aufgaben (ähnlich wie in
UNIX) geschrieben werden, wobei natürlich auch schon vorhandene Programme eingesetzt werden können. Das folgende Beispiel zeigt ein typisches DCL-Programm.

```
$! BIG.COM
$! Liste von Dateien in einem Verzeichnis,
```

```
$! die eine bestimmte Groesse ueberschreiten
$! Aufruf: BIG [<Verzeichnis>] <Blocks>
$!
$  IF P2 .NES. "" THEN GOTO NO_DEF
$  P2=P1
$  P1=F$DIRECTORY()
$ NO_DEF:
$  IF F$INTEGER(P2).LE.0 THEN GOTO PAR2_ERR
$  FSPEC=F$PARSE("*.*;*",P1)
$  IF FSPEC .EQS. "" THEN GOTO PAR1_ERR
$ NEXT:
$  FN=F$SEARCH(FSPEC)
$  IF FN .EQS. "" THEN EXIT
$  IF F$FILE(FN,"EOF") .LT. P2 THEN GOTO NEXT
$  WRITE SYS$OUTPUT FN
$  GOTO NEXT
$ PAR1_ERR:
$  WRITE SYS$OUTPUT "Error in directory"
$  EXIT
$ PAR2_ERR:
$  WRITE SYS$OUTPUT "Invalid size"
```

Parameter einer DCL-Prozedur sind unter den Namen P1, P2 usw.
verfügbar. Die eingebauten Standardfunktionen der DCL sind am Präfix
`F$` zu erkennen: `F$DIRECTORY` liefert das aktuelle Verzeichnis, `F$INTEGER`
konvertiert eine Zeichenkette zu einer Zahl, `F$PARSE` setzt Pfadnamen
aus Zeichenketten zusammen, und `F$FILE(...,"EOF")` liefert die Größe
einer Datei. Besonders bemerkenswert ist der Einsatz von `F$SEARCH`:
Diese Funktion liefert bei wiederholtem Aufruf der Reihe nach alle Dateinamen, die mit dem Argument übereinstimmen, das im allgemeinen
ein Pfadname mit Kürzelzeichen sein wird.

Auch in der DCL können Variablen zur Veränderung von Kommandos während der Ausführung einer Kommandoprozedur eingesetzt werden, was (ausgenommen am Beginn der Zeile) durch spezielle Substitu-
tionsparameter kenntlich zu machen ist. Das nächste Beispiel zeigt die
Ersetzung einer Variablen an einer beliebigen Stelle in einem Kommando:

```
$ HOME = "[MAIER]"
$ DIR 'HOME'
```

Durch Einschließen eines Variablennamens mit dem Substitutionsopera-
tor '...' wird die Ersetzung der Variablen `HOME` durch ihren Wert verlangt. Eine spezielle Form des Substitutionsoperators (''...'') ist innerhalb von Zeichenketten erforderlich:

```
$ WRITE SYS$OUTPUT "Symbol HOME = ''HOME'"
```

Steht eine Variable jedoch am Beginn einer Kommandozeile, so wird sie automatisch durch ihren Wert ersetzt. Mit dieser besonderen Regel können Variablen zur Abkürzung oder Neubenennung von Kommandos herangezogen werden.

```
$ CD = "SET DEFAULT"
$ CD [MAIER.PASCAL]  ! CD -> SET DEFAULT
```

Die Variable CD erhält die Zeichenkette "SET DEFAULT" zugewiesen, die den Beginn eines Kommandos darstellt.

In Ausdrücken sind Substitutionsoperatoren nicht erforderlich:

```
$ FILE = HOME + "LOGIN.COM"
```

Hier wird der Variablen FILE der Wert des Ausdrucks auf der rechten Seite zugewiesen, der durch die Verkettung des Wertes von HOME mit der konstanten Zeichenkette entsteht. Es wäre falsch,

```
$ FILE = 'HOME' + "LOGIN.COM"  ! Vorsicht - Fehler
```

zu schreiben, denn das wird ja zu

```
$ FILE = [MAIER] + "LOGIN.COM" ! falscher Ausdruck
```

expandiert - und das ist kein korrekter DCL-Ausdruck!

Eine weitere Feinheit zeigt das folgende Beispiel.

```
$ A = "B"
$ 'A' = 1     ! 'A' -> B
```

Die Variable A wird in der zweiten Zeile durch ihren Wert ("B") ersetzt. Es wird also die Variable B mit dem Wert 1 initialisiert. Im Grunde genommen wird hier A wie eine Zeigervariable behandelt. (Aufmerksamen Leserinnen und Lesern wird nicht entgangen sein, daß links von = die automatische Ersetzung einer Variablen durch ihren Wert am Beginn eines Kommandos aus naheliegendem Grund nicht durchgeführt wird!)

Die vorangehenden Beispiele zur Verwendung von Variablen in der DCL zeigen, daß die Handhabung von Sprachen, die Makro-Techniken verwenden, um den Programmtext noch während der Ausführung verändern zu können, besondere Umsicht erfordert. Das ist sicher der Hauptgrund, warum Kommandosprachen in der Anwendung komplizierter sind als gewöhnliche Programmiersprachen.

8.3 Interaktive Benutzeroberflächen

Kommandosprachen eignen sich sowohl für den interaktiven Betrieb als auch zur Programmierung von Abläufen im Stapelbetrieb. Sie sind aber von ihrer Konzeption her eher für Personen gedacht, die durch häufiges Arbeiten sehr vertraut mit dem System werden. Benutzer, die nur gelegentlich die Kommandos eines Betriebssystems verwenden, erwarten daher zusätzliche Unterstützung durch das System. Ideal sind Benutzeroberflächen, die sich an den Wissensstand des Benutzers anpassen lassen.

Einzeilige Kommando-Eingabe

Auch bei der Kommando-Eingabe in einer Zeile kann dem Benutzer einiger Komfort geboten werden. Fehlende, aber unbedingt erforderliche Parameter sollten z.B. nicht einfach eine Fehlermeldung auslösen, sondern das Programm, welches das Kommando ausführt, sollte sie nachfordern.

Eine hilfreiche Einrichtung bei der Eingabe von Kommandos ist ein *Kommando-Editor*, der die beliebige Bearbeitung einer Kommando-Zeile gestattet. Über Funktionstasten ist Löschen von Zeichen und Wörtern möglich, der Cursor kann beliebig in der Zeile bewegt werden, und Zeichen können an jeder Stelle eingefügt oder überschrieben werden. Besonders nützlich ist es, wenn der Editor außerdem mit einem „Gedächtnis" ausgestattet ist, mit dem er sich die zuletzt eingegebenen Kommandos merkt; der Benutzer kann sich eine dieser Zeilen als neue Eingabezeile holen und dann, mit oder ohne Korrektur, erneut eingeben.

Hilfestellung

Wenn dem Benutzer das Wälzen dickleibiger Handbücher bei der Eingabe von Kommandos erspart werden soll, ist eine Einrichtung notwendig, mit der Details über einzelne Kommandos am Bildschirm angezeigt werden können. So gibt z.B. das UNIX-Kommando **man** mit einem Kommando-Namen als Parameter die entsprechenden Seiten des Handbuchs am Bildschirm aus. Aufwendiger ist das HELP-Kommando von VMS, mit dem hierarchisch strukturierte Information zu Kommandos angezeigt wird: Die erste Stufe vermittelt einen Überblick über alle Kommandos, auf der zweiten Stufe wird allgemeine Information zu einem Kommando präsentiert, und die dritte Stufe bringt Details zu Parametern sowie Beispiele. Die zugrundeliegende Information ist in speziellen HELP-Bibliotheken zusammengestellt, die jederzeit erweiterbar sind, sodaß die HELP-Einrichtung den jeweiligen Anforderungen einer Installation angepaßt werden kann.

Formulartechnik

Anfänger und gelegentliche Benutzer haben vor allem deswegen Schwierigkeiten mit Kommandos, weil sie mit Bezeichnungen von Optionen und der Stellung der Parameter nicht vertraut sind. Eine mögliche Lösung des Problems besteht darin, zu einem Kommando auf Wunsch eine Maske am Bildschirm anzuzeigen. Diese Maske enthält Führungstext

und Eingabefelder für Parameter und Optionen. Die Eingabefelder der
Maske werden im Stil der *Formulartechnik* ausgefüllt oder geändert,
wobei alle in der Formulartechnik üblichen Methoden genutzt werden
können; dann wird mit einer Funktionstaste die Eingabe des Kommandos abgeschlossen. Da der Benutzer bei jedem Kommando sowohl die
einzeilige Form als auch das Formular verlangen kann, paßt sich eine so
gestaltete Schnittstelle den Fähigkeiten des Benutzers an.

Besonders vorteilhaft in Verbindung mit der Formulartechnik ist die
Implementierung eines „mitdenkenden" Kommando-Interpreters. Ziel
ist es dabei, für die einzugebenden Parameter sinnvolle Vorschläge be-
reitzustellen. Das gelingt, wenn Kommando-Folgen in vorhersehbaren
Standard-Situationen eingesetzt werden, z.B. bei der Programmentwicklung, wo Editieren, Übersetzen und Ausführen aufeinanderfolgen und die
Namen der beteiligten Dateien gleichbleiben. So kann nach dem Editieren einer Datei XYZ.PAS beim Aufruf des Pascal-Compilers wieder die
Datei XYZ.PAS als Parameter vorgeschlagen werden. Diese Verbindung
zwischen den einzelnen Kommandos kann mit Hilfe von Variablen des
Kommandoprozessors hergestellt werden.

Menütechnik und grafische Benutzeroberflächen

Eine gezielte Führung des Benutzers ist mit Hilfe der *Menütechnik*
möglich. Dabei wählt der Benutzer das gewünschte Kommando einfach
aus einer Liste von Vorschlägen aus, indem er die Marke am Bildschirm
mit den Cursortasten an die gewünschte Stelle bringt und dann mit einer
bestimmten Funktionstaste die Verarbeitung beginnt. Auch die Objekte,
die mit dem Kommando verarbeitet werden sollen, lassen sich in dieser
Art bestimmen.

Die Darstellung der zur Auswahl stehenden Funktionen und Objekte
kann auf einem grafikfähigen Bildschirm mit Hilfe gezeichneter Symbole
geschehen; die Auswahl erfolgt dann meistens mit einer Maus oder einem ähnlichen Gerät. Eine solche grafische Benutzeroberfläche sieht at-
traktiv aus und hilft, Berührungsängste beim Erlernen des Umgangs mit
dem Computer abzubauen. Die Darstellung vertrauter Gegenstände wie
„Schrank" und „Ordner" als Stellvertreter für „Dateiverzeichnis" und
„Datei" erleichtert das Verständnis des Dateisystems.

Wenn jedoch Kommandos nicht mehr durch bloße Auswahl von Funktionen und Objekten zusammengestellt werden können, sondern durch
Benutzerangaben ergänzt werden müssen, kann eine grafische Benutzeroberfläche aber auch umständlicher sein als die zeilenweise Eingabe von
Kommandos. Benutzerschnittstellen, die den ganzen Schirm für eine Eingabe verwenden, können außerdem nicht gleichzeitig die zuletzt eingegebenen Funktionen anzeigen. Damit steht jedoch eine wertvolle Orien-
tierungshilfe nicht mehr zur Verfügung. Andererseits scheint gerade das
Konzept der grafischen Benutzeroberflächen die Chance in sich zu ber-

gen, daß die Bedienung einer Reihe von Betriebssystemen nach einem einheitlichen Gesichtspunkt gestaltet werden kann, wobei die erheblichen formalen Unterschiede zwischen den einzelnen Kommandosprachen verdeckt werden können.

8.4 Kommandosprachen und Programme

Durch die Möglichkeit, jederzeit weitere externe Kommandos hinzufügen zu können, läßt sich der Befehlsvorrat einer Kommandosprache beliebig erweitern. Damit sich eine solche Erweiterung harmonisch in das bestehende System einfügt, ist es erforderlich, die auf einem System üblichen Schnittstellen bei der Übernahme von Parametern und bei der Rückmeldung eines Status-Codes einzuhalten.

Programm-Parameter

Sehr einfach ist die Übergabe von Parametern an ein Programm nach den Konventionen von UNIX: Parameter sind Zeichenketten, die in der Aufrufzeile (durch Leerzeichen getrennt oder mit Anführungszeichen eingegrenzt) angegeben werden. Mittels der in C definierten Parameter eines Hauptprogramms können diese Zeichenketten mühelos in das Programm übernommen werden. Wie Parameter aussehen müssen, wird dadurch nicht festgelegt. Die in UNIX übliche Unterscheidung von Optionen und Parametern ist nur eine Konvention, die sich beim Programmieren der einzelnen Kommandos herausgebildet hat.

Ein ganz anderer Weg wurde in VAX/VMS eingeschlagen. Um ein Kommando im üblichen Stil der DCL zu bekommen, muß der Programmierer zusätzlich zum Programm eine Definition des Kommandos erstellen, in der das Verb, seine Optionen und Parameter sowie der Name der ausführbaren Programmdatei festgelegt werden. Diese Beschreibung wird entweder beim Systemstart gemeinsam mit den Beschreibungen aller anderen Kommandos in Tabellen im System abgelegt oder von einem Benutzer mit dem Kommando **set command** in seine private Tabelle aufgenommen. Danach kann das Programm wie ein VMS-Kommando aufgerufen werden. Im Programm erfolgt die Übernahme der Werte von Optionen und Parametern mit Hilfe spezieller Bibliotheksroutinen. Damit wird durch den Formalismus der Kommando-Beschreibung eine einheitliche Form erzwungen. Die Programme sind jedoch durch die VMS-spezifische Form der Kommando-Definition nicht mehr portabel, vor allem deswegen, weil die Definition auch Datentypen für Parameter festlegt, Default-Werte festsetzt und logische Abhängigkeiten zwischen Optionen beschreibt, die bei der Kommando-Eingabe vom System geprüft werden und daher im Programm selbst entfallen.

Andererseits kann unter VAX/VMS auch auf die speziellen Möglichkeiten der DCL verzichtet werden, indem das Programm die gesamte

Kommando-Zeile übernimmt und dann nach beliebigen Regeln verarbeitet, z.B. gemäß den Regeln von C beziehungsweise UNIX.

Zugriff auf die Programm-Umgebung

Mit Hilfe der Variablen der Programm-Umgebung lassen sich ebenfalls Werte an Programme übergeben. Sinnvoll ist diese Übergabeart für Werte, die zwar variabel belassen werden müssen, aber nicht bei jedem Aufruf des Programms wechseln, z.B. solche Parameter, die bei der Installation eines Programms festgelegt werden.

Die Übernahme der Werte einer Variablen der Umgebung durch ein Programm ist von System zu System unterschiedlich. In MS-DOS beispielsweise ist der direkte Zugriff auf den Speicherbereich möglich, der alle Variablen als Zeichenketten der Form

```
<Name>=<Wert>
```

enthält, die durch NUL-Zeichen abgeschlossen werden. Andere Systeme stellen entsprechende Systemaufrufe zur Verfügung. Auch hier ist es wieder die Programmiersprache C, die eine systemunabhängige Schnittstelle zum Zugriff auf die Werte der Variablen definiert.

Rückmelde-Code

Wenn ein Programm interaktiv ausgeführt wird, reagiert der Benutzer unmittelbar auf unerwartet auftretende Ereignisse und Fehlermeldungen des Programms und entscheidet selbst über den weiteren Verlauf seiner Arbeit. Wenn dasselbe Programm von einer Kommandoprozedur aus aufgerufen wird, muß diese Entscheidung programmiert werden, wofür eine entsprechende Grundlage erforderlich ist. Allgemein durchgesetzt hat sich die Lösung, ein Programm einen Rückmelde-Code in Form einer Zahl an das aufrufende Programm zurückliefern zu lassen, das dann seinerseits für die Interpretation dieses Wertes zuständig ist. Kommandoprozessoren stellen diesen Wert meistens in einer Variablen zur weiteren Verwendung bereit, sodaß Kommandoprozeduren leicht davon Gebrauch machen können.

Will man portable Programme schreiben, wäre eine gleichartige Bedeutung der Rückmelde-Codes auf verschiedenen Systemen wünschenswert. Leider ist das nicht der Fall, da z.B. eine fehlerfreie Ausführung unter UNIX mit dem Wert 0, unter VAX/VMS aber mit 1 angezeigt wird. Wieder ist es C, das mit der Definition der Funktion `exit` unabhängig vom Betriebssystem festlegt, daß 0 eine erfolgreiche Programmausführung signalisiert. Die Anpassung an das jeweilige Betriebssystem ist damit Aufgabe der C-Bibliotheksroutine.

Programm oder Kommandoprozedur?

Mit dem Beschluß, ein neues Kommando in ein System einzubauen, muß auch die Entscheidung getroffen werden, ob zu seiner Implementierung ein neues Programm geschrieben werden muß oder ob eine Kommandoprozedur ausreicht, die vorhandene Programme mit den Mitteln der Kommandosprache verbindet. Gewöhnlich macht es für den Benutzer keinen Unterschied, ob er ein Programm oder eine Kommandoprozedur aufruft; besonders auf UNIX-Systemen ist ein erheblicher Teil der Kommandos mit Shell-Prozeduren implementiert. Da die Entwicklung eines entsprechenden Programms teurer ist als die einer Kommandoprozedur, die auf schon vorhandene Programme zurückgreift, wird nach Möglichkeit die zweite Alternative zu wählen sein. Auch dann, wenn sich die neuentwickelte Kommandoprozedur im häufigen Einsatz als nicht effizient genug herausstellt, ist ihre Entwicklung nicht als Verlust abzuschreiben, da mit ihr ja ein Prototyp des gewünschten Programms vorliegt, der als Ausgangspunkt für den Entwurf des Programms dienen kann.

Kommandoprozeduren helfen auch bei der Anpassung vorhandener Kommandos an die individuellen Wünsche der Benutzer. Dazu wird eine Kommandoprozedur mit dem gleichen Namen wie das Kommando geschrieben, die einen Aufruf des Programms enthält und dabei alle ihre Parameter an das Programm weiterreicht; der Aufruf des Programms enthält außerdem die Optionen und Parameter, die automatisch eingesetzt werden sollen. Damit diese Idee durchführbar ist, muß es einen Weg geben, wie eine Kommandoprozedur und ein Programm mit demselben Namen nebeneinander im System existieren und ausführbar sein können. (Daß das nicht bei allen Systemen immer der Fall ist, zeigt MS-DOS, wo sich interne Kommandos nicht ohne weiteres durch Prozeduren oder Programme ersetzen lassen.) Das folgende Beispiel zeigt, wie das Kommando **format** von MS-DOS durch eine Kommandoprozedur versteckt wird, um die Eingabe „gefährlicher" Parameter zu verhindern: Ein Aufruf mit der Laufwerksbezeichnung C: könnte nämlich bei einem Bedienungsfehler zum Verlust aller Dateien auf der Festplatte des PC führen.

```
@echo off
rem -- format.bat: sicherer Aufruf von "format"
set par=
:nextpar
if "%1"=="" goto do
if "%1"=="c:" goto dont
if "%1"=="C:" goto dont
set par=%par% %1
shift
goto nextpar
:do
```

```
c:\system\format %par%
goto exit
:dont
echo %0: Parameter C: nicht erlaubt!
:exit
set par=
```

Um dieser Prozedur Vorrang vor dem Programm FORMAT.COM zu verschaffen, muß in MS-DOS der sogenannte Suchpfad richtig definiert werden, der in der richtigen Reihenfolge die Dateiverzeichnisse benennt, die nach einem Programm durchsucht werden. Diese Definition geschieht mit Hilfe des Kommandos **path**, das seinerseits die Variable PATH setzt. Wenn FORMAT.BAT in C:\BATCH untergebracht wird und C:\SYSTEM neben FORMAT.COM auch alle anderen externen Kommandos enthält, muß die Variable PATH zumindest diese beiden Verzeichnisse enthalten:

```
PATH=C:\BATCH;C:\SYSTEM
```

8.5   Kommandoprozeduren und Stapelverarbeitung

Der Start eines Stapel-Auftrags (Batch job) erfolgt meistens über ein eigenes Kommando, das den Namen einer Datei mit Kommandos als Argument erwartet. Stapel-Aufträge werden in der Regel nicht sofort bearbeitet, sondern in eine Warteschlange eingereiht und erst zu einem späteren Zeitpunkt und meistens mit geringer Priorität ausgeführt. Wenn der Benutzer keinen bestimmten Wunsch für die früheste Beginnzeit der Ausführung angibt, wird das Betriebssystem den Auftrag möglichst bald starten, aber dabei pro Warteschlange eine festgelegte Höchstgrenze von gleichzeitig aktiven Jobs nicht überschreiten, um eine Überlastung des Systems zu vermeiden. Ein Benutzer, der Stapel-Aufträge einsetzt, muß sich jedenfalls darüber im klaren sein, daß Aufträge nicht unbedingt in der Reihenfolge bearbeitet werden, wie sie abgegeben wurden; möglicherweise laufen zwei hintereinander abgegebene Aufträge nebeneinander im System ab.

Kommandoprozeduren für die Stapelverarbeitung unterscheiden sich nicht wesentlich von solchen, die zum interaktivem Einsatz vorgesehen sind. Als Einschränkung ist zu berücksichtigen, daß ausschließlich für den interaktiven Betrieb gestaltete Programme in solchen Kommandoprozeduren natürlich nicht aufgerufen werden können. Wenn ein Programm in beiden Betriebsformen verwendet werden soll, müssen gegebenenfalls zwei Benutzerschnittstellen geschaffen werden. Moderne Editoren beispielsweise können sowohl vom Terminal aus über Funktionstasten bedient als auch mit Hilfe einer eigenen Kommandosprache zum Einsatz im Hintergrund programmiert werden.

Die Standardeingabe und -ausgabe von Stapelaufträgen ist grundsätzlich anders zu behandeln als im interaktiven Betrieb: Die Eingaben, die das Betriebssystem oder ein Programm sonst vom Terminal her erwartet, müssen alle von Dateien kommen. Als bequeme Alternative zum umständlichen Anlegen einer Datei gestatten es viele Kommandoprozessoren, die Standardeingabe für ein Programm in die Kommandoprozedur selbst einzubauen. In UNIX sieht das dann so aus:

```
# Aufruf von myprog - Eingabezeilen folgen
myprog <</*
   1. Zeile
   2. Zeile
   ...
   letzte Zeile
/*
# Ende der Eingabezeilen
```

Das spezielle Umleitungssymbol << bewirkt, daß die Standardeingabe für das Programm myprog aus den nächsten Zeilen der Kommandoprozedur gebildet wird, wobei /* am Beginn einer Zeile als Ende-Markierung bestimmt wird.

Glossar

Adreßraum Bereich aller möglichen Adressen, z.B. der Adreßraum eines Programms.

Anwendungsprogramm Programm, das für die Lösung einer speziellen Aufgabe entwickelt wurde, z.B. Buchhaltung, Textverarbeitung, Schachprogramm usw.

Arbeitsspeicher Der für die Aufnahme von Programmen und die von diesen unmittelbar verwendeten Daten zur Verfügung stehende Speicher eines Computers. →Hintergrundspeicher.

Benutzername Name, mit dem eine Person als Benutzer in einem Computersystem bekannt ist.

Betriebsmittel Ein Objekt, das ein Prozeß zu seiner Ausführung benötigt: Arbeitsspeicher, Gerät, Satz einer Datei, Platz in einer Tabelle des Betriebssystems usw.

Binder Dienstprogramm, das Objektprogramme zu einem ausführbaren Programm zusammenfügt, wobei in erster Linie offene Verbindungen zwischen getrennt übersetzten Teilen hergestellt und Programmadressen berechnet werden.

Block Zugriffseinheit beim Lesen und Schreiben bei →blockorientierten Geräten; typische Blocklängen liegen zwischen 128 und 4096 Byte.

blockorientiertes Gerät Gerät, das Daten in Blöcken speichert, z.B. Magnetplatte. →zeichenorientiertes Gerät.

Dateiverzeichnis Auf Magnetplatte gespeichertes Verzeichnis, das zum Auffinden von Dateien mit Hilfe eines Namens dient.

Datenschutz Schutz vor Mißbrauch der Daten und unberechtigtem Zugriff.

Datensicherheit Sicherheit vor dem Verlust von Daten durch technische Gebrechen, Schadensfälle usw.

Datensicherung Maßnahme zur Gewährleistung der →Datensicherheit, z.B. durch Kopieren der in einem EDV-System gespeicherten Daten.

Deadlock →Verklemmung.

Dienstprogramm Ein zum Betriebssystem (im weiteren Sinn) gehörendes Programm für Standardaufgaben allgemeiner Art: Kopieren oder Sortieren von Dateien, Auflisten von Dateiverzeichnissen usw.

Echtzeit-Datenverarbeitung Einsatz einer Rechenanlage unter Bedingungen, die für die Erledigung einer Berechnung ein Zeitlimit vorgeben. Typische Beispiele sind: Steuerung technischer Verfahren, Systeme zur Gebäudeüberwachung, Telekommunikationssysteme.

Editor Programm, mit dessen Hilfe Texte interaktiv erzeugt und verändert werden können.

Fenster Rechteckiger Ausschnitt eines Bildschirms, auf den Ausgabe erfolgen kann, ohne andere Bildschirmbereiche zu verändern.

Formatieren Beschreiben einer Magnetplatte mit leeren Blöcken und Anlegen der für das Betriebssystem erforderlichen Verwaltungsinformation.

Formulartechnik Eingabetechnik für Bildschirmgeräte, bei der am Schirm mehrere Eingabefelder aufgebaut sind, die im Zug eines Eingabevorgangs mit Werten auszufüllen sind.

Hacker 1. Bezeichnung für einen außergewöhnlichen oder sogar genialen Software-Techniker, der die Arbeit am Computer in den Mittelpunkt seines Lebens stellt. 2. Bezeichnung für einen „Experten" (mit fragwürdiger Ethik), der versucht, unberechtigt in Computersysteme einzudringen, um an dort gespeicherte Daten zu gelangen.

Hintergrundspeicher Speicherplatz, zu dessen Verwendung ein Ein- oder Ausgabevorgang erforderlich ist, z.B. auf Magnetplatte. →Arbeitsspeicher.

interaktiver Betrieb Betriebsform einer Rechenanlage, bei der Benutzer auf das Ergebnis eines Verarbeitungsschrittes warten, bevor weitere Kommandos eingegeben werden (im Gegensatz zum →Stapelbetrieb).

Interrupt →Unterbrechung.

Job Arbeitsauftrag für einen Computer; z.B. alle Arbeiten zwischen →Login und →Logout oder alle Befehle eines Auftrags im →Stapelbetrieb.

Kachel Teil des physischen Adreßraums, der durch Unterteilung in Abschnitte konstanter Länge (Zweierpotenz) entsteht.

Katalog Verzeichnis aller Dateien in einem Dateisystem bzw. auf einem Datenträger.

Kommunikation Übermittlung von Daten zwischen Prozessen.

Konsistenz Widerspruchsfreiheit im Inhalt eines Datenbestandes, sowohl auf allfällige Strukturdaten als auch auf den Inhalt bezogen.

kritischer Abschnitt Befehlsfolgen in verschiedenen Prozessen, deren quasi-gleichzeitige Ausführung zu Fehlern führt.

Kürzelzeichen In →Pfadnamen verwendetes Zeichen, das als Platzhalter für einzelne Zeichen oder Zeichenketten dient, um mehrere Pfadnamen mit einer einzelnen Bezeichnung angeben zu können.

Login Vorgang bei Beginn der Arbeit im →interaktiven Betrieb mit einem →Mehrbenutzer-System: Der Benutzer muß seinen →Benutzernamen bekanntgeben und sich identifizieren, gewöhnlich mit einem →Losungswort.

Logout Abschluß der Arbeit im →interaktiven Betrieb mit Freigabe aller noch belegten →Betriebsmittel.

Losungswort Häufig verwendete Technik zur Identifikation eines Benutzers, der dabei eine nur ihm und dem Computer bekannte Zeichenkette eingibt.

Mehrbenutzer-System Betriebssystem, das zur gemeinsamen und gleichzeitigen Benützung durch mehrere Personen ausgelegt ist. Wichtige Voraussetzungen sind die Fähigkeit zum →Mehrprogramm-Betrieb und eine geeignete Verwaltung der Benutzer.

Mehrprogramm-Betrieb Fähigkeit eines Betriebssystems, mehr als ein Programm quasi-gleichzeitig (zeitlich verzahnt) durchzuführen, wobei ein →Scheduler für die Zuteilung des Prozessors (oder der Prozessoren) an →Prozesse zuständig ist.

Menütechnik Eingabetechnik für Bildschirmgeräte, bei der am Schirm Alternativen angezeigt werden, wobei mit Funktionstasten eine Auswahl zu treffen ist.

Monitor In höheren Programmiersprachen verwendete Programmstruktur zum Absichern →kritischer Abschnitte.

Organisationsform Von der Dateiverwaltung vorgesehene Struktur für Dateien auf Magnetplatte, z.B. sequentielle, direkte und indexsequentielle Organisationsform.

Pfadname Vollständige Bezeichnung einer Datei, die durch Aneinander-
reihen der Namen von →Dateiverzeichnissen und dem Dateinamen
entsteht.

Prozeß 1. Vorgang der Ausführung eines (sequentiellen) Programms.
2. Verwaltungseinheit für das Betriebssystem, der →Betriebsmittel
(z.B. Speicher) und der Prozessor zugeteilt werden.

Satzsperre Zeitweises Verhindern des Zugriffs anderer →Prozesse auf
einen Satz einer Datei zur Sicherstellung der →Konsistenz.

Scheduler Routine im Betriebssystem, die bei der quasi-gleichzeitigen
Ausführung mehrerer →Prozesse die zweckmäßige Zuteilung der
Zentraleinheit an die rechenfähigen Prozesse durchführt.

Segment 1. Logischer Teil eines Programms im Maschinencode, z.B. die
Instruktionen eines Unterprogramms. 2. Speicherbereich, der bei
Adressierung über →Segmenttabellen über einen Tabelleneintrag
erreicht werden kann.

Segmenttabelle Tabelle zur Umsetzung einer aus Selektor und Offset
bestehenden logischen Adresse in eine physische Adresse; ein Tabelleneintrag enthält zumindest Basisadresse und Länge des Segments.

Seite Teil des Adreßraums eines Programms, der durch Unterteilung in
Abschnitte konstanter Länge (Zweierpotenz) entsteht.

Seitentabelle Tabelle zur Umsetzung einer aus Seitennummer und Offset bestehenden logischen Adresse in eine physische Adresse; ein Tabelleneintrag enthält zumindest die physische Adresse der →Kachel.

Sektor Zugriffseinheit der Ein- und Ausgabe bei Magnetplatten. Jede
Oberfläche eines Plattenstapels enthält konzentrische Spuren, die
jeweils in Sektoren unterteilt sind. Die auf den verschiedenen
Oberflächen übereinanderliegenden Spuren werden als Zylinder bezeichnet.

Semaphor Datentyp mit Warte- und Fortsetzungsoperation, der als
Mittel zur →Synchronisation von Prozessen dient.

Shell Mit UNIX populär gewordene Bezeichnung für einen Kommando-
Interpreter eines Betriebssystems.

Spooling Betriebsform für Geräte, bei der die Ein- und Ausgabe nicht
direkt vom Benutzerprozeß aus erfolgt, sondern durch eigene Systemprozesse und unter Verwendung von Hilfsdateien auf Magnetplatte.

Spur →Sektor.

Stapelbetrieb Betriebsform einer Rechenanlage, bei der die Benutzer alle Befehle eines →Jobs zusammenstellen und abgeben, bevor die Verarbeitung beginnt (im Gegensatz zum →interaktiven Betrieb).

Synchronisation Einflußnahme auf die Ausführung eines Prozesses, um seine Ausführung mit anderen Prozessen (oder der realen Zeit) zu koordinieren.

Systemaufruf An das Betriebssystem gerichteter Befehl. Die Maschinenbefehle der Hardware und die Systemaufrufe bilden gemeinsam den Befehlsvorrat einer „virtuellen Maschine".

Systemprogramm Programm, das zum Betrieb einer Rechenanlage erforderlich ist, z.B. ein Betriebssystem.

Systemprogrammierung 1. Programmieren mit unmittelbarer Verwendung der →Systemaufrufe. 2. Entwicklung von Programmen, die von anderen Programmierern als Werkzeug verwendet werden.

Timer Ein Hardware-Baustein, der nach Ablauf einer beliebig programmierbaren Zeit ein Signal erzeugt, das im allgemeinen zur →Unterbrechung des Prozessors führt.

Transaktion Logisch zusammengehörige Operationen in Dateien, die aus Gründen der →Konsistenz unbedingt vollständig durchgeführt werden sollen.

Treiber Routine im Betriebssystem, die für die Ein- und Ausgabe auf einem peripheren Gerät sorgt.

Trojanisches Pferd Technik zum Umgehen von Einrichtungen des →Datenschutzes, welche ein harmloses Programm zur Tarnung des Einbruchs verwendet.

Unterbrechung Von einem (intern oder extern verursachten) Ereignis in einem Prozessor ausgelöster Umschaltvorgang, bei dem der augenblickliche Zustand des Prozessors gerettet und zu einer bestimmten Routine gesprungen wird. Nach geeigneter Behandlung des Ereignisses kann die Routine den zuvor geretteten Zustand wiederherstellen.

Urlader Programm zum Laden eines Betriebssystems von einem Datenträger, im allgemeinen von der Magnetplatte.

Utility →Dienstprogramm.

Verklemmung Zustand einer Gruppe von →Prozessen, in dem jeder Prozeß auf etwas wartet, was nur von einem anderen Prozeß dieser Gruppe durchgeführt werden kann (z.B. Freigabe eines →Betriebsmittels).

virtueller Speicher Der von Betriebssystem und →Prozessen insgesamt belegte Arbeitsspeicher, dessen Umfang den real vorhandenen Bereich übersteigt, was durch zeitweiliges Auslagern von Speicherinhalten (→Segmente oder →Seiten) erreicht wird.

Virus Selbstreproduzierender Programmzusatz mit scherzhaftem bis kriminellem Seiteneffekt, z.B. durch Zerstören von Daten oder Hardware.

zeichenorientiertes Gerät Gerät, bei dem jedes Byte durch einen eigenen Ein- oder Ausgabevorgang gelesen oder geschrieben wird.

Zugriffsberechtigung, Zugriffsrecht Recht eines →Prozesses, ein bestimmten Objekt im System (z.B. eine Datei) in bestimmter Zugriffsart (z.B. Lesen) zu benützen.

Zylinder →Sektor.

Literaturverzeichnis

Näheres zu den im Buch erwähnten Systemen ist in der Systemliteratur der Hersteller CDC, DEC, IBM, Intel, SCO und Texas Instruments zu finden; auf die entsprechenden Handbücher wurden keine Hinweise in das Literaturverzeichnis aufgenommen.

Bach, M.J.: *The Design of the UNIX Operating System*, Prentice-Hall, Englewood Cliffs, NJ, 1986

Belady, L.A.: *A Study of Replacement Algorithms for a Virtual-Store Computer*, in: IBM Systems Journal 5/2 (1966), 78–101

Bourne, S.R.: *The UNIX System*, Addison-Wesley, Reading, MA, 1982

Brinch Hansen, P.: *Operating System Principles*, Prentice Hall, Englewood Cliffs, NJ, 1973

Brooks, F.P., Jr.: *The Mythical Man-Month: Essays on Software Engineering*, Addison-Wesley, Reading, MA, 1975

CCITT: *CCITT High Level Language (CHILL)*, Recommendation Z.200, Genf, 1985

Crisman, P.A. (Hrsg.): *The Compatible Time-Sharing System*, M.I.T. Press, 1965

Dahl, O.-J., Hoare, C.A.R.: *Hierarchical Program Structures*, in: Structured Programming, Academic Press, London – New York, 1972

Denning, P.J.: *The Working Set Model for Program Behaviour*, CACM 11 (1968), 323–333

Dijkstra, E.W.: *The Structure of the "THE"-Multiprogramming System*, in: Proc. ACM Symposium on Operating System Principles, 1967

Dijkstra, E.W.: *Co-operating Sequential Processes*, in: Genuys, F. (Hrsg.): Programming Languages, Academic Press, London – New York, 1965

Feiertag, R.J., Organick, E.I.: *The Multics Input-Output System*, in: Proc. Third Symposium on Operating System Principles, 1971

Hartley, D.F. (Hrsg.): *The Cambridge Multiple Access System — Users Reference Manual*, University Mathematical Laboratory: Cambridge, England, 1968

Hoare, C.A.R.: *Monitors: An Operating System Structuring Concept*, CACM 17 (1974), 549-557

Holt, R.C.: *Concurrent Euclid, The UNIX System, and TUNIS*, Addison-Wesley, Reading, MA, 1983

Iacobucci, E.: *OS/2 Programmer's Guide*, Osborne McGraw-Hill, Berkeley, CA, 1988

Ichbiah, J.D.: *Reference Manual for the Ada Programming Language*, United States Dept. of Defense, 1980

IEEE: *IEEE Trial-Use Standard Portable Operating System for Computer Environments*, IEEE, 1986

Kernighan, B.W., Pike, R.: *The UNIX Programming Environment*, Prentice-Hall, Englewood Cliffs, NJ, 1984

Kernighan, B.W., Ritchie, D.M.: *The C Programming Language*, Prentice-Hall, Englewood Cliffs, NJ, 1978

Knowlton, K.C.: *A Fast Storage Allocator*, CACM 8 (1965), 623–625

Knuth, D.E.: *The Art of Computer Programming, Volume 1: Fundamental Algorithms*, Addison-Wesley, Reading, MA, 1968

Microsoft: *MS-DOS 3.1 Programmer's Reference Manual*, Markt & Technik Verlag, Haar bei München, 1986

Microsoft: *Evolution and History of MS-DOS*, in: Microsoft Systems Journal, Mai 1987

Peterson, G.L.: *Myths about the Mutual Exclusion Problem*, in: Information Processing Letters, Juni 1981

Ritchie, D.M.: *The Evolution of the UNIX Time-sharing System*, in: Language Design and Programming Methodology, Lecture Notes in Computer Science 79, Springer-Verlag, Berlin – Heidelberg – New York, 1980

Rochkind, M.J.: *Advanced UNIX Programming*, Prentice-Hall, Englewood Cliffs, NJ, 1985

Stoll, C.: *Stalking the Wily Hacker*, CACM 31 (1988), 484–497

Tanenbaum, A.S.: *Operating Systems: Design and Implementation*, Prentice-Hall, Englewood Cliffs, NJ, 1987

Wirth, N.: *Programmieren in Modula-2*, Springer-Verlag, Berlin – Heidelberg – New York – Tokyo, 1984

Namen- und Sachverzeichnis

Springers Angewandte Informatik

Herausgegeben von Helmut Schauer

A. König

Desktop als Mensch-Maschine-Schnittstelle

1989. 44 Abbildungen. IX, 162 Seiten.
Broschiert DM 54,—, öS 380,—
ISBN 3-211-82135-X

Preisänderungen vorbehalten

Die Mensch-Maschine-Schnittstelle erlangt immer größere Bedeutung im Hinblick auf schnelle und ergonomische Kommunikation zwischen Mensch und Rechner. Mit graphischen Hilfsmitteln sowie leistungsfähigen Eingabemedien, wie Maus und Touch-Screen, können Dialogtechniken realisiert werden, die dem Interaktionsverhalten des Benutzers immer mehr entgegenkommen. Im Zusammenhang damit ist der Begriff **Desktop** (Schreibtisch) bekannt geworden, wo alltägliche Tätigkeiten der Büroarbeit mit der Benutzeroberfläche eines Systems imitiert werden.

Ziel des Buches ist es, dem Leser einen Überblick über die verschiedenen Desktop-Systeme zu geben. Die wichtigsten Interaktionstechniken werden miteinander verglichen und bezüglich Ergonomie und Flexibilität beurteilt. Auch psychologische Aspekte werden berücksichtigt.

Es werden beim Leser keine technischen Kenntnisse vorausgesetzt.

Springer-Verlag Wien New York

Mölkerbastei 5, Postfach 367, A-1011 Wien
Heidelberger Platz 3, D-1000 Berlin 33
175 Fifth Avenue, New York, NY 10010, USA
37-3, Hongo 3-chome, Bunkyo-ku, Tokyo 113, Japan

Springers Angewandte Informatik

Herausgegeben von Helmut Schauer

H. Kudlich

Datenbank-Design

1988. 177 Abbildungen. VIII, 176 Seiten.
Broschiert DM 52,—, öS 364,—
ISBN 3-211-82018-3

Preisänderungen vorbehalten

Information als wettbewerbsbestimmende, strategische Unternehmensressource erfordert zunehmend den Einsatz hochwertiger Informationstechnologien. Um jedoch nicht in einem Meer von Daten zu ertrinken, ist es notwendig, Zusammenhänge und Strukturen der Daten zu erkennen und in eine Ordnung umzusetzen. Die Datenbank als Ergebnis dieses Prozesses ist somit ein auf die Ebene der Datenverarbeitung projiziertes Abbild des Unternehmens.

Dieser Sachverhalt wird durch eine allgemein verständliche Darstellung in Verbindung mit praxisnahen, zum Teil alltäglichen Beispielen erklärt.

Alle am Entwurf von Datenbanken Beteiligten, ob Systemspezialisten oder Endbenutzer, werden mit Methoden und Regeln der Datenbank-Modellierung vertraut gemacht. Da sich der Entwurf von Datenbanken in der ersten Phase auf einer logischen, systemunabhängigen Ebene abspielt, werden Interessenten aus der PC-Welt gleichermaßen wie Anwender großer, komplexer Datenbanksysteme, ob relational oder netzwerkartig organisiert, angesprochen.

Springer-Verlag Wien New York

Mölkerbastei 5, Postfach 367, A-1011 Wien
Heidelberger Platz 3, D-1000 Berlin 33
175 Fifth Avenue, New York, NY 10010, USA
37-3, Hongo 3-chome, Bunkyo-ku, Tokyo 113, Japan

Springers Angewandte Informatik

Herausgegeben von Helmut Schauer

Weitere in dieser Reihe erschienen:

K. H. Kellermayr
Lokale Computernetze — LAN

Technologische Grundlagen, Architektur, Übersicht und Anwendungsbereiche

1986. 116 Abbildungen. VIII, 255 Seiten.
Brosch. DM 69,—, öS 485,—
ISBN 3-211-81964-9

E. Piller, A. Weissenbrunner
Software-Schutz

Rechtliche, organisatorische und technische Maßnahmen

1986. 35 Abbildungen. VIII, 202 Seiten.
Brosch. DM 70,—, öS 490,—
ISBN 3-211-81966-5

W. Purgathofer
Graphische Datenverarbeitung

Zweite, verbesserte Auflage
1986. 133 Abbildungen. XI, 201 Seiten.
Brosch. DM 59,—, öS 420,—
ISBN 3-211-81954-1

G. Reinauer
Computerunterstütztes Konstruieren

1985. 30 Abbildungen.
IX, 235 Seiten.
Brosch. DM 64,—, öS 448,—
ISBN 3-211-81873-1

V. Risak
Mensch-Maschine-Schnittstelle in Echtzeitsystemen

1986. 37 Abbildungen.
IX, 171 Seiten.
Brosch. DM 70,—, öS 490,—
ISBN 3-211-81943-6

H. Schauer, G. Barta
Konzepte der Programmiersprachen

1986. 37 Abbildungen
VIII, 186 Seiten.
Brosch. DM 64,—, öS 448,—
ISBN 3-211-81865-0

Preisänderungen vorbehalten

Springer-Verlag Wien New York
Mölkerbastei 5, Postfach 367, A-1011 Wien
Heidelberger Platz 3, D-1000 Berlin 33
175 Fifth Avenue, New York, NY 10010, USA
37-3, Hongo 3-chome, Bunkyo-ku, Tokyo 113, Japan